U0113293

"一带一路"

经济风险评估与风险管理优化

叶明华　贺思辉 | 著

光明日报出版社

图书在版编目（CIP）数据

"一带一路"：经济风险评估与风险管理优化 ／ 叶明华，贺思辉著 . -- 北京：光明日报出版社，2022.11

ISBN 978 - 7 - 5194 - 7009 - 8

Ⅰ . ①一… Ⅱ . ①叶… ②贺… Ⅲ . ① "一带一路" —投资风险—研究 Ⅳ . ①F125

中国版本图书馆 CIP 数据核字（2022）第 247229 号

"一带一路"：经济风险评估与风险管理优化

"YIDAI YILU"：JINGJI FENGXIAN PINGGU YU FENGXIAN GUANLI YOUHUA

著　者：叶明华　贺思辉			
责任编辑：李　倩		责任校对：张月月	
封面设计：中联华文		责任印制：曹　净	

出版发行：光明日报出版社

地　　址：北京市西城区永安路 106 号，100050

电　　话：010 - 63169890（咨询），010 - 63131930（邮购）

传　　真：010 - 63131930

网　　址：http：//book. gmw. cn

E - mail：gmrbcbs@ gmw. cn

法律顾问：北京市兰台律师事务所龚柳方律师

印　　刷：三河市华东印刷有限公司

装　　订：三河市华东印刷有限公司

本书如有破损、缺页、装订错误，请与本社联系调换，电话：010-63131930

开　　本：170mm×240mm

字　　数：305 千字　　　　　　　印　　张：17

版　　次：2023 年 4 月第 1 版　　　印　　次：2023 年 4 月第 1 次印刷

书　　号：ISBN 978 - 7 - 5194 - 7009 - 8

定　　价：95.00 元

前　言

在我国经济发展进入新常态背景下，2013 年习近平主席出访哈萨克斯坦和印度尼西亚提出的"一带一路"倡议适逢其时，为我国依托新的经济发展结构培育新的增长点提供了契机。党的十九大报告明确指出，"要以'一带一路'建设为重点，坚持引进来和走出去并重"。《中华人民共和国国民经济和社会发展第十四个五年规划和 2035 年远景目标纲要》进一步强调"推动共建'一带一路'高质量发展"。"一带一路"建设是经济发展新阶段我国对外开放的重大举措，对深化我国与沿线国家的经济合作、推进"走出去"战略实施具有重要的现实意义。

"一带一路"是一个涵盖地理范围广泛、涉及领域和内容极其丰富、对国际社会影响十分深远的倡议。在国际竞争日益激烈、世界经济和政治格局不断变化的背景下，我国企业在"走出去"的过程中面临的风险挑战也愈加复杂。故此，对"一带一路"相关风险的系统性研究将是当前及今后形势下"一带一路"倡议实施中需关注的重点议题。我国企业在"走出去"的过程中风险防范意识较为薄弱，加之"一带一路"沿线国家经济发展水平较低、部分国家政治不稳定、社会文化环境方面存在较强的敏感性，因此"走出去"的企业面临的风险和挑战不容忽视。如何深入认识这些风险并对"一带一路"风险进行有效评估与管理，对于"走出去"的企业更好地规划投资战略，增强自身竞争力具有重要现实意义。

本书综合运用文献梳理、典型案例分析、因子分析和归纳演绎等方法，对"一带一路"建设中的主要经济风险和保险支持体系进行系统分析，旨在实现以下目标：第一，系统性梳理和量化"一带一路"建设中的重大项目风险、贸易相关信用风险、货物运输风险、对外直接投资风险等经济风险，在客观认识"一带一路"建设相关风险基础上，提升"走出去"的企业的风险意识，并为

"一带一路"建设的风险保障找准着力点；第二，基于"一带一路"建设中的主要经济风险，从保险视角提出风险保障体系建设方案，为参与"一带一路"的中国企业保驾护航，助力"一带一路"倡议顺利实施。

全书共分七章。第一章介绍了本书的研究背景，并对既往"一带一路"相关研究成果与资料进行梳理与评价；同时分析了"一带一路"沿线主要国家的政治现状、经济发展水平、法律与制度环境等。第二章主要对我国在"一带一路"进出口贸易、对外直接投资和重大项目建设三个方面所取得的经济成就进行梳理。第三章对"一带一路"重大工程项目建设中相关的保险保障工具进行了介绍。第四章分析了"一带一路"沿线贸易中，我国出口企业面临的主要风险状况，探讨了我国"一带一路"贸易中的出口信用保险发展现状及优化对策。第五章主要对"一带一路"过程中的运输风险进行了分类介绍，并从保险的角度对这些运输风险的管理提出对策建议。第六章主要梳理分析了中国企业直接对外投资的风险，并提出经过改进的应对策略。第七章在梳理"一带一路"经济风险影响因素的基础上，评估了"一带一路"沿线主要国家的综合风险，从国家和企业层面提出"一带一路"经济风险的解决方案。

随着"一带一路"的深入推进，我国在重大项目建设、国际贸易往来、对外直接投资等领域取得了丰硕成果；与此同时，"一带一路"建设也面临着复杂的国内外风险因素，概括而言，可将"一带一路"沿线国家综合风险影响因素分解为政治因素、经济因素、主权信用因素、社会文化因素、法律制度因素五个方面。基于"一带一路"建设中的风险状况，本书从国家和企业两个层面提出"一带一路"经济风险的应对方案：在国家层面，需要建立涉及经济风险相关变量的信息收集、分析和披露系统；加强与"一带一路"沿线国家交流合作；建立健全保险保障制度等。在企业层面，需要在"一带一路"投资前和投资中做好风险管理工作，并在投资后积极运用保险及非保险手段转移风险。"一带一路"倡议的提出为我国对外开放战略格局的重构、东西部地区新一轮的区域竞争与发展合作带来了新契机；而通过对"一带一路"建设中的主要经济风险和保险支持体系进行探究有助于直面"一带一路"建设中的风险与挑战，并以符合国际、国内实情的方式建立风险保障支撑体系，防患于未然，稳妥推进"一带一路"建设，促进我国与沿线国家经济共同繁荣。

本书在撰写过程中，整理和归纳了近年来国内外诸多相关研究成果，并尽可能列示在参考文献中，若有遗漏，万望见谅。感谢上海市哲学社科基金

（2018XAB007）和华东师范大学统计学科对该书出版的资助。感谢博士生陈康，感谢硕士生张丹丹、钱程、巩悦、张菡纯、孙辰阳、汪家会和本科生寒斯文同学在数据和资料的收集与整理方面所做的贡献。同时，由于作者水平所限，本书难免存在疏忽与瑕疵，恳请各位同仁及读者不吝赐教。

叶明华、贺思辉
二〇二二年二月

目 录
CONTENTS

第一章

绪　论

"一带一路"倡议提出以来，我国与"一带一路"沿线国家在政治、经济、文化交流等方面取得了显著性进展。尤其在经济领域，随着"一带一路"的深入推进，我国在重大项目建设、国际贸易往来、对外直接投资等领域取得了丰硕成果，但是也面临着复杂的国内外风险因素。本章一方面对既往"一带一路"相关研究成果、资料进行梳理与评价，以此阐明本书研究的现实背景及其对既往相关研究的扩展之处；另一方面，对主要的"一带一路"沿线国家的政治现状、经济发展水平及其状况、法律与制度环境等进行分析。

第一节　研究背景

2013 年，国家主席习近平出访中亚和东南亚国家期间，先后提出共建"丝绸之路经济带"和"21 世纪海上丝绸之路"（即"一带一路"倡议）。"一带一路"倡议为我国企业对外直接投资提供了良好的机遇与平台。自"一带一路"实施以来，我国企业对"一带一路"沿线国家的直接投资明显增加。2020 年，我国企业在"一带一路"沿线对 58 个国家的非金融类直接投资达到 177. 9 亿美元，同比增长 18. 3%，占同期总额的 16. 2%，较上年同期提升 2. 6 个百分点。"一带一路"对外直接投资已经成为我国国家利益的重要组成部分，在我国"走出去"战略中占据越来越重要的位置。"一带一路"倡议实施过程中在经济领域的成就主要涉及以下几方面：一是"一带一路"带动的贸易发展。中国与"一带一路"沿线国家的贸易交易迅速上升，双边和多边贸易是"一带一路"最显著的成就之一；二是"一带一路"的重大项目建设成就。"一带一路"倡议要真正实现，首先需要通过重大项目建设实现地理和空间上的联结，故此首先需要推动中国与"一带一路"沿线国家的重大项目建设发展；三是"一带一路"倡议带动的中国对外直接投资发展。贸易与投资是中国对外开放最重要的两个驱动轮，不论从对外投资的体量、区位还是行业来看，"一带一路"已经显著地拉动了中国对外直接投资的迅猛发展。

与此同时，国际竞争日益激烈，世界经济和政治格局不断变化，境外中资企业面临的风险挑战也愈加复杂。故此，对"一带一路"相关风险的系统性研究将是当前及今后"一带一路"倡议实施中需要关注的重点议题。"一带一路"相关风险既有宏观的国家经济政治风险，也有微观的企业风险及其项目风险；既有"一带一路"沿线国家的他国风险，也有本国因素的风险。尤其在对外投资和重大项目建设领域，我国对外开放历程较短，对外直接投资经验不足，企业风险防范意识较为薄弱，相比双边贸易和承包工程，对外直接投资在前期投融资、中期项目建设、后期运营等长期链条的各个环节都更加依赖"一带一路"沿线国家的情况，而"一带一路"沿线国家经济发展水平较低、部分国家政治不稳定、社会文化环境方面存在较强敏感性，因此"走出去"的企业在对外直接投资时面临着巨大的投资风险。如何深入认识这些风险，对"一带一路"风险进行有效评估与管理，为"走出去"的企业更好地规划投资战略、把控机会、增强自身竞争力具有重要的现实意义。

基于此背景，本书拟在"一带一路"倡议下，深度剖析我国企业在"走出去"过程中可能面临的各项风险，本书将重点关注"一带一路"建设中的贸易风险、信用风险、重大项目建设风险、货物运输风险、对外直接投资风险，以及"一带一路"沿线国家的政治、经济、法律等风险。本书旨在系统地、全面地对"一带一路"建设的风险进行全面梳理、有效评估和找寻防控风险的对策、建议，进而提高"走出去"中国企业的投资建设质量和效率，助力"一带一路"倡议的顺利实施。

第二节　文献述评

本书对近年来国内外关于"一带一路"经济风险的文献进行了梳理，主要从以下几重视角进行阐述。

一、"一带一路"建设取得的经济成就梳理与回顾

"一带一路"建设目前取得了四个方面的显著成就：国与国相互连接的基础设施建设、贸易发展、文化交流、政治合作。"一带一路"倡议的实现将影响全球63%的人口（44亿人），为世界创造2.1万亿美元的GDP（Leverett，Leverett，Wu，2015）。虽然"一带一路"项目建设是中国倡导的，但目前来看，在各方共同努力下，"一带一路"成果丰硕，现已成为范围最广、规模最大的国际合作平台和深受欢迎的国际公共产品（Liu，2018；裴长洪，2021；宋伟，贾惠涵，2022）。

就中国而言，"一带一路"推动了中国货物和服务贸易显著增长、双向直接投资稳步提升及产能合作越趋深化。在货物和服务贸易方面，2013—2019年中国对"一带一路"沿线国家进出口总额累计超过7.8万亿美元，且2019年中国与沿线国家服务进出口总额就达1178.8亿美元（裴长洪，2021）。另外，国家贸易方面的成就不仅仅能从国内省份贸易效率的提高中体现出来，还能从自贸区的建设上体现出来，并且也带动了"一带一路"沿线国家普惠金融的发展（倪沙，2018；夏芸，玉琦彤，2019；李梦雨，2019）。截至2020年年底，中国已与27个国家和地区签署了18个自由贸易协定（裴长洪，2021）。在双向直接投资方面，2019年中国大陆企业在"一带一路"沿线国家直接投资186.9亿美元，占同期直接投资总额的13.7%。同年，"一带一路"沿线国家对中国投资金额为84.2亿美元，占同期中国实际吸引外商投资的6.1%。在产能合作方面，截至2020年底，纳入商务部统计的合作园区已累计投资达3094亿元人民币，吸引超过4000家企业入驻。

对南亚地区，自2013年"一带一路"倡议提出以来，多数南亚地区国家积极参与，并与中国签署了不同形态的合作协议。（张家栋，柯孜凝，2021）尤其是在产能合作方面取得了诸多成就，比如中国与印度在基础设施领域相关产业、医药产业、节能环保电力产业、软件信息技术产业、跨境电商和物流产业、汽车产业均有相当深入的产能合作，并且硕果累累（谢向伟，龚秀国，2018）。

对欧亚地区，中国通过"中巴经济走廊"、斯里兰卡科伦坡港口城等重点项目的建设，使得中国与欧亚地区的经贸规模不断扩大，未来还有1855.37亿美元的出口额拓展空间（陈继勇，李知睿，2019）。刘立新（2020）认为中国与欧亚在能源贸易投资方面具有广阔的前景。随着中国"一带一路"与 欧亚经济联

3

盟（EEU）的对接，合作机制的进一步完善以及俄罗斯经济的复苏，中国与EEU的经贸合作将面临空前机遇（Mekhdiev, Pashkovskaya, Takmakova，等，2019；李翠萍，2021）。

对非洲地区，"一带一路"项目发展把肯尼亚作为中非合作的重要支点，并且完成了从东部沿海蒙巴萨港到首都内罗毕的标准轨铁路等项目建设，逐步实现肯尼亚的支点作用（Fasslabend, 2015）。"一带一路"倡议增强了中非经贸联系，并且使得中国成为非洲国家日益重要的外部融资来源，并且中国贷款承诺有效推动了非洲国家的基础设施建设和经济增长，为中非命运共同体建设提供了重要动力（Githaiga, Burimaso, Bing，等，2019；刘晨，葛顺奇，2022）。

二、"一带一路"建设中整体风险概况

"一带一路"沿线国家体制各异、经济发展水平差异较大、社会文化发展和法制程度不高，我国企业"走出去"面临巨大风险，学界对"一带一路"沿线国家风险的研究主要包括：（1）政治风险因素。"一带一路"部分国家存在着政权更迭频繁带来的政策变化，地区战争频发，大国干预等问题。有关文献从东道国因子、地区因子和全球性因子三个方面进行分析；蒋姮（2015）结合我国海外投资主体和产业结构等视角着重论述"一带一路"建设面临的地缘政治风险。石腾超（2018），刘中民（2018），Kotcharin, Maneenop（2020）等学者则分别从不同地区角度出发，探讨我国企业"走出去"面临的地缘政治风险。Sun, Gao, Liu，等（2022）研究发现"一带一路"沿线的国内政治风险水平往往高于国际政治风险水平。（2）经济风险因素。程云洁，武杰（2018）对"一带一路"沿线转型经济体的国家经济风险进行评估，从宏观经济、营商环境、主权信用、债务风险等方面进行论述。（3）社会文化风险因素。语言文化、伦理道德、习俗观念等方面的差异以及宗教教派矛盾是"一带一路"建设主要面临的社会文化风险，加之"一带一路"现有合作框架不足以约束和规范合作行为，区域"文化共性"不足、互信体系的缺乏，文化风险极易发生（邓玲，王芳，2018；Li, 2019；刘稚，沙莎，2020；王仓，孟楠，2020；李茜，2020）。（4）法律风险因素。学界研究从国家隶属法系、社会发展水平、法制状况和贸易保护政策差异出发，分析中国企业参与"一带一路"建设可能引发的投资贸易、市场准入、知识产权保护、金融交易、劳工及环境保护问题的法律风险（李玉璧，王兰，2017；李猛，2018；陈德敏，郑泽宇，2020）。李猛（2018）

认为法律风险往往是由于政治原因引起的，法律手段也是应对政治风险的有效方式，从市场准入、资产运营和资产退出方面，列举了涉及环境保护、税收、知识产权、劳动保护等多方面的法律风险。除此之外，还有部分学者基于以上几方面风险，利用因子分析、主成分分析、聚类分析等方法对国别风险进行评估。胡俊超，王丹丹（2016）通过建立政治风险、经济风险、主权信用风险、社会风险的评价指标，对"一带一路"沿线中的 65 个国家进行风险评估，并划分高、中、低区域。周伟，陈昭，吴先明（2017）在分析政治风险、经济金融风险、社会文化风险的基础上加入东道国与中国因素指标，进一步完善评价指标体系。刘莉君，张景琦，刘友金（2020）基于层次分析法从政治风险、经济风险、社会风险、法律风险四个方面进行评估，并选择 16 个二级指标构建评价指标体系评估中国民营企业参与"一带一路"建设的综合风险。Li，Dong，Jiang，等（2022）采用灰色关联分析从政治、经济、社会和投资四个维度对"一带一路"沿线国家风险进行了识别和评估。

三、"一带一路"建设中直接投资风险研究

（一）对"一带一路"直接投资的影响因素研究

从当前学界的研究来看，影响我国企业对"一带一路"沿线国直接投资的因素众多，包括东道国政治制度、经济发展、市场规模、对外开放程度、资源禀赋、地理距离等。

首先，东道国的制度特征影响我国对外直接投资的区位选择。一种观点是"制度促进论"，即综合制度环境优良的国家对市场导向型、技术导向型、成本导向型与工程承包型的对外直接投资具有更大的吸引力（彭冬冬，林红，2018；Sutherland，Anderson，Bailey，等，2020）；另一种观点是"制度阻碍论"，即企业跨国投资因其发展战略需要更加偏好向制度环境较差的国家投资，比如地理上距离中国越近、战略意义越重要的国家和地区，即使政府运行效率较低，中国的投资规模也较大。可见中国对外直接投资并非市场化行为主导，更多的是侧重战略目的（李晓，杨弋，2018）。张海伟，郑林雨，陈胜发（2022）研究发现：东道国腐败控制水平提升、市场经济环境更加自由，有利于促进中国企业提高对外直接投资效率并扩大投资规模，而法治水平导致的较高贸易壁垒会对中国企业对外直接投资产生明显阻碍作用。

其次，在不同因素作用下我国对外直接投资模式的选择也不尽相同，对于

发展中国家宜采取新建投资，逐步化解我国的过剩产能；对于发达国家宜采取跨国并购，重点放在新产品的研发与创新上，利用发达国家的先进技术实现我国制造业的转型升级（方慧，赵胜立，2017）。相对而言，中国国有控股收购方在基础设施领域发挥着主导作用，而非国有控股收购在非基础设施领域尤为活跃（Du，Zhang，2018）。

最后，其他学者围绕"一带一路"对外直接投资提出了第三国挤出效应（马述忠，刘梦恒，2016）、税收协定的促进作用（潘春阳，袁从帅，2018；汤凤林，陈涵，2020）、人民币升值的负面影响（肖平平，侯佳敏，2018；刘竹青，张俊美，张宏斌，2021）、贸易成本的抑制作用（张静，孙乾坤，武拉平，2018）、资源禀赋和环境能力的影响等（Huang，2019；陈德敏，郑泽宇，2020；朱正远，2021），从各个角度对中国企业在"一带一路"沿线国家的对外直接投资影响因素进行理论解析。

（二）对"一带一路"投资效应的研究

"一带一路"建设能促进亚洲和全球经济增长，并使经济发展更具有可持续性，尤其是对那些欠发达地区基础设施的完善、人民收入的提高、对外投资的增加将发挥重要作用。对外直接投资作为"一带一路"倡议下中国企业"走出去"的重要举措，对东道国和母国有着重要的影响。第一，对外直接投资改变了贸易结构。一方面中国对外直接投资对"一带一路"沿线国家出口贸易结构优化具有积极影响（王宝奎，2018；滕堂伟，史佳宁，胡森林，2020），另一方面对外直接投资对中国的进口贸易存在显著的替代效应（程中海，南楠，2017），同时也影响中国企业的出口竞争力（李骥宇，李宏兵，2018）；第二，对外直接投资对东道国的经济运行（隋广军，黄亮雄，黄兴，2017；蔡玲，王昕，2020）和政策制度产生反向促进作用（潘春阳，卢德，2017）；第三，对外直接投资的逆向技术溢出促进了中国产业结构的优化（姚战琪，2017；田晖，谢虎，肖琛，等，2021），提升了国家创新能力（尹礼汇，赵伟，吴传清，2021）；第四，"一带一路"对外直接投资在完善东道国的基础设施，提高能源效率方面具有较强的正外部性，将为世界经济带来可观的利益（Fan，2018；周国光，王一佼，桂佳伟，等，2019）。另外，Pan，Wei，Muralidharan，等（2020）基于63个"一带一路"沿线国家的面板数据集，发现中国对外直接投资在短期和长期均显著提高了"一带一路"沿线国家的制度质量。

（三）对"一带一路"投资风险的研究

国家实施"一带一路"倡议以来，企业对外投资掀起热潮。然而，由于"一带一路"沿线国家政治体制、经济制度、文化传统以及法律法规等差异大，对外直接投资面临着很多的风险和挑战。学界对"一带一路"对外直接投资的风险分析有两个基点：一是研究东道国的宏观国家风险；二是围绕具体投资项目研究其风险点，学界普遍认为"一带一路"倡议下的风险主要是东道国的国家风险。国家风险与对外直接投资之间存在"双向因果"关系，一方面东道国的国家风险影响对外投资的区位选择，另一方面对外直接投资的反向作用能改善东道国的国家风险（王正文，但钰宛，王梓涵，2018）。国家风险又可以细分成政治社会风险、经济风险、法律风险和主权信用风险。其中，沿线国家主权信用风险参差不齐，易导致主权债务危机和银行危机之间的恶性循环，这对"一带一路"投融资合作的开展尤其不利（李原，汪红驹，2018；陈智华，梁海剑，2020）。

许多学者从宏观角度研究"一带一路"中的对外直接投资风险，但是该类研究更多地从定性方法上展开。政治因素角度上，陈波（2018）指出东道国的政治环境变化将会使得我国投资项目遭遇很大的威胁，导致投资项目中途流产或者彻底失败。张晓涛，王淳，刘亿（2020）进一步以"产业类别—政治风险"分析框架，将中国对外直接投资政治风险分为九类，其中战争与内部动乱风险和东道国政府反对风险占比最高。法律因素角度上，张敏，朱雪燕（2017）指出，投资企业因违反东道国法律、法规或者规章制度将面临受法律惩罚或者法律制裁等风险，其主要来源是投资者行为风险、投资者母国制度风险和东道国制度风险。同时，李猛（2018）指出法律风险往往是由政治原因引起，而法律手段又是应对政治风险的有效方式。陈德敏，郑泽宇（2020）指出，法律缺陷是中国企业投资"一带一路"沿线国家面临生态环境风险的主因。经济因素角度上，郭建宏（2017）认为一些经济发展水平低的国家为维护本国企业经济利益对外来企业投资行为有不同程度的限制。宁薛平（2016）提出，随着人民币国际化日益加深，人民币汇率波动幅度的加大使得企业面临的汇率风险逐步加大；同时，"一带一路"沿线地域封闭、信息化手段落后以及投融资制度不完善导致的严重的信息不对称问题加剧了企业投融资的逆向选择和道德风险问题。童伟，张居营（2020）指出中亚国家所面临的脆弱性、失衡性、外部依赖性等经济风险，给我国对其直接投资带来了巨大挑战。

目前宏观角度定性分析"一带一路"直接投资风险的文献较多，但从微观角度对投资风险进行量化研究还较为鲜见。杨淑霞，李键（2017）将风险分为四大类，运用盲数理论和离差德尔菲法等数学工具，构建了中国企业海外投资风险评价模型，分析得出最大风险因素来自市场竞争，而环境变化风险、资源损伤风险和能力短缺风险的影响程度相当，说明企业海外投资风险是多种因素综合作用的结果，每一种风险都可能给企业海外投资带来严重后果。李原，汪红驹（2018）从政治社会风险、经济风险、法律风险和主权信用风险四个方面构建国家风险评价指标体系，利用因子分析方法全面系统地衡量各国风险并划分出投资风险低、中、高三个区域，为改善我国对"一带一路"沿线国家投资效益提供理论参考。也有学者针对单要素进行量化分析，李香菊，王雄飞（2017）基于模糊层次分析法对影响企业境外投资的税收风险因素进行量化评估，结果显示：中国民营企业参与"一带一路"沿线国家投资建设的风险基本处于中等风险状态。Ta（2020）利用层次分析法从经济状况、债务能力、社会环境、法律制度、政治因素等角度对"一带一路"沿线东南亚五个典型国家的投资风险进行了分析。Liang，Yu，Jiang（2021）利用深度学习评估了"一带一路"沿线 50 个国家的能源投资风险。不同学者进行风险量化的方法不同，其结果也迥异，因此，很难给出全面的风险特征刻画，并且缺乏对于风险因素之间相互影响的研究。

对于"一带一路"直接投资风险的防范与对策，不少学者提出了有效的建议。从国家和政府层面而言，张晓涛，王淳，刘亿（2020）指出我国政府需要在做好与投资东道国政府层面的沟通、为投资保驾护航的同时，还应该加强与企业的沟通，提供国际政治局势信息，对可能产生的政治风险加强预警。从法律角度来看，张敏，朱雪燕（2017）和陈德敏，郑泽宇（2020）建议企业对外投资应坚持共商、共建、共享、共担四大原则，建立企业透明度原则及注重国内规则与国际高标准相结合的原则，同时关注东道国法律与政策的内容、调整与变革，以防范和避免企业在环境保护、税收、知识产权、劳工等多方面的法律风险。从经济角度来看，陈波（2018）认为，拓展对外直接投资方式，可以起到分散风险的作用。聂娜（2016）和童伟，张居营（2020）也认可投资综合布局，完善财税金融支撑体系，并补充建议创新融资方式、增加风险贷款额度、放宽贷款担保机制和外汇限制等，从而减少金融衍生品交易风险损失。学者从不同角度对"一带一路"投资风险管理提出了针对性的建议，为我国在"一带一路"投资发展提供了稳中求进的新思路。

自从"一带一路"倡议提出以来，中国企业对外投资已经逐渐成为理论界和实务界关注的热点问题之一。从目前研究现状来看，国外学者关于对外直接投资的研究较为宏观，主要关注政治敏锐性问题；而国内学者主要站在东道国立场上分析对外直接投资的区位模式选择、效应分析以及风险防范。针对本书研究的风险分析层面，国内学者的研究主要关注对外直接投资东道国的国家风险，很少从投资国和行业自身层面对风险因素进行分析，即更多关注外因分析，较少关注内因的影响。

四、"一带一路"建设中重大项目投资风险研究

重大项目投资是"一带一路"直接投资的重要成分，梅冠群（2017）认为"一带一路"建设应当优先确定规划，抓住重大项目建设这一重要抓手。"一带一路"重大项目建设具有投资规模大、难度高、风险因素繁杂等特征。为保证"一带一路"重大项目的成功建设，防范风险于未然，项目投资过程中存在的风险和隐患应当被充分揭示（张燕生，王海峰，杨坤峰，2017）。

对于重大建设项目投资风险的研究，学者们多是从宏观风险角度进行的。邵明朝（2017）指出在项目建设实施方面，应当区分能源、基础设施、国际产能合作等重大类别，对于东道国的政治、经济、金融、税收、法律、环保、土地使用等政策风险，以及自然环境、社会舆论、安全与腐败风险有针对性地进行全面细致的深入分析，并得出相应有效措施，用以管控风险。张晓通，许子豪（2020）指出海外重大项目会改变各种地缘因素，打破原有地缘利益结构的平衡，从而引发地缘政治风险。而我国大部分的能源问题项目发生在政治风险排名靠后的国家，投资金额比较大的能源问题项目主要发生在伊朗、俄罗斯、巴基斯坦、缅甸等政治风险比较高的国家（王昱睿，祖媛，2021）。

另外，部分学者以具体的重大项目投资案例，对重大项目投资过程中的风险进行剖析。比如，潘玥（2017）以印度尼西亚雅万高铁项目为例，展现了"一带一路"重大项目"政治化"可能会带来的风险，如雅万高铁在几乎没有利润空间且融资压力巨大的情况下，遭受着来自印尼方诸如征地迟缓、恐怖主义盛行、种族歧视等社会风险，还面临着印尼政府的违约风险。Li，Huang，Tian（2019）总结了基础设施工程建设中涉及的自然、文化、宗教、营销及外包相关风险，并建立预测指标体系对风险发生概率进行预测。黄晓燕，王少康

（2021）以 X 公司投资越南光伏电站 EPC 项目为例，详细分析了当前我国企业参与"一带一路"建设中 EPC 项目投标阶段的涉税风险。韩梦瑶，刘卫东，刘慧（2021）通过对中巴经济走廊中风电项目建设的分析，指出在巴投资企业需密切关注宏观经济形势及政策，及时化解由于政策变动或通货膨胀等不利因素造成的成本增加，保证项目顺利实施运营。

在重大项目投资的资金风险方面，"一带一路"沿线国家中大部分仍处于发展中阶段，国家间的经济发展水平差距较大（盛斌，黎峰，2016）。沿线国家的营商环境在很多方面并不尽如人意，如缅甸开办企业方面在世界银行发布的全球营商环境报告中排名倒数第一，效率较为低下（李锋，2016）。"一带一路"的建设项目多为金额高、期限长的重大项目，众多的重大项目落地实施所需筹措的资金数目十分庞大，若东道国出现违约情况，那么项目投资将面临巨大亏损风险，极易使得中国企业蒙受巨大损失。从这个角度上来看，"一带一路"重大项目投资要想真正实现从融资和建设方面还需要克服重重困难（马昀，2015）。

"一带一路"重大项目工程的建设面临着许多风险，既往文献多从宏观视角去解析重大工程项目的投资风险，但是宏观风险分析缺乏更为具体的可应用性，本书拟主要聚焦于"一带一路"重大项目投资的风险识别，以便给中国参与"一带一路"的企业提供风险管理的决策参考。

五、"一带一路"建设中信用风险研究

"一带一路"倡议提出以来，中国对外贸易规模逐步提升，贸易结构实现历史性转变，但也面临着"一带一路"沿线诸多进口企业较高的信用风险，使我国出口企业常常"有单不敢接"（王和，2017；王稳，2020；宋川，2020）。宋川（2020）认为"一带一路"沿线国家的经济发展水平不高、民族及宗教纷争突出、政局不太稳定，导致不少国家依然是处于主权信用等级的高风险区域。因此，"一带一路"出口信用风险的影响因素及管理机制的研究将对进一步推动我国"一带一路"沿线商品贸易的持续发展具有重要意义。

在对我国出口企业外贸过程中所面临的信用风险进行探讨时，双方价格条件与结算方式的选择所产生的影响不可忽略。姚新超，冷柏军（2014）认为 FOB 条件下卖方易丧失货物和货款的控制权，出口商需要利用提单和国际惯例赋予的权利，取得海上货运合同的主体地位。在 CIF/CFR 条件下，贸易商在贸

易及租船的各个环节应采取最优应对策略。此外，出口结算方式选择也引起了国内外学者的关注。Schmidt（2013）通过理论模型证明双方的结算方式选择主要是由贸易国的金融市场特征及信用环境决定的。国内关于结算方式选择的实证研究很少，以定性描述和操作实务层面的经验探讨居多。巫强，徐子明，顾以诺（2017）通过外贸公司实际出口交易数据，证明交易历史和出口国法律体系会对结算方式选择产生影响。目前国内外在研究价格条件与结算方式时所针对的贸易国主要以外贸体系完善、信用环境较好的欧美发达国家为主，很少涉及"一带一路"沿线信用环境较差，政治、经济风险较高的发展中国家。本书将对我国出口企业与"一带一路"沿线国家贸易过程中常用的价格条件与结算方式所面临的风险进行分析，并从政府和出口企业两个层面提出建设信用风险管控机制的相关建议。

出口信用保险作为出口企业降低外贸过程中面临的政治风险和进口企业信用风险的重要手段，自 19 世纪末诞生以来，对促进国际出口贸易发挥了积极的作用（印红旗，2013；Moser，Nestmann，Wedow，2008；Auboin，Engemann，2014；胡赛，2017）。具体在"一带一路"倡议实施中，出口信用保险为我国"走出去"企业加强信用风险管理提供了重要保障。吴祥佑，黄志勇（2017）基于对中国进出口信用保险公司 22 家省级分公司的业务数据研究发现，出口信用保险对中国出口有显著的促进作用，这在金融危机期间表现得尤其明显，具有较强的"逆周期性"。章添香（2020）认为出口信用保险能够通过保障企业资金流动性、提高贸易竞争力及强化出口商信誉、出口产品质量信号提升竞争力来增加出口贸易、促进对外投资。

然而，出口信用保险在服务我国企业参与"一带一路"倡议中仍存在诸多问题，限制了其在"一带一路"中保障作用的有效发挥（魏巧琴，2017；贾广余，亓琪，2018；宋川，2020）。Zou，Zhao（2019）认为尽管"一带一路"倡议为中国农产品贸易的发展提供了机遇，但农产品贸易所需的出口信用保险服务滞后制约了贸易的发展，具体包括出口信用保险发展存在保费率高、风险保障不足、保险覆盖面窄等问题。宋川（2020）认为出口信用保险在服务"一带一路"中存在渗透率低、赔付率高、针对中小企业的保险服务类型少以及资源覆盖的不均衡的问题。章添香（2020）指出，出口信用保险在推动"一带一路"建设中面临的问题包括：出口保险渗透率偏低、保险业务赔付率较高、投资保险承保效果有待加强、服务于中小企业海外投资的产品有待加强、分支机构分布不均、覆盖"一带一路"的海外机构不足。本书在上述研究基础上探讨了当前"一带一路"沿线贸易中常用出口信用保险存在的问题，通过对"一带一路"沿线信用保险赔付案例的分析，研究当前"一带一路"贸易中常见的信用损失及其索赔情况，并由此提出关于"一带一路"出口信用保险的优化建议。

六、对已有成果的评价

第一，既有文献就中国对"一带一路"的投资效应进行了较为客观的评价。关于"一带一路"的投资效应，主要从以下三方面进行了效应评估：第一，"一带一路"投资对于沿线国家普惠金融的发展起到了很大的推动作用。"一带一路"沿线国家经济发展水平不等，较多发展中国家亟须金融资本的注入，我国对"一带一路"沿线国家的投资有力地拉动了相关国家普惠金融的发展。第二，中国对"一带一路"国家相关产业的投资能够推进该国产业水平的提升，例如，中国与印度在基础设施领域相关产业、医药产业、节能环保电力产业、软件信息技术产业、跨境电商和物流产业、汽车产业均有相当深入的产能合作，有力推动了两国间产能的互助与提升。第三，中国对"一带一路"沿线国家基础设施和重大项目的投资有利于构建该国的营商环境，通过提供高效的基础设施，助力"一带一路"相关国家国内经济的高速发展。故此，相关文献就中国对"一带一路"的投资所产生的效应进行了较为全面的客观的评价和理论阐述。

第二，既有文献就中国对"一带一路"投资的相关风险进行了研究，该部分研究成果对本书研究的开展有重要的奠基作用。例如，在"一带一路"投资风险的宏观影响因素方面，既有相关研究肯定了东道国的制度因素、税收因素、投资的挤出效应、人民币升值的负面影响、投资对贸易成本的抑制作用、资源禀赋和环境能力的影响等，认为中国对"一带一路"的投资应该是个复杂的函数，需要充分考虑到外围不可控制变量的影响。

第三，既有文献就中国对"一带一路"投资进行了风险评估。例如，有学者利用盲数理论和离差德尔菲法等数学工具，构建了中国企业海外投资风险的评价模型；又如，有学者基于政治社会风险、经济风险、法律风险和主权信用风险四个方面构建国家风险评价指标体系，利用因子分析方法全面系统地衡量"一带一路"沿线各国风险并划分出投资风险低、中、高三个区域，为改善我国对"一带一路"沿线国家投资效益提供理论参考。整体来看，目前对"一带一路"投资风险的评估主要集中在宏观数据的风险评估方面，所得出的风险结论主要用于指导中国对"一带一路"投资企业在宏观主权信用、政治、经济等方面的风险防范。该部分研究成果是本书得以推进的重要参考。

第四，既有研究的不足之处及本书研究的拓展：对"一带一路"投资风险的既有研究更为注重宏观风险的评估，而弱化了投资微观风险的测算；更为注重静态风险的评价，对动态风险评估不足。本书主要通过以下两方面对"一带一路"相关风险进行研究拓展：第一，通过各类数据库及其企业渠道，搜集重大项目投资的相关数据，以项目投资、建造、运行为例，对大型项目投资风险进行全流程的风险分析与评估，也借助典型案例分析法进行"一带一路"投资的微观风险评估；第二，通过查阅既往相关文献资料，寻找能够刻画经济风险的最佳分布，就中国对"一带一路"投资的各类经济风险进行模拟分析，进而为构建"一带一路"经济风险的预警系统做铺垫。

第三节 "一带一路"沿线主要国家的政治现状

"一带一路"沿线主要国家的政治环境变动易对我国参与"一带一路"的建设项目造成极大经济风险，主要包括东道国国内政治环境变动，如政权更迭、恐怖主义、军事政变等，或与其他国家政治关系发生改变带来的在其境内投资的企业未来经济利益的不确定性。本节根据中国对外直接投资额大小和地区政治风险复杂程度，主要关注东南亚、中亚以及中东地区的政治环境现状及其变化。①

一、"一带一路"沿线主要国家社会发展水平

根据联合国开发计划署（UNDP）发布的《2020年人类发展报告》中相应的人类发展水平指数（见表1-1），从国民健康状况、受教育水平和消费水平三个方面衡量社会发展水平。总结得出："一带一路"沿线有28个国家属于极高人类发展水平、22个国家处于高等人类发展水平、15个国家处于中低等人类发展水平。在2017年中国"一带一路"国家前十大贸易伙伴中，仅新加坡、哈萨

---

① 本书按照地理位置将"一带一路"沿线划分为东南亚、南亚、中亚、西亚北非、中东欧、蒙俄六大区域。

克斯坦、马来西亚、俄罗斯属于极高人类发展水平，印度尼西亚、老挝、泰国、越南、巴基斯坦都属于中等人类发展水平国家，发展水平低于中国。结合 2020年数据，整体社会发展水平虽较 2017 年有所提高（泰国、越南、印度尼西亚转变成高等人类发展水平国家，和中国一致），但是各国间差异仍显著，中国企业在这些国家投资面临的社会风险仍然较大。

表 1-1 "一带一路"沿线国家人类发展水平（2020）

人类发展水平	国家
极高	新加坡、以色列、斯洛文尼亚、捷克、爱沙尼亚、波兰、阿联酋、立陶宛、卡塔尔、斯洛伐克、文莱、沙特阿拉伯、拉脱维亚、巴林、匈牙利、克罗地亚、阿曼、俄罗斯、黑山、白俄罗斯、保加利亚、罗马尼亚、科威特、马来西亚、哈萨克斯坦、土耳其、塞尔维亚、格鲁吉亚
高等	伊朗、阿尔巴尼亚、斯里兰卡、波黑、阿塞拜疆、黎巴嫩、亚美尼亚、泰国、乌克兰、蒙古、约旦、马尔代夫、乌兹别克斯坦、土库曼斯坦、摩尔多瓦、菲律宾、埃及、印度尼西亚、越南、巴勒斯坦、马其顿
中等	伊拉克、吉尔吉斯斯坦、塔吉克斯坦、印度、东帝汶、不丹、孟加拉国、老挝、柬埔寨、缅甸、尼泊尔、巴基斯坦、叙利亚
低等	阿富汗、也门

数据来源：由联合国开发计划署（UNDP）发布的《2020 年人类发展报告》整理。

二、"一带一路"沿线主要国家宗教信仰

"一带一路"沿线国家宗教氛围浓厚、地区宗教文化复杂，涵盖佛教、印度教、基督教等世界上主要宗教意识形态，部分国家民众对宗教组织的信任度较高，中国企业远赴这些地区海外投资不可避免地面临宗教问题。

中亚五国总人口的 80% 以上是穆斯林，居于主导地位的宗教是伊斯兰教，据《2019 年全球恐怖主义指数报告》发布的数据，中亚地区受恐怖主义影响较小，但是在中东地区极端主义"外溢"的影响下，恐怖主义正成为威胁中亚地区安全的首要因素。

南亚宗教及其派别众多，有印度教、伊斯兰教、佛教、锡克教、基督教、犹太教等，语言和宗教差异导致南亚地区纷扰不安，印巴的水资源问题以及克什米亚地区主权问题构成了南亚地区复杂的宗教和民族矛盾。

东南亚地区宗教多元，佛教、伊斯兰教、天主教等宗教都在该地区拥有众多信徒，泰国、缅甸、老挝、柬埔寨是以信仰上座部佛教为主的国家，印尼、马来西亚、文莱是以信仰伊斯兰教为主的国家，菲律宾、东帝汶是以信仰天主教为主的国家，越南、新加坡是大乘佛教、道教以及新教、天主教并存的多元宗教国家。在东南亚一些国家，宗教更多地被民族主义势力作为实现自己政治目的的手段，给国家和地区的安全、稳定造成威胁。

西亚北非地区的人们主要信仰伊斯兰教、犹太教和基督教，宗教问题复杂。伊斯兰教内部什叶派和逊尼派两大派系纷争激烈；宗教极端势力歪曲宗教教义，披着宗教外衣进行恐怖袭击；政教合一的伊斯兰国家的政权深受宗教影响，宗教风险可能引起政治斗争或政权更迭；还存在一些跨国宗教矛盾风险，如巴以冲突。这些给社会带来了不稳定因素。

三、"一带一路"沿线主要国家的社会治安与毒品犯罪

根据 2020 年 Numbeo 机构发布的"一带一路"沿线国家（共 57 个国家，其中 14 个国家数据缺失）的犯罪指数（见表 1-2），该犯罪指数是通过问卷的形式对居民感受风险的严重程度，白天及夜间步行条件，对周围发生抢劫、盗窃、暴力事件的焦虑程度，对由于宗教或肤色差异对身体攻击的焦虑程度、药物问题、盗窃罪金额、暴力犯罪数量等 10 个问题进行调查算出的指数。认为犯罪指数低于 20 的城市非常安全，如果超过 60 则称为犯罪率较高的城市。在公布的 57 个国家中，仅有 22 个国家犯罪指数较低，"一带一路"沿线国家社会治安情况不容乐观。

表 1-2 "一带一路"沿线主要国家犯罪指数（2020）

犯罪指数	国家
很高（80 以上）	南非
高等（60-80）	马来西亚、菲律宾、哈萨克斯坦、伊拉克、叙利亚、阿富汗、孟加拉国、马尔代夫
中等（40-60）	蒙古、新西兰、柬埔寨、印度尼西亚、泰国、越南、伊朗、以色列、约旦、黎巴嫩、土耳其、巴基斯坦、印度、俄罗斯、乌克兰、摩尔多瓦、波兰、波黑、克罗地亚、塞尔维亚、保加利亚、摩洛哥、马其顿、埃塞俄比亚、巴拿马、埃及

犯罪指数	国家
低等（20-40）	新加坡、阿塞拜疆、亚美尼亚、格鲁吉亚、阿曼、沙特阿拉伯、巴林、科威特、斯里兰卡、尼泊尔、白俄罗斯、爱沙尼亚、立陶宛、匈牙利、拉脱维亚、斯洛伐克、斯洛文尼亚、阿尔巴尼亚、罗马尼亚
很低（20以下）	卡塔尔、阿拉伯联合酋长国

数据来源：根据 Numbeo（一个由用户提供的有关全球国家和城市数据的数据库）官网数据整理。

亚洲地区及俄罗斯受毒品问题影响比较严重，"金三角"和"金新月"是位于"一带一路"区域内的两大毒品产区，东南亚和南亚两地区作为主要的产量、制毒区影响最为严重，中亚和俄罗斯作为毒品走私的通道也深受其害。根据大洋洲犯罪学研究机构公布的数据，吸毒者的犯罪率高达七成，毒品导致的高犯罪率给社会稳定带来了巨大的影响，还会加速艾滋病的传播。毒品业的巨额利润是官员腐败的催化剂，不但能腐蚀和削弱政权，还增加了对其的控制和防范成本。毒品与宗教极端势力和恐怖主义组织结合给地区安全带来极大威胁。

四、东南亚地区的政治现状

东南亚位于亚洲南部，与中国在地理上毗邻，是连接亚洲和大洋洲、印度洋和太平洋的"十字路口"，是重要的连接印度洋和太平洋的航运通道，如马六甲海峡。东南亚国家是中国的重要邻邦和参与地区合作的重要依托，是"一带一路"的重要和首要节点，是"丝绸之路经济带"的南线，也是"21世纪海上丝绸之路"两线的交汇处，地理位置十分重要。

东南亚各国与中国经济往来频繁，是中国"一带一路"建设的重要合作对象。2020年，中国对东南亚投资流量为161.00亿美元、投资存量为1277.42亿美元。其中新加坡和印度尼西亚是中国在东南亚地区最大的经济往来伙伴，投资存量巨大，分别达598.58亿美元、179.39亿美元，占地区2020年投资存量总额的46.86%和14.04%（见图1-1）。东南亚各国多为新兴国家，自然资源和人力资源丰富，华人华侨数量多，基础设施建设需求巨大，是"一带一路"建设的重要合作伙伴，因此，对东南亚的地缘政治风险事先绸缪是必要的。

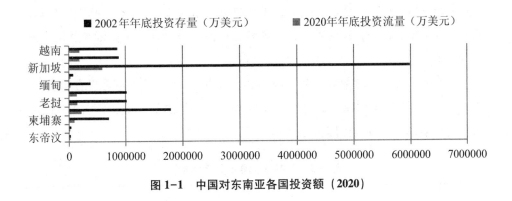

图 1-1 中国对东南亚各国投资额（2020）

数据来源：《2020 年度中国对外直接投资统计公报》

（一）国内政党更迭频繁

自 2017 年以来，东南亚各国选举期已经过去，政治形势总体稳定，进入 2018 年，马来西亚、柬埔寨举行全国大选，原本计划定于 2018 年的泰国大选推迟至 2019 年 2 月，政局发展到了一个重要节点。新加坡、越南、泰国、柬埔寨等国家的领导人施政面临阻力，新政府能否稳步推动改革、妥善化解社会矛盾，仍然需要时间的检验。

东南亚国家大多为多党制国家，政党更迭频繁，尤其是非常规政党更迭所带来的政治风险较严重。近 25 年来泰国政党更迭次数高达 12 次，除泰国外，东帝汶和印度尼西亚的次数也较多；柬埔寨、缅甸、印度尼西亚、泰国以非常规方式实现政党更迭的比例较高。各个政党的意识形态、执政理念不同，提出的政治纲领以及对外交往方面的政策也不同，增加了政治的不确定性。我国"一带一路"建设在东南亚国家的投资项目大多为战略性、长期性的重大工程。政党更替，使得政策之间缺乏连续性，加之一些执政党在政绩压力驱使下多顾及短期利益，缺乏长期规划和策略，给"一带一路"建设带来了巨大的影响。例如，在 2018 年马来西亚大选中，反对党"希望联盟"获胜后，新当选的马哈蒂尔公开表示将重新审视中资项目，给"一带一路"建设蒙上阴影。

（二）政府腐败现象严重

东道国的政治腐败所带来的办事程序不正规、税目临时设立、政务处理随意都是中国企业对外投资所面临的风险。在一些国家，海外企业想进入其国内投资甚至要通过贿赂的方式才能取得投资许可证，导致一些中资企业根本无法在其境内进行生产经营活动。例如，缅甸政府要求海外投资企业的矿石出口存款先存入指定的银行，然后才给企业开具出口许可证，这给企业带来了巨大的经营风险。

东南亚国家的清廉指数排名普遍偏低，且自 2016 年以来并无实质性改善。2020 年，在被调查的 180 个国家中，除新加坡外，排名最高的文莱居第 35 位，马来西亚第 57 位，其余国家均在 80 名之后（见表 1-3）。

表 1-3　东南亚各国清廉指数排名

排名	国家	得分				
		2020	2019	2018	2017	2016
3	新加坡	85	85	85	84	84
35	文莱	60	60	63	62	58
57	马来西亚	57	53	47	47	47
86	东帝汶	40	38	35	38	35
102	印度尼西亚	37	40	38	37	37
104	泰国	36	36	36	37	35
104	越南	36	37	33	35	33
115	菲律宾	34	34	36	34	35
134	老挝	29	29	29	29	30
137	缅甸	28	29	29	30	28
160	柬埔寨	21	20	20	21	21

数据来源：国际反贪污组织"透明国际"《全球清廉指数排名》（2016—2020）。

（三）区域外中、美、日三国博弈加剧

中国的迅速崛起加速了亚太地区的"权利转移"，东南亚各国在积极推进中国的资本与贸易布局的同时，也频繁与美国、日本互动，目的在于形成中、美、日三股外部势力的相互对冲，降低中国庞大的经济体量对其的影响。日本早在多年前就提出与东南亚各国建立亲密的合作关系，企图在东南亚地区保持强大的影响力。东南亚通过接受来自日本的大规模经济援助进入日本和美国市场。目前，中国与东南亚地区的贸易关系仍然处在初级阶段，中国企业海外投资可能会面临来自美、日的竞争和东道国的猜疑和排斥。

五、中亚地区的政治现状

2013 年，习近平总书记在哈萨克斯坦提出共建"丝绸之路经济带"，自古丝绸之路以来，中亚地区以其地理位置成为沟通东西方的交通要道。如今，中亚地区仍然是"丝绸之路经济带"建设核心区域，是"一带一路"建设的最前沿，是中国"走出去"战略的重点地区。

近年来，我国与中亚五国的经济联系有较大幅度的加强。2020 年，中国对中亚投资流量为 0.47 亿美元、投资存量为 128.06 亿美元。其中哈萨克斯坦是中国在中亚地区最大的经济往来伙伴，投资存量巨大，高达 58.69 亿美元，占 2020 年地区投资存量总额近一半（见图 1-2）。中亚五国拥有丰富的石油、天然气等自然资源储备，但在轻工产品生产方面存在劣势，需要从其他国家进口，与我国形成贸易互补。但是中亚地区的国家发展，基础设施建设，区域内国家政治形势、地区安全局势、法治程度等不确定因素都使中国企业赴中亚投资面临潜在风险。

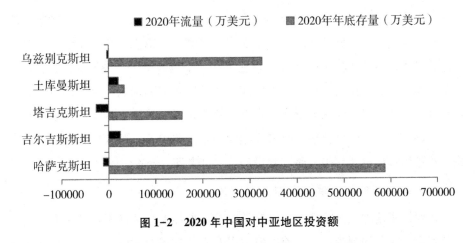

图 1-2　2020 年中国对中亚地区投资额

数据来源：《2020 年度中国对外直接投资统计公报》

（一）国内安全风险扩大

在政局变动风险方面，中亚五国政治局势相对稳定，哈萨克斯坦 2015 年在总统大选中以压倒性优势胜利；土库曼斯坦国家首脑拥有至高无上的权利和威望，对政府、议会、军队等各方面控制力较强；乌兹别克斯坦在前任总统去世后实现政权平稳过渡；塔吉克斯坦国内政局相对稳定，2013 年总统埃莫马利·拉赫蒙（Emomali Rahmon）以高票顺利连任，进一步削弱主要反对党势力；吉尔吉斯斯坦自 2010 年全民公决通过新宪法、政体由总统制过渡到议会制以来，执政联盟数次重组。但是中亚地区部分国家领导人年事已高，影响政局稳定的潜在因素是"政权交接"问题。

在社会稳定风险方面，受中亚南部阿富汗的影响，中亚地区恐怖主义威胁严重，哈萨克斯坦、乌兹别克斯坦政府对恐怖组织打击力度较大，土库曼斯坦、吉尔吉斯斯坦恐怖主义活动猖獗。由于该地区国家贫富差距较大，贫民子女不能进入正规学校接受教育，转而进入地下宗教学校进行学习，进一步扩大了恐怖主义在地区内传播的风险。相对不完善的社会保障体系及不健全的社会治安管理等问题的存在，进一步加剧了社会的不稳定性，是可能引发社会动荡的潜在因素。

（二）区域内国家争端不断

在苏联时期，多数加盟共和国并没有划定准确的区域边界线。苏联解体后，各国在领土问题上存在众多分歧，互不退让，加之在国家利益、发展模式、法律法规等问题上存在分歧和矛盾，中亚国家之间存在潜在危机。中亚五国多为多民族国家，不同民族交叉居住，存在争水、争地等矛盾和冲突。比如，乌兹别克斯坦与相邻五国之间存在领土争端，位于锡尔河和阿姆河上游的吉尔吉斯斯坦和塔吉克斯坦在河流上游建立水电站拦截水量，导致下游国家乌兹别克斯坦用水困难，还有过境运输、跨境民族问题等。兼顾这些国家的利益和不同诉求，给中国在推进"一带一路"建设的进程带来巨大挑战。

（三）区域外美、俄、欧盟激烈竞争

中亚国家地理位置特殊、油气资源丰富，世界上众多国家都被中亚丰富的自然资源、繁荣的制造业、充沛的电力以及发达的银行业吸引，大国博弈非常复杂。俄罗斯在传统上与中亚各国存在历史羁绊，因此俄罗斯也是在中亚五国中最具影响力的国家。近年来，美国提出"新丝绸之路"计划、"欧亚经济联盟"计划、欧盟积极推行的各项中亚政策导致逐渐加剧的竞争给我国和中亚国家的合作带来了不小的阻碍。随着中国在中亚地区的综合国力和影响力的提升，加之一些国家对"中国威胁论"的渲染，引起了中亚国家对"经济过分依赖中国"的担忧，给我国企业赴中亚投资带来挑战。

六、中东地区的政治现状①

中东地区是中国"一带一路"倡议在亚洲地区之外的重要战略支点，能源合作是中国与中东国家合作的基础。中东地区是中西方贸易的交通枢纽，地理位置十分关键。世界主要能源供给地的特殊地位导致地区政治形势错综复杂。截至 2020 年年底，中东地区已经成为我国对外直接投资的第三大区域。其中对地区政治较为稳定的阿拉伯联合酋长国、以色列、伊朗、沙特阿拉伯、土耳其等国的投资额最大（见图 1-3）。

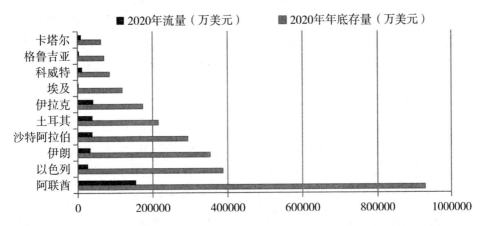

图 1-3　中国对"一带一路"沿线中东地区直接投资额排名前十的国家（2020）

数据来源：《2020 年度中国对外直接投资统计公报》

（一）部分国家政权不稳

自突尼斯的失业大学生摆摊遭执法人员粗暴对待后焚火自杀，中东地区掀起一场革命浪潮，部分国家陷入反政府示威游行的浪潮，国家政权持续动荡，利比亚、埃及、也门政权纷纷垮台，给地区政治秩序带来了严重的整体性影响，"一带一路"沿线国家投资环境恶化。2017 年以来，巴以冲突升级、叙利亚问题的解决仍面临漫漫长路，利比亚武装冲突不断导致局势混乱，也门内战持续……不少国家仍处于内部冲突、外部干预的多重危机之中，当国家不能再给国民提供基本的生活保障，民众也会陷入身份认同危机，转而求助宗教教派及

---

① 中东不是一个地理词汇，本文所指中东地区包括西亚、北非的 22 个国家。

传统部落，极易被极端思想鼓动，如此动荡的局势给恐怖主义肆意传播提供了温床，这些矛盾给中国企业在中东地区投资带去了诸多不稳定因素。

（二）战争与地区冲突频发

中东地区是第一次世界大战之后，英法等国对其殖民地划分的结果，割裂了其宗教教派、传统部落和民族的自然区域，国家政体不同、宗教多元、地区冲突不断严重阻碍了其地区政治、经济、社会方面的建设。中东地区小国林立，以土耳其、以色列、伊朗和沙特阿拉伯为首的几个在中东地区具有一定地位的大国在宗教、民族、政治方面产生的矛盾难以调和，致使中东地区长期以来都无法建立稳定的地区格局。2016年、2017年沙特阿拉伯分别与伊朗和卡塔尔断交，随后多个阿拉伯国家均追随沙特阿拉伯与以上两国断交，还有土耳其、埃及等一些国家唯恐引火烧身，左右逢源，中东地区政治格局日渐分化。

（三）区域外大国干预

美国、俄罗斯、欧盟是活跃在中东地区的三股力量，美国占据主导地位，特朗普执政后转变奥巴马时期对中东的政策，加强对伊朗的遏制，与沙特阿拉伯、阿拉伯联合酋长国、以色列等国家结成安全伙伴，给中东局势带来巨大的不确定性。俄罗斯借中东变局恢复和扩大了其在中东的影响力，一方面防止中东变局通过中亚等地区对其国内形成影响，另一方面利用中东与美国周旋，对美国形成挑战。欧盟在中东地区的影响力较美国、俄罗斯较小。

第四节　"一带一路"沿线国家的经济状况

"一带一路"沿线国家的整体经济环境变化会对我国参与"一带一路"建设项目造成风险。本节主要分析我国企业在境外投资过程中，由于受"一带一路"东道国宏观经济环境变化、营商环境变动而使得投资收益受到影响的风险。

一、"一带一路"沿线主要国家的宏观经济状况

"一带一路"沿线国家大多为经济低速增长的中低收入国家，经济主要依靠能源及一些传统支柱产业，发展模式单一。根据世界银行2020年公布的收入标准，在62个"一带一路"沿线国家中，仅有19个属于高收入国家，2个被列入

低收入国家，中东欧 19 国普遍收入较高，西亚、北非能源国跻身高等及中等偏上收入国家行列，而东南亚、南亚及中亚国家经济水平落后，大多被列入中等偏下收入国家，如南亚的阿富汗、中亚的塔吉克斯坦人均 GDP 水平不超过 1000 美元，属于低收入国家。如表 1-4 所示，政治环境稳定且能源丰富的国家经济水平较为发达，资源贫乏或是政治落后的国家较为贫穷。

表 1-4 "一带一路"沿线国家收入水平（2020）

收入水平	国家
高收入国家	阿拉伯联合酋长国、巴林、文莱、捷克共和国、爱沙尼亚、克罗地亚、匈牙利、以色列、科威特、立陶宛、拉脱维亚、阿曼、波兰、卡塔尔、沙特阿拉伯、新加坡、斯洛伐克、斯洛文尼亚、罗马尼亚
中等偏上收入国家	阿塞拜疆、保加利亚、波黑、白俄罗斯、格鲁吉亚、伊朗、伊拉克、约旦、哈萨克斯坦、黎巴嫩、马尔代夫、马其顿、黑山、马来西亚、俄罗斯、塞尔维亚、泰国、土库曼斯坦、土耳其、亚美尼亚、印度尼西亚
中等偏下收入国家	孟加拉国、埃及、印度、吉尔吉斯斯坦、柬埔寨、老挝、摩尔多瓦、缅甸、蒙古、巴基斯坦、菲律宾、东帝汶、乌克兰、乌兹别克斯坦、越南、不丹、也门、尼泊尔、阿尔巴尼亚、斯里兰卡
低收入国家	阿富汗、塔吉克斯坦

数据来源：世界银行公开数据库；根据世界银行 2020 年公布的收入标准划分。

如表 1-5 所示，根据世界银行公布的 2018—2020 年 GDP 增长率测算出近三年经济增速平均值，"一带一路"沿线的亚洲新兴经济体和发展经济体保持强劲的增长势头，以传统工业为主的中东欧国家经济相对较平稳，经济增速较往年有所提升，西亚北非能源国整体增长率维持在较低水平。

表 1-5 "一带一路"沿线国家三年平均 GDP 增速（2018—2020）

经济增速	国家
高速增长（>7%）国家	东帝汶、埃塞俄比亚
中速增长（4%—7%）国家	孟加拉国、塔吉克斯坦、土库曼斯坦、越南、缅甸、埃及、乌兹别克斯坦、老挝、尼泊尔

经济增速	国家
低速增长（0—4%）国家	柬埔寨、蒙古、立陶宛、印度尼西亚、塞尔维亚、叙利亚、波兰、新西兰、哈萨克斯坦、巴基斯坦、土耳其、以色列、亚美尼亚、爱沙尼亚、匈牙利、文莱、罗马尼亚、白俄罗斯、马来西亚、斯洛文尼亚、波黑、印度、格鲁尼亚、菲律宾、拉脱维亚、阿富汗、乌克兰、约旦、保加利亚、也门、阿尔巴尼亚、斯洛伐克、斯里兰卡、俄罗斯、马其顿、摩尔多瓦、马达加斯加、捷克、泰国
负增长国家	吉尔吉斯斯坦、阿塞拜疆、摩洛哥、新加坡、巴林、不丹、沙特阿拉伯、阿拉伯联合酋长国、卡塔尔、克罗地亚、阿曼、南非、黑山、科威特、伊拉克、伊朗、巴拿马、马尔代夫、黎巴嫩

数据来源：根据世界银行公开数据库数据整理。

由表1-5可知，东南亚、南亚多数国家处于中速及高速增长态势。这些国家经济体量小，结构多元，发展模式灵活，实体经济对能源的依赖性较低。在中国劳动力成本逐渐上升、产业结构转型和出口升级的背景下，东南亚、南亚大多数国家抓住这个契机，大力发展制造业，使经济发展更为稳定。

由表1-6可知，通货膨胀率及失业率具有明显的地域特征。对能源依赖性较高或是政治比较动荡的中亚、西亚北非及蒙俄地区通货膨胀率较高，大部分西亚国家在2018—2020年平均通货膨胀率高于5%，蒙古平均通货膨胀率为5.94%，而经济相对平稳的东南亚地区通货膨胀率较低。在"一带一路"沿线国家中，黎巴嫩平均通货膨胀率高达31.32%，位列"一带一路"沿线国家第一位。经济相对发达的中东欧、西亚北非的国家失业率普遍较高，主要原因在于该区域主要以传统工业为支柱产业，或是依赖石油、天然气及煤炭采掘行业，发展模式面临转型，而东南亚及南亚失业率较低。

表1-6　"一带一路"沿线部分国家平均失业率及通货膨胀率（2018—2020）

国家	平均失业率（%）	平均通货膨胀率（%）	国家	平均失业率（%）	平均通货膨胀率（%）
蒙古	7.473333	5.936807	巴基斯坦	4.455	8.46547
新西兰	4.346667	1.644163	印度	5.093333	4.763927
文莱	7.676667	0.858283	马尔代夫	5.34	-0.42771

续表

国家	平均失业率（%）	平均通货膨胀率（%）	国家	平均失业率（%）	平均通货膨胀率（%）
柬埔寨	1.22	2.447319	俄罗斯	4.98	3.576774
印度尼西亚	4.076667	2.716634	乌克兰	8.823333	7.190355
马来西亚	3.7	0.1363	白俄罗斯	4.323333	5.339534
缅甸	0.685	7.848698	爱沙尼亚	5.54	1.756352
菲律宾	2.366667	3.442371	立陶宛	6.966667	2.077444
新加坡	3.6	0.273988	摩尔多瓦	3.943333	3.882936
泰国	0.863333	0.30823	波兰	3.43	2.471633
越南	1.863333	3.185462	捷克	2.266667	2.719555
哈萨克斯坦	4.846667	6.004537	匈牙利	3.793333	3.171859
吉尔吉斯斯坦	5.206667	3.000569	拉脱维亚	7.273333	1.854976
阿塞拜疆	5.65	2.546309	斯洛伐克	6.326667	2.371847
亚美尼亚	18.48333	1.725039	斯洛文尼亚	4.843333	1.104758
格鲁吉亚	14.24667	4.223536	阿尔巴尼亚	11.885	1.686679
伊朗	10.87333	28.96073	波黑	16.65333	0.309531
以色列	4.043333	0.357674	克罗地亚	7.52	0.808919
约旦	18.1	1.852373	黑山	16.06667	0.905711
黎巴嫩	11.35	31.31557	塞尔维亚	10.71	1.794868
土耳其	12.55667	14.59608	保加利亚	4.853333	2.530238
阿曼	2.37	0.037074	罗马尼亚	4.376667	3.694804
沙特阿拉伯	6.443333	1.270089	南非	28.2	3.950938
卡塔尔	0.116667	-0.98371	马其顿	18.18333	1.141609
阿拉伯联合酋长国	2.953333	-0.31395	巴拿马	10.09	-0.38126
阿富汗	11.71	1.464261	埃及	8.55	9.533066
斯里兰卡	4.73	3.939126			

数据来源：根据世界银行数据整理，部分国家数据缺失。

二、"一带一路"沿线国家的营商环境现状

"一带一路"沿线国家多为新兴经济体和发展中国家，市场经济制度不够完善，在开放和发展过程中面临诸多挑战。在世界银行公布的《2019 年营商环境报告》中，除东南亚的新加坡、西亚和中东欧个别国家营商便利化程度较高之外，大多数国家排名靠后。整体而言，"一带一路"沿线国家的营商环境在很多方面的表现都不尽如人意，我国企业海外投资可能承受大量损失。

如图 1-4 所示，在"一带一路"沿线区域中，营商环境综合排名最高的地区是中东欧地区，南亚地区的营商环境比较落后；开办企业是各个区域之间差距最小的领域，表明多数"一带一路"沿线国家都在为企业创造良好的制度环境；各区域在执行合同、办理破产方面分数较低；不同区域在登记财产、获得信贷、跨境贸易等领域的表现差异很大。总的来说，在六大区域中，中东欧 19 国在各个方面表现较好。

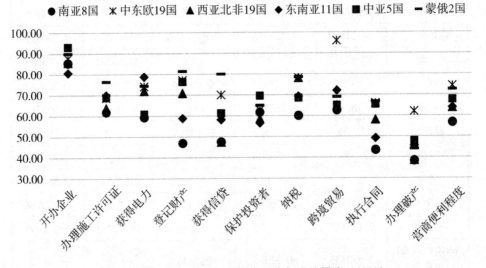

图 1-4　"一带一路"各区域各项指标平均得分（2019）

数据来源：根据世界银行《2019 年营商环境报告》整理，缺少土库曼斯坦数据。

在营商环境综合排名中，也门位列全球倒数第四名，在开办企业、办理施工许可证、获得信贷、跨境贸易方面排名都位于 170 名之后。在开办企业方面，柬埔寨、波黑和老挝排名位列全球倒数前十名，说明这几个国家开办企业步骤

复杂，时间和费用成本相对较高；在办理施工许可证方面，也门、叙利亚、阿富汗位列全球倒数前十名，柬埔寨位列 179 名，这几个国家办理施工许可证程序较复杂，花费时间和费用成本较高，楼宇质量相对较差；在取得电力方面，也门位列第 187 名，全球倒数第五名，在中国 2019 年对其投资贸易额较大的几个国家中，如柬埔寨、老挝、巴基斯坦、孟加拉国、吉尔吉斯斯坦、缅甸等国也位列 140 名之后，获取电力相对困难，极大地阻碍了企业建设进程；在登记财产方面，东帝汶、阿富汗、孟加拉国位列全球倒数前十名；在获得信贷方面，贸易额相对较大的缅甸、菲律宾、孟加拉国、科威特排名靠后；在保护投资者方面，缅甸位列 185 名，卡塔尔、老挝、菲律宾排名相对靠后，说明这些国家的公司透明度和信息披露相对较差，股东几乎没有任何对官员和董事的不当行为提起诉讼的权利；在纳税方面，阿富汗、巴基斯坦表现较差，说明该国纳税手续比较复杂，每年纳税所需时间比较长；在跨境贸易方面，也门、伊拉克位列全球倒数前十，每出口一批货物需要准备单证数量和种类复杂，需要时间和出口成本极高；在执行合同方面，东帝汶、孟加拉国、缅甸、柬埔寨、阿富汗位列全球倒数前十，效率极低、费时费力；在办理破产方面，伊拉克、沙特阿拉伯、东帝汶、老挝、不丹、缅甸各国排名靠后。相对恶劣的营商环境增大了我国企业参与"一带一路"贸易和海外投资的风险。

第五节　"一带一路"沿线主要国家的法律制度环境

60 多个"一带一路"沿线国家大多为发展中国家和新兴经济体，经济发展水平和法治程度不高，且涉及诸多法律体系，除英美法系和大陆法系之外，还有一些国家属于伊斯兰法系，不同的法律术语、表现形式、审判模式与技巧、法律使用规则使得同一纠纷在不同法律体系下获得不同的处理结果，给企业带来难以预测的风险。[1] 许多沿线国家的法律仍在不断调整和完善，然而在一些方面仍然存在空白与缺失。一些国家执法透明度不高，可能会出于对本国利益的考量，对海外投资企业进行一定程度的法律管制，投资企业难以把握即时的

---

① 李玉璧，王兰."一带一路"建设中的法律风险识别及应对策略［J］.国家行政学院学报，2017（02）：77–81+127.

27

交易规则，可能会因违反东道国法律法规而面临罚款和法律制裁，本节主要从市场准入、自然环境保护、劳工关系、税收及有关费用、知识产权五个方面进行探讨。

一、市场准入方面的相关法律

市场准入方面的法律风险为一些东道国出于对本国利益的考量，对海外企业进入其国内的可投资范围、投资方式和持股比例做出严格限制。国家和政府对其审查较为严格，明确规定禁止和限制投资的领域，将中方资本严格限制在一定范围内，由其本国政府掌握主导权。例如，印度尼西亚将 25 个行业列为禁止投资行业，仅能由政府经营；菲律宾虽然在股份比例上对外资有较为严格的限制。但是，也存在一些国家市场准入政策宽松，没有明确的市场准入审查制度，但仍然需要投资企业在关于国家安全和国家利益的特殊领域事前充分调查。由于我国参与"一带一路"建设的企业多为国企，其投资领域也大多涉及能源、公共交通等基础设施方面，当政府高层更迭，两国关系恶化时常被视为经济和政治渗透从而叫停项目，给中方企业带来巨大损失。

二、自然环境保护方面的相关法律

"一带一路"建设项目主要涉及矿产能源开发、交通运输等基础设施建设和工业投资，对东道国环境影响巨大，而沿线自然资源丰富的地区，尤其是中亚、南亚、非洲的生态环境脆弱，加之部分国家环境保护的相关法律不健全，环境监管能力和治理能力有待提升，甚至有些国家降低环保标准以吸引中资，而我国企业环保意识和自律性较差，在这种投资环境下，必然会引发环境问题，由于在项目前期合作双方没有对环境保护问题作出明确规定，在建设后发生争议和纠纷造成损失的案例不在少数。随着生态文明价值的凸显，在环保意识和技术水平提升后，东道国可能会制定、修改环保法或是提升环保标准，叫停中资企业投资项目，严重地阻碍了我国企业海外投资的顺利进行。

三、劳工关系方面的相关法律

"一带一路"沿线国家失业率较高，我国企业对这些国家进行投资，雇用大量当地员工，增加了其国内就业机会，提高了其国内相关技术水平，但也面临来自劳工关系方面的风险。

一是一些国家通过立法限制境外企业在其国内经营雇用的外国人数，并要求在技术和管理岗位设置一定比例的本国员工。例如，《老挝人民民主共和国劳动法》要求外资优先雇用其本国公民，如雇用外籍员工必须通过选拔程序和获得相关部门的批准，针对体力劳动岗位，外籍雇员不得超过10%，专业岗位外籍员工不得超过20%，如果超出比例则需要经过政府批准。①

二是由于我国海外投资企业对相关国家的相关劳工政策不了解，面临较大的劳工关系方面的法律风险。例如，由于菲律宾办理劳工签证手续较为烦琐，在菲投资的中资企业往往以旅游签证敷衍检查，导致中资企业因此付出沉重代价。另外，一些企业在雇佣劳动力时存在不当的现象，侵犯劳动者平等就业的权利和亏欠福利待遇，侵犯劳工休息、休假的权利和获得报酬的权利，违反东道国的劳动法，例如实施"三班倒"和加班涉嫌侵犯人权；在对企业人员调整时，忽视裁员力度和裁员补偿方面的法律，忽视工会力量。

四、税收及有关费用方面的相关法律

"一带一路"沿线国家经济发展水平不高，部分国家税收制度不健全，稳定性和透明度较差。截至2020年3月26日，中国已与"一带一路"144个国家及地区中的84个签订了双边税收协定，包括新加坡、印度、哈萨克斯坦、以色列、埃及、俄罗斯和匈牙利等。税收协定是我国企业"走出去"的稳定器，我国企业赴这些地区进行投资面临较大的纳税风险。由于沿线国家税收制度差异很大，我国企业若不重视研究东道国的税制，则会引发较大的纳税风险。

我国企业"走出去"主要面临的税收风险还包括重复纳税的风险和一般反避税风险。重复纳税风险是指国家判定来源地和居民身份不同，导致企业在处理国际业务时重复纳税，不同国家税率不同，导致抵免不尽或超过抵免限额，境内、境外的亏损不能相互抵消，只能结转到以后年度，增加企业税收成本。一些跨国公司对无形、有形、金融资产和劳务交易进行转移定价的避税措施，并与关联公司签订成本分摊协议来达到利润转移的目的。但是如果跨国公司对投资国反避税条例不了解，可能会面临很高的转移定价被调查风险。②

---

① 敬云川，解辰阳."一带一路"案例实践与风险防范——法律篇［M］.北京：海洋出版社，2017：13.

② 叶玉杰，桂丽."一带一路"倡议下我国企业"走出去"的税收风险研究［J］.时代金融，2018（20）：227+233.

五、知识产权方面的相关法律

"一带一路"各国知识产权保护水平不同，新加坡、俄罗斯、捷克、匈牙利等经济发展水平较高的国家知识产权相关立法比较完善，保护力度较大，但是也存在部分发展中国家知识产权相关法律尚不健全，执行情况差的情况。中国企业"走出去"面临的知识产权风险主要有两点，一是由于部分中国企业的知识产权保护意识较差，不注重自主创新能力，生产和销售中没有进行严格的知识产权检索和专利技术调查，可能面临被诉侵权的风险。二是被抄袭的风险，在部分知识产权保护水平较低的国家，我国企业被诉侵权的风险较小，但被抄袭和模仿的风险较大，如"长虹"和"飞鸽牌"等著名商标均被抢注，导致我国企业丧失竞争优势。

本章小结

本章第一节主要探讨了本书研究的背景。在实践领域，"一带一路"建设已经取得有目共睹的成就。但是，不论是实践领域还是理论研究领域，对于"一带一路"的经济风险鲜有系统性研究。本书旨在对重大项目风险、贸易相关的信用风险、货物运输风险、对外直接投资风险等经济相关风险的系统性梳理和量化研究，为中国参与"一带一路"的企业保驾护航，助力"一带一路"倡议的顺利实施。

本章第二节对近年来国内外关于"一带一路"的相关风险研究的既往文献进行了梳理，重点关注"一带一路"风险影响因素的文献、"一带一路"投资风险的既往文献、"一带一路"重大项目追踪研究及其风险研究的文献、"一带一路"建设中的信用风险及其他风险的相关文献。通过文献梳理发现，既往相关研究更为注重"一带一路"社会、法律、文化等风险，即使有对经济风险的研究，也是侧重于宏观经济风险的定性分析。故此，本书将在既往文献基础上专注于经济风险研究，尤其是对"一带一路"经济风险的量化分析。

本章第三节主要分析"一带一路"沿线国家的政治现状。根据我国对其投资额大小及地区政治风险的复杂程度，主要阐述东南亚、中亚以及中东地区的政治现状，侧重从国家内部政权稳定性、区域内部国家关系以及外部大国干预情况等方面进行分析。总体来说东南亚地区政治风险较小；中亚地区政权相对稳定，但部分国家领导人年事已高，面临政权更迭的问题，同时由于领土、水资源等历史遗留问题的存在，区域内国家关系紧张；中东是"一带一路"沿线政治关系最为紧张的地区，区域内有的国家处于内部冲突、外部干预的多重危机中。

本章第四节主要分析"一带一路"沿线主要国家的经济状况，本节主要从宏观经济环境、东道国的营商环境两方面进行阐述。"一带一路"沿线国家多为中低收入国家，仅新加坡、西亚和中东欧个别经济较为发达国家的营商便利化程度较高。经济增长存在地区差异，新兴经济体和发展经济体增长势头强劲、通货膨胀率较低，中东欧经济比较平稳，西亚北非能源型国家的经济增长率较低，通货膨胀率及失业率较高。

本章第五节主要关注"一带一路"沿线主要国家的法律制度环境。由于"一带一路"沿线国家隶属不同法系，法律环境非常复杂，近年来法律纠纷案件不胜枚举，本节主要从市场准入、自然环境保护、劳工关系、税收及有关费用和知识产权五个方面进行探讨。

第二章

"一带一路"主要经济成就梳理

"一带一路"倡议提出以来，在经济领域取得了重要成就。本章将重点关注我国参与"一带一路"建设的以下三方面显著性经济成就：第一，中国与"一带一路"沿线主要国家之间贸易交往的扩大，进出口贸易体量的上升和贸易结构的变化；第二，中国与"一带一路"沿线主要国家在对外直接投资领域的加深与合作；第三，中国与"一带一路"沿线国家在铁路、公路、电网、港口等重大项目建设方面的成就。

第一节 "一带一路"的贸易成就

自全球化兴起后，国际贸易对世界经济的影响越来越大，中国的"一带一路"合作倡议对国际贸易的影响势必会推动世界经济的发展。"一带一路"沿线国家与中国的贸易额受到很多因素的影响，下面将通过数据分析找到相关规律，并对"一带一路"贸易成就进行梳理。

一、国际贸易发展分析

全球化兴起之后，国际贸易占世界经济的比重越来越大。自 1970 年到 2020 年，国际贸易带来的经济发展大致可以分为迅速增长、缓慢增长、爆发式发展、发展停滞和断崖式下跌五个阶段，图 2-1 展示了 1970 年到 2020 年全球贸易总额占全球生产总值比重的变化情况。从图中增长趋势可以看出，1970 年到 1973 年为全球贸易的迅速增长阶段，1973 年到 1992 年为缓慢增长阶段，1992 年到 2008 年为爆发式发展阶段，2008 年到 2019 年为发展停滞阶段，2020 年由于新冠肺炎疫情导致全球贸易断崖式下跌。

图 2-1 全球贸易总额占全球生产总值比重（1970—2020）

数据来源：根据世界银行数据库数据整理。

尽管从 2008 年至今全球贸易总额占全球生产总值的比例处于发展停滞阶段，但全球贸易依然可以占到全球生产总值的 60% 左右，可以看出全球贸易对世界经济的影响之大。

通过分析各个国家的贸易发展状况，可以发现发达国家对全球贸易额的贡献逐渐减少，而发展中国家对全球贸易额的贡献却逐步扩大。图 2-2 展示了经济合作与发展组织（Organization for Economic Co-operation and Development，简称 OECD）对全球贸易总额的贡献情况，OECD 的 36 个成员国均是发达国家，从图中可以看出，1974 年到 2000 年，OECD 对全球贸易的贡献一直在波动，而2000 年之后 OECD 对全球贸易的贡献一直在减少，从侧面反映了发展中国家对全球贸易总额的贡献度在逐渐增加。

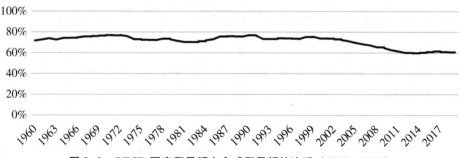

图 2-2 OECD 国家贸易额占全球贸易额的比重（1960—2019）

数据来源：根据世界银行数据库数据整理。注：每 3 年显示一次数据，2019 年的未显示。

从以上分析可以发现，国际贸易对世界经济的贡献可以达到 60% 左右，并且发展中国家对世界贸易的贡献正在逐渐扩大，"一带一路"沿线国家均为发展中国家，因此项目建设对国际贸易的影响必将对世界经济产生积极的影响。

二、"一带一路"国家与中国贸易的影响因素分析

"一带一路"建设首先会拉动这些国家与中国之间的贸易额，进而拉动其与世界其他国家的贸易额，中国对"一带一路"沿线国家的贸易已经维持了很长时间，下面将通过构造模型，找到影响"一带一路"沿线国家对中国贸易额的主要影响因素，判断"一带一路"项目建设是否会对中国同"一带一路"沿线国家的贸易额产生积极的影响。

（一）变量的选取

本书选取了以下 2020 年数据：中国对其直接投资流量、中国对其直接投资存量、样本国家的 GDP、世界银行对其贷款数额、国际货币基金组织对其贷款数额、2020 年底 1 美元兑换当地货币汇率及北京距离该国首都的距离，并以这七个变量作为衡量"一带一路"沿线国家对中国贸易额的影响因素。

选择这些变量的理论基础如下：第一，一个国家的 GDP 反映了这个国家的生产能力，生产能力越强的国家在国际贸易中的表现越强；第二，中国对这些国家的直接投资以及世界银行、国际货币基金组织（International Monetary Fund，简称 IMF）对这些国家的间接投资都可以在一定程度上帮助这个国家的经济发展，从而带动这个国家的贸易额；第三，汇率在一定程度上影响着进出口商品的价格，当前国际贸易体系中，广泛使用美元结算，中国的"一带一路"投资也以美元作为支付工具，因此汇率变量中引用了美元兑换当地货币的汇率作为解释变量；第四，国家之间的距离也会影响贸易量，按照一般规律，距离越近的国家之间的贸易额越高，因此选取了"一带一路"沿线国家首都与北京的距离作为解释变量之一。被解释变量和解释变量的含义及数据来源见表 2-1。

表 2-1　中国与"一带一路"沿线国家贸易模型的变量分类

变量种类	变量名称	简称	数据来源
被解释变量	"一带一路"沿线 63 个国家与中国之间的贸易额	中国与其贸易额（tra）	联合国贸易商品统计数据库

变量种类	变量名称	简称	数据来源
解释变量	中国对"一带一路"沿线 63 个国家直接投资流量	对外直接投资流量（inv_f）	《2020 年中国对外投资统计报告》
	中国对"一带一路"沿线 63 个国家直接投资存量	对外直接投资存量（inv_s）	
	"一带一路"沿线 63 个国家的 GDP	该国 GDP（GDP）	世界银行数据库
	世界银行对"一带一路"沿线 63 个国家贷款	世界银行贷款（WB_l）	
	国际货币基金组织对"一带一路"沿线 63 个国家贷款	IMF 贷款（IMF_l）	国际货币基金组织网站
	2017 年底 1 美元兑当地货币汇率	汇率（ech_r）	Yahoo Finance 网站
	北京距离该国首都的距离	距离（dis）	Google Map 网站

首先，为控制异常值的影响，本书将所有变量均在 1% 和 99% 水平上进行缩尾（Winsorize）处理。其次，通过观察各变量直方图发现（见图 2-3），除了距离变量呈现右偏状态外，其他各变量均表现出明显的左偏状态，为此，需要对各变量进行对数化处理。

（二）被解释变量与影响因素之间的散点图及线性拟合

本节以 2020 年"一带一路"沿线的 63 个国家与中国之间的贸易额为被解释变量，以 2020 年中国对其直接投资流量和中国对其直接投资存量、这些国家的 GDP、世界银行对其贷款数额、国际货币基金组织对其贷款数额、2020 年底 1 美元兑当地货币汇率以及北京距离该国首都的距离作为解释变量绘制散点图，并对散点图的趋势进行线性拟合。

此处涉及的详细数据已完整显示在附录部分（详见附录 1）。以上数据均为 2020 年"一带一路"沿线 63 个国家数据，为截面数据，借助 stata 统计软件绘制的散点及线性拟合图如图 2-4 所示。

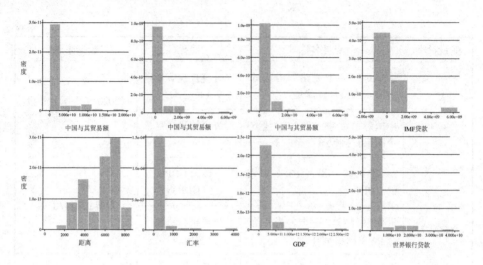

图 2-3　各变量直方图

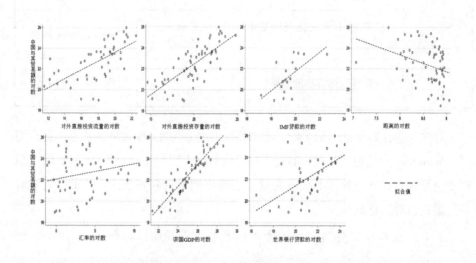

图 2-4　被解释变量与各解释变量关系的散点图及线性拟合

图 2-4 从左至右、从上至下依次为：中国与其贸易额与对外直接投资流量散点及线性拟合图、中国与其贸易额对数与对外直接投资存量对数的散点及线性拟合图、中国与其贸易额与 IMF 贷款散点及线性拟合图、中国与其贸易额对数与距离对数散点及线性拟合图、中国与其贸易额对数与该国汇率对数散点及线性拟合图、中国与其贸易额对数与该国 GDP 对数的散点及线性拟合图、中国与其贸易额与世界银行贷款散点及线性拟合图。

据图 2-4 可知：对外直接投资流量、对外直接投资存量、IMF 贷款、距离、汇率、该国 GDP、世界银行贷款均与中国对其贸易额具有相关关系，但是汇率与中国对其贸易额的相关关系并不强。基于各变量间皮尔森相关系数进一步证实，以上各变量除汇率外均与中国对其贸易额具有线性相关关系（见表2-2）。为了避免多元回归分析中的多重共线性问题，本书选取对外投资流量的对数（lninv_ f）、IMF 贷款的对数（lnIMF_ l）、距离的对数（lndis）及世界银行贷款的对数（lnWB_ l）进行回归分析。

表 2-2 各变量间皮尔森相关系数

	lntra	lninv_ f	lninv_ s	lnIMF_ l	lndis	lnGDP	lnexch_ r	lnWB_ l
lntra	1.0000							
lninv_ f	0.6420 *	1.0000						
lninv_ s	0.7607 *	0.8573 *	1.0000					
lnIMF_ l	0.6281 *	0.1944	0.2978	1.0000				
lndis	−0.3242 *	−0.3368	−0.5120 *	0.1657	1.0000			
lnGDP	0.8840 *	0.4719 *	0.5609 *	0.8287 *	−0.0069	1.0000		
lnexch_ r	0.2364	0.2829	0.3455	−0.0393	−0.4863 *	0.1083	1.0000	
lnWB_ l	0.5681 *	0.3471 *	0.3413	0.7722 *	−0.1881	0.6726 *	0.1579	1.0000

注：* 表示在1%的水平上显著。

（三）多元线性回归模型

从以上分析中可以发现，中国与其贸易额的对数与对外投资流量的对数（lninv_ f）、IMF 贷款的对数（lnIMF_ l）、距离的对数（lndis）及世界银行贷款的对数（lnWB_ l）具有比较强的相关关系，因此下面将以中国与其贸易额的对数为被解释变量，对外投资流量的对数（lninv_ f）、IMF 贷款的对数（lnIMF_ l）、距离的对数（lndis）及世界银行贷款的对数（lnWB_ l）为解释变量构造线性回归模型。假设总体线性回归模型满足经典假定，由高斯—马尔可夫定理可知，在多元线性回归模型的经典假定下普通最小二乘估计量为最佳线性无偏估计量。因此采用普通最小二乘法估计模型的参数，则中国与其贸易额的对数与距离的对数、对外直接投资存量的对数和该国 GDP 的回归方程为：

$$lntra = \beta_0 + \beta_1 lninv\_ f + \beta_2 lnIMF\_ l + \beta_3 lndis + \beta_4 lnWB\_ l + u \qquad (2-1)$$

式 2-1 中，u 代表随机误差项。使用 stata 分析软件，回归结果如表 2-3

所示。

表 2-3　回归结果

	Estimate	RobustStd. Error	t value	P>| t |
Intercept	10.2126**	4.1136	2.4800	0.0380
lninv_ f	0.0570	0.0804	0.7100	0.4980
lnIMF_ l	0.6040**	0.2120	2.8500	0.0220
lndis	−1.5194***	0.3867	−3.9300	0.0040
lnWB_ l	0.5250**	0.1954	2.6900	0.0280
R^2	0.8033			
Root MSE	0.9106			
F	21.5000			
P 值	0.0002			

注：***和**分别表示在1%和5%的置信水平上显著。

由计算结果可知，回归方程为：

$$\widehat{lntra} = 10.2126 + 0.0570 lninv\_ f + 0.6040 lnIMF\_ l - 1.5194 lndis + 0.5250 lnWB\_ l$$

(2-2)

　　(4.1136)　(0.0804)　　(0.2120)　　　(0.3867)　　(0.1954)

从初步回归模型来看，$R^2 = 0.8033$，*Root MSE* = 0.9106，$F = 21.5000$，说明该模型对数据的拟合程度较好，除了 *lninv_ f* 的系数不显著外，其他变量的系数均较为有效。

（四）模型的检验

为验证结果有效性，对模型进行了经济意义检验、多重共线性检验、异方差检验和正态性检验。

1. 经济意义检验

根据模型，*lnIMF_ l*、*lnWB_ l* 的回归系数均为正值，*lndis* 的回归系数均为负值，其经济意义为：国际货币基金组织对"一带一路"沿线63个国家贷款每增加1%单位，中国与其贸易额增加0.6040%；世界银行对"一带一路"沿线63个国家贷款每增加1%，中国与其贸易额增加0.5250%；距离的对数每增加1%，中国与其贸易额减少1.5194%。

2. 多重共线性检验和异方差检验

利用 stata 软件对模型进行多重共线性检验以及异方差检验，检验结果如表 2-4 所示。

表 2-4 模型多重共线性及异方差检验

	检验类型	检验结果	分析	是否通过
多重共线性检验	方差膨胀因子检验	VIF（$lninv\_f$）$= 0.7448$ VIF（$lnIMF\_l$）$= 0.4495$ VIF（$lnWB\_l$）$= 0.4363$ VIF（$lndis$）$= 0.7838$	$VIF<10$	是
异方差检验	White 检验	$Chi2 = 17.12$，$df = 17$， $p-value = 0.4466$	$p>0.1$	是
	Breusch-Pagan 检验	$Chi2 = 0.04$，$df = 1$ $p-value = 0.8360$	$p>0.1$	是

如表 2-4 所示，在多重共线性检验中，四个解释变量的 VIF 均远小于 10，因此可认为回归模型不存在多重共线性问题；在异方差检验中，White 检验和 B-P 检验的 p 值均大于 0.1，接受不存在异方差的原假设。总之，该模型通过了多重共线性检验和异方差检验，说明模型结果的可靠性较强。

3. 正态性检验

模型的前提假设是残差服从（0，1）正态分布，实质上由式 2-1 可知，因变量也应该服从正态分布，因此，检测残差的正态性仅需检验因变量是否符合正态分布即可。从中国与其贸易额对数的核密度图与 Q-Q 图（见图 2-5）可以看出，中国与其贸易额对数较接近正态分布。进一步的 JB 检验发现，JB 统计量为 0.8632，对应的 p 值为 0.6495，接受正态性假设。

4. 模型的分析

根据估计式 2-2 可以发现，中国与"一带一路"沿线国家的贸易额很大程度上受国际组织为其提供贷款的影响，比如货币基金组织和世界银行为其提供贷款。根据经济学上的概念，拉动经济增长的三驾马车是投资、消费和出口，对"一带一路"沿线国家的投资必然会带来其经济增长，拉动 GDP 上升，根据模型，GDP 的上升会进一步抬高中国与这些国家的贸易额；此外，通过"一带

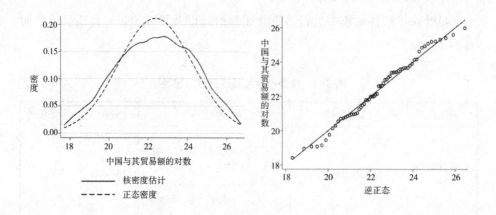

图 2-5 中国与其贸易额对数的核密度图（左）与 Q-Q 图（右）

一路"建设，中国同"一带一路"沿线国家的贸易关系逐渐深化，加强了贸易来往，会提高这些国家的出口，因此也会拉动这些国家的经济增长，进一步提升中国与这些国家的贸易额。总之，中国的"一带一路"建设为中国与这些国家的贸易提供了有力支撑。

另外，这些国家的首都与北京的距离在很大程度上影响着其同中国的贸易额，根据回归结果可知，该解释变量的 p 值为 0.0040，表示该解释变量前的参数显著不为零，说明其对贸易额的影响很显著，并且超过货币基金组织和世界银行为其提供贷款影响的显著性。

三、"一带一路"沿线国家与中国贸易紧密度发展趋势分析

通过对中国与"一带一路"沿线国家 2009 年到 2019 年近 11 年的进出口数据进行整理，得到表 2-5。

表 2-5 "一带一路"沿线国家对中国进出口占该国进出口总值的比重（2009—2019）

国家	项目	2009 年	2014 年	2019 年
东南亚地区				
文莱	进口	1.48%	9.94%	3.45%
	出口	4.07%	0.91%	3.58%
柬埔寨	进口	22.59%	38.24%	37.41%
	出口	0.33%	5.21%	6.83%

国家	项目	2009 年	2014 年	2019 年
印度尼西亚	进口	14.46%	17.19%	26.23%
	出口	9.87%	10.00%	16.68%
老挝	进口	——	12.93%	29.00%
	出口	——	27.42%	28.79%
马来西亚	进口	13.96%	16.91%	20.68%
	出口	12.15%	12.05%	14.15%
缅甸	进口	——	30.96%	34.64%
	出口	——	35.07%	31.78%
菲律宾	进口	8.85%	15.19%	22.82%
	出口	7.63%	13.00%	13.84%
新加坡	进口	10.50%	11.76%	13.66%
	出口	9.71%	13.17%	13.22%
泰国	进口	12.73%	16.89%	21.12%
	出口	10.57%	11.02%	12.01%
越南	进口	23.84%	29.52%	29.82%
	出口	9.46%	9.94%	15.66%
东欧地区				
阿尔巴尼亚	进口	7.24%	7.30%	9.20%
	出口	4.77%	3.42%	2.08%
白俄罗斯	进口	3.78%	2.34%	9.28%
	出口	0.82%	1.77%	1.93%
波黑	进口	4.51%	8.39%	7.43%
	出口	0.07%	0.16%	0.26%
保加利亚	进口	5.43%	3.30%	4.51%
	出口	0.97%	2.41%	2.76%
克罗地亚	进口	6.80%	2.57%	2.87%
	出口	0.39%	0.49%	0.71%

续表

国家	项目	2009 年	2014 年	2019 年
塞浦路斯	进口	5.45%	9.82%	5.03%
	出口	1.18%	1.60%	1.10%
捷克	进口	10.06%	11.37%	15.81%
	出口	0.75%	1.17%	1.24%
爱沙尼亚	进口	5.48%	7.46%	8.10%
	出口	0.76%	1.17%	1.13%
匈牙利	进口	6.40%	4.93%	6.10%
	出口	1.47%	1.92%	1.36%
拉脱维亚	进口	2.11%	2.73%	3.21%
	出口	0.31%	1.02%	1.24%
立陶宛	进口	2.46%	2.51%	2.91%
	出口	0.19%	0.42%	0.93%
黑山	进口	5.46%	7.44%	7.93%
	出口	0.03%	0.77%	4.25%
波兰	进口	9.30%	10.61%	12.33%
	出口	1.08%	1.05%	1.07%
罗马尼亚	进口	4.88%	4.04%	5.27%
	出口	0.73%	1.09%	1.10%
俄罗斯	进口	13.38%	17.74%	21.91%
	出口	5.52%	7.52%	13.43%
塞尔维亚	进口	7.07%	7.57%	9.38%
	出口	0.11%	0.10%	1.68%
斯洛伐克	进口	5.66%	8.23%	6.36%
	出口	1.39%	2.13%	2.11%
斯洛文尼亚	进口	4.99%	5.74%	6.12%
	出口	0.40%	0.61%	0.79%
乌克兰	进口	6.02%	9.95%	15.14%
	出口	3.61%	4.96%	7.18%

续表

国家	项目	2009 年	2014 年	2019 年
东亚地区				
蒙古	进口	——	——	33.24%
	出口	——	——	88.88%
非洲及拉丁美洲地区				
埃及	进口	8.71%	11.30%	15.31%
	出口	4.03%	1.23%	1.82%
南亚地区				
阿富汗	进口	10.79%	13.49%	13.92%
	出口	0.89%	2.71%	3.56%
印度	进口	11.49%	12.68%	14.28%
	出口	5.87%	4.23%	5.35%
马尔代夫	进口	2.65%	5.27%	——
	出口	——	0.05%	
尼泊尔	进口	11.22%	12.38%	——
	出口	2.69%	3.11%	
巴基斯坦	进口	11.97%	20.17%	24.78%
	出口	5.68%	9.11%	8.58%
斯里兰卡	进口	9.34%	17.74%	20.71%
	出口	0.83%	1.57%	2.14%
西亚地区				
亚美尼亚	进口	8.97%	9.96%	14.75%
	出口	2.61%	11.47%	7.39%
阿塞拜疆	进口	7.92%	7.59%	10.49%
	出口	0.88%	0.29%	3.83%
巴林	进口	6.82%	8.05%	——
	出口	0.97%	4.22%	
格鲁吉亚	进口	3.90%	8.53%	9.02%
	出口	0.53%	3.16%	5.46%

续表

国家	项目	2009 年	2014 年	2019 年
以色列	进口	7. 43%	8. 29%	13. 37%
	出口	2. 18%	4. 05%	7. 56%
约旦	进口	10. 95%	10. 52%	15. 96%
	出口	0. 83%	2. 22%	2. 49%
科威特	进口	——	14. 14%	17. 86%
	出口	2. 19%	1. 03%	1. 41%
黎巴嫩	进口	8. 87%	12. 12%	——
	出口	0. 93%	0. 37%	——
阿曼	进口	4. 80%	4. 60%	——
	出口	17. 92%	1. 30%	——
巴勒斯坦	进口	4. 49%	4. 96%	6. 76%
	出口	0. 00%	0. 00%	0. 02%
卡塔尔	进口	—	10. 55%	11. 95%
	出口	1. 92%	7. 68%	12. 37%
沙特阿拉伯	进口	11. 56%	13. 72%	18. 75%
	出口	1. 22%	2. 14%	3. 71%
叙利亚	进口	8. 49%	—	—
	出口	0. 14%	—	—
土耳其	进口	9. 00%	10. 25%	9. 09%
	出口	1. 57%	1. 78%	1. 51%
阿拉伯联合酋长国	进口	7. 93%	7. 42%	16. 37%
	出口	0. 24%	0. 72%	2. 41%
也门	进口	9. 31%	11. 35%	10. 38%
	出口	25. 21%	35. 62%	0. 47%
中亚地区				
哈萨克斯坦	进口	12. 56%	17. 82%	17. 12%
	出口	13. 63%	12. 33%	13. 55%

国家	项目	2009 年	2014 年	2019 年
吉尔吉斯斯坦	进口	20.76%	21.13%	34.78%
	出口	1.64%	1.80%	4.10%

数据来源：根据联合国贸易商品统计数据库数据整理。

首先，据表2-5可知，"一带一路"沿线国家中，中亚、东亚、南亚以及东南亚地区对中国的贸易额占其总贸易额的比重较大，这些地区的国家与中国的贸易紧密度很高，其中蒙古对中国的贸易依赖程度非常高，而东欧地区与中国的贸易紧密度相对较弱。

其次，自2009年到2019年这11年中，"一带一路"沿线国家对中国进出口占该国进出口总值的比重基本都有明显提升，所以说"一带一路"项目建设对这些国家与中国贸易的影响十分显著。就具体国家而言，11年间，"一带一路"沿线国家对中国进口占该国总进口比重增加最多的十个国家是：柬埔寨（增长14.82%）、吉尔吉斯斯坦（增长14.02%）、菲律宾（增长13.97%）、巴基斯坦（增长12.81%）、印度尼西亚（增长11.77%）、斯里兰卡（增长11.37%）、乌克兰（增长9.12%）、俄罗斯（增长8.53%）、阿拉伯联合酋长国（增长8.44%）以及泰国（增长8.39%）。

11年间，"一带一路"沿线国家对中国的出口占该国出口总值比重增加最多的十个国家是：卡塔尔（增长10.45%）、俄罗斯（增长7.91%）、印度尼西亚（增长6.81%）、柬埔寨（增长6.50%）、菲律宾（增长6.21%）、越南（增长6.20%）、以色列（增长5.38%）、格鲁吉亚（增长4.93%）、亚美尼亚（增长4.78%）以及黑山（增长4.22%）。

最后，据表2-5可知，巴基斯坦、蒙古、缅甸、印度尼西亚、菲律宾、越南以及吉尔吉斯斯坦等国家对我国的贸易依赖程度较高。诚然，在未来发展中，我国也应该加强同立陶宛、拉脱维亚、克罗地亚、罗马尼亚以及斯洛文尼亚等国家的贸易来往。

2019年"一带一路"沿线国家对中国进口占该国总进口比重较高的前十位国家分别是：柬埔寨（37.41%）、吉尔吉斯斯坦（34.78%）、缅甸（34.64%）、蒙古（33.24%）、越南（29.82%）、老挝（29.00%）、印度尼西亚（26.23%）、巴基斯坦（24.78%）、菲律宾（22.82%）以及俄罗斯（21.91%）。

2019 年"一带一路"沿线国家对中国出口占该国出口比重较高的前十位国家分别是：蒙古（88.88%）、缅甸（31.78%）、老挝（28.79%）、印度尼西亚（16.68%）、越南（15.66%）、马来西亚（14.15%）、菲律宾（13.84%）、哈萨克斯坦（13.55%）、俄罗斯（13.43%）以及新加坡（13.22%）。

2019 年"一带一路"沿线国家对中国进口占该国总进口比重后十位的国家分别是：克罗地亚（2.87%）、立陶宛（2.91%）、拉脱维亚（3.21%）、文莱（3.45%）、保加利亚（4.51%）、塞浦路斯（5.03%）、罗马尼亚（5.27%）、匈牙利（6.10%）、斯洛文尼亚（6.12%）以及斯洛伐克（6.36%）。

2019 年"一带一路"沿线国家对中国出口占该国总出口比重后十位的国家分别是：巴勒斯坦（0.02%）、波黑（0.26%）、也门（0.47%）、克罗地亚（0.71%）、斯洛文尼亚（0.79%）、立陶宛（0.93%）、波兰（1.07%）、塞浦路斯（1.10%）、罗马尼亚（1.10%）以及爱沙尼亚（1.13%）。

从数据中可以发现，也门对中国出口占其总出口比重的四成以上，并且在 2009 年到 2014 年的 6 年间发展迅速，这是由于随着中国经济规模的增加，中国从也门进口的石油等原材料数量的随之增加。缅甸、马来西亚、越南等国家对中国的出口额占其总出口额的比重也相当大，这是因为中国从这些国家进口了较多的旅游服务、纺织品以及水果。俄罗斯、乌克兰等国家对中国的出口占其本国总出口的比重也很高，这是因为中国通过"一带一路"项目建设，通过铁路、石油管道等项目建设，从这些国家进口了较多的矿产、石油等自然资源。

随着中国经济总量的提高，我国对石油、矿产等自然资源的需求量会越来越大，中哈、中乌在油气资源开采运输、矿产资源交易等方面的合作为双方的经济贸易关系打下了良好的基础。同时，在能源领域也正在开展多方面合作，例如输电设备的安装、油气储运管道的建设维护以及自然资源的保护等方面，随着各方面能源合作的全面展开，中国与这些资源禀赋型国家的经济贸易关系会越来越紧密。

第二节 "一带一路"对外直接投资成就

一、中国对"一带一路"投资的规模及增速

根据图 2-6 可知，在 2013—2020 年的 8 年间我国"一带一路"直接投资流量呈现总体增加趋势，由 2013 年的 126.34 亿美元增长到 2020 年的 225.38 亿美元，2020 年对"一带一路"的投资流量是 2013 年的 1.78 倍。但是对"一带一路"直接投资流量的增长率波动比较大，2016 年和 2018 年我国对"一带一路"投资流量的增值率均为负，2016 年的投资流量增值率为-18.94%，2018 年的投资流量增值率为-11.51%。

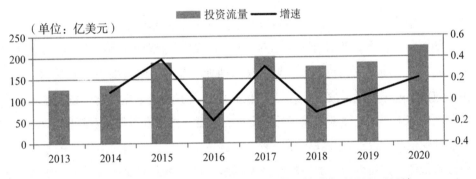

图 2-6　中国对"一带一路"直接投资流量及其增速（2013—2020）

数据来源：《中国对外直接投资统计公报》（2013—2020）。

从图 2-7 中可以发现，我国对"一带一路"直接投资存量不断增加，直接投资存量由 2013 年的 723.05 亿美元增长到 2020 年的 2007.9 亿美元，2020 年对外投资存量是 2013 年的 2.78 倍。2019 年之前，我国对外直接投资存量增长速度一直保持在 10% 以上，2018 年后降至 3% 左右，随后 2020 年又回升到 11.88%。

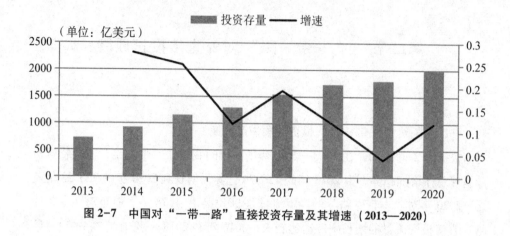

图 2-7 中国对"一带一路"直接投资存量及其增速（2013—2020）

数据来源：《年度中国对外直接投资统计公报》（2013—2020）。

二、中国对"一带一路"沿线直接投资前十名的国家及特征

如图 2-8 所示，2020 年，中国对"一带一路"沿线国家直接投资存量前十名为新加坡、印度尼西亚、俄罗斯、马来西亚、老挝、阿拉伯联合酋长国、泰国、越南、韩国以及柬埔寨。这 10 个国家中，俄罗斯、老挝、越南以及柬埔寨是我国的陆上邻国，而新加坡、马来西亚、印度尼西亚和韩国与我国隔海相望，只有阿拉伯联合酋长国与我国相距较远。这些国家中，我国对新加坡的直接投资存量最高，这是因为新加坡的经济发展水平高，华人的比例占到了新加坡总人口的 50% 以上，并且新加坡的地理位置也十分优越。另外，这 10 个国家中，除了俄罗斯横跨亚欧大陆以外，其他国家均在亚洲，且东南亚国家的数目达到了 7 个。由此可知，我国对外直接投资主要集中于邻国。

如图 2-9 所示，2020 年中国对"一带一路"沿线国家直接投资流量前十名的国家是新加坡、印度尼西亚、泰国、越南、阿拉伯联合酋长国、老挝、马来西亚、柬埔寨、巴基斯坦以及俄罗斯。其中巴基斯坦属于中亚地区，阿拉伯联合酋长国属于西亚地区，俄罗斯属于东欧地区，新加坡、马来西亚、印度尼西亚、老挝、泰国、越南以及柬埔寨属于东南亚地区。由此可见，"一带一路"项目建设增强了中国对这些国家的投资。

中国—中亚—西亚走廊连接中国新疆、哈萨克斯坦、吉尔吉斯斯坦、塔吉克斯坦、乌兹别克斯坦以及土库曼斯坦，最终到达波斯湾、地中海沿岸和阿拉

伯半岛，还涉及伊朗、土耳其等国家。中亚、西亚地区的自然资源十分丰富，但是由于其资金、技术不到位和基础设施建设存在问题等原因，使其不能较好地利用其自然资源，所以"一带一路"的中国—中亚—西亚走廊建设必将带动这些沿线国家经济发展。

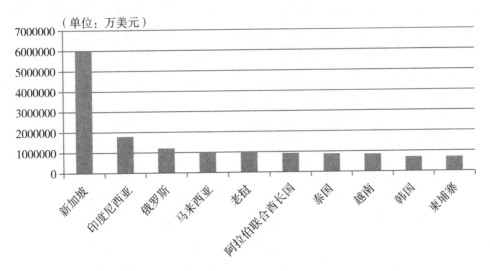

图2-8　中国对"一带一路"沿线国家直接投资存量前10名（2020）

数据来源：《2020年度中国对外直接投资统计公报》。

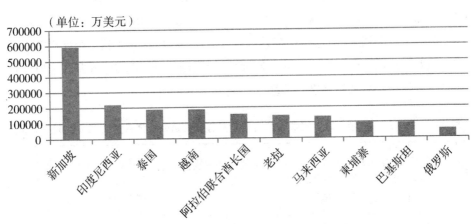

图2-9　中国对"一带一路"沿线国家直接投资流量前十名（2020）

数据来源：《2020年度中国对外直接投资统计公报》。

三、中国对"一带一路"沿线国家投资与世界银行和 IMF 的投资存量比较

世界银行是面向发展中国家投资的最重要的资金来源，其分为国际复兴开发银行、国际开发协会、国际金融公司、多边投资担保机构以及国际投资争端解决中心五个部门。国际复兴开发银行负责援助中等收入国家和资信较好的较为贫穷的国家，国际开发协会负责援助世界最贫困国家，而其他的三个部门致力于服务发展中国家的私营部门。① 国际货币基金组织负责监察汇率以及各国的贸易状况，维护国际金融市场稳定，提高就业率，维持经济增长，并且对一些国家提供资金和技术支持以减少贫困的发生。②

这里把 2019 年中国对"一带一路"沿线国家直接投资存量，与世界银行和国际货币基金组织的间接投资存量进行比较。世界银行的投资主要是通过国际复兴开发银行以及国际开发协会两个部门发放贷款进行，所以在这里使用国际复兴开发银行以及国际开发协会的对外贷款数据来代表世界银行的投资。

（一）"一带一路"沿线国家整体投资存量比较

对 63 个"一带一路"沿线国家来说，2019 年年底中国对这些国家的直接投资存量为 1794.70 亿美元，国际货币基金组织对这些国家的间接投资存量为 640.8 亿美元，世界银行对这些国家的间接投资存量为 55.1 亿美元，中国对这些国家的投资已经远远高于世界银行和国际货币基金组织了。

据表 2-6 可知，在 2009—2020 年间，我国对外直接投资存量总额快速增长，从 2009 年的 2457.55 亿美元增长至 2020 年的 25806.6 亿美元，而我国对"一带一路"沿线国家直接投资存量占对世界各国投资存量比例，始终稳定维持在 7% 以上，这说明我国支持"一带一路"沿线国家经济建设，在其获取对外直接投资中发挥着越来越重要的角色。

表 2-6 中国对"一带一路"沿线国家直接投资存量占对外投资存量比例（2009—2020）

年份	中国对"一带一路"沿线国家投资存量总额（亿美元）	中国对外直接投资存量总额（亿美元）	中国对"一带一路"沿线国家直接投资存量占对外投资存量比例（%）
2009	200.71	2457.55	8.17

---

① 资料来源：世界银行官网。

② 资料来源：IMF 官网。

续表

年份	中国对"一带一路"沿线国家投资存量总额（亿美元）	中国对外直接投资存量总额（亿美元）	中国对"一带一路"沿线国家直接投资存量占对外投资存量比例（%）
2010	290.32	3172.11	9.15
2011	413.3	4247.81	9.73
2012	568.57	5319.41	10.69
2013	723.05	6604.78	10.95
2014	925.16	8826.42	10.48
2015	1159.05	10978.65	10.56
2016	1304.35	13573.90	9.61
2017	1488.95	18090.37	8.23
2018	1727.70	19822.66	8.72
2019	1794.70	21988.81	8.16
2020	2007.90	25806.6	7.78

数据来源：Wind 数据库、中华人民共和国商务部网站。

图 2-10 展示了"一带一路"沿线国家按照地区分类后，中国对这些不同地区所涉及的国家直接投资存量与世界银行、国际货币基金组织对这些地区间接投资存量的对比关系。

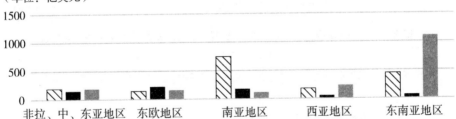

图 2-10　中国与世界银行、IMF 投资存量的地区差异比较

数据来源：《2019 年度中国对外直接投资统计公报》、世界银行数据库、IMF 网站。

如图 2-10 所示，在"一带一路"沿线国家中，中国直接投资存量较高的国家集中于东南亚地区、西亚地区、非洲、拉丁美洲、中亚以及东亚地区，而对于东欧地区和南亚地区的投资相对较少。世界银行的间接投资存量多的国家集中在南亚地区，国际货币基金组织间接投资存量多的国家集中于东欧、南亚地区。

（二）非洲、拉丁美洲、中亚以及东亚地区投资存量比较

如图 2-11 所示，除了埃及以外，在非洲、拉丁美洲、中亚以及东亚地区，中国对"一带一路"沿线国家的投资存量远远高于世界银行和国际货币基金组织的投资存量。另外，截至 2019 年，中国对蒙古的投资存量接近 40 亿美元，而国际货币基金组织和世界银行对其的投资存量均低于 10 亿美元，两者相差巨大。总体上看，中国对非洲、拉丁美洲、中亚以及东亚地区"一带一路"沿线国家的直接投资存量为 191.58 亿美元，高于国际货币基金组织的 150.29 亿美元的间接投资存量，仅略低于世界银行的 196.91 亿美元的间接投资存量。

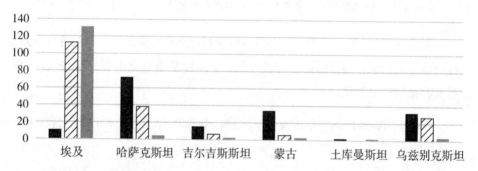

图 2-11　2019 年中国对非洲、拉丁美洲、中亚以及东亚地区投资存量比较

数据来源：《2019 年度中国对外直接投资统计公报》、世界银行数据库、IMF 网站。

（三）东欧地区投资存量比较

从图 2-12 中可知，中国对俄罗斯、罗马尼亚的直接投资存量较高，而国际货币基金组织和世界银行均没有对俄罗斯和罗马尼亚进行直接投资。而对于乌克兰来说，国际货币基金组织对其的间接投资相对多一些。

图2-12 2019年中国对罗马尼亚、俄罗斯、乌克兰投资存量比较

数据来源：《2019年度中国对外直接投资统计公报》、世界银行数据库、IMF网站。

从图2-12和图2-13中可以看出，中国对俄罗斯、克罗地亚、捷克、爱沙尼亚、匈牙利、拉脱维亚、立陶宛、波兰、斯洛文尼亚、罗马尼亚、斯洛伐克11个国家的直接投资存量高于世界银行和国际货币基金组织的间接投资存量。

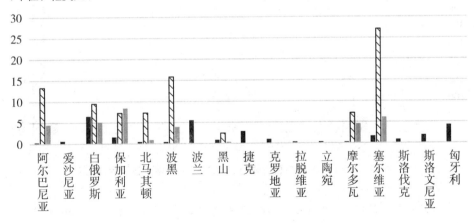

图2-13 2019年中国与世界银行、IMF在东欧地区投资存量比较

数据来源：《2019年度中国对外直接投资统计公报》、世界银行数据库、IMF网站。

就整个东欧地区而言，截至2019年年底，中国对其直接投资存量为162.23

亿美元，而世界银行对其的间接投资存量为 145.85 亿美元，国际货币基金组织对其的间接投资存量为 225.71 亿美元。因为东欧地区的贫穷国家或者发展中国家较少，所以世界银行在东欧地区的贷款数额较少。整体来看，在东欧地区，中国对"一带一路"国家的投资不及国际货币基金组织，但是中国的投资数目也较多。

（四）南亚地区投资存量比较

如图 2-14 所示，2019 年在南亚地区，中国对阿富汗的直接投资存量明显高于国际货币基金组织和世界银行对其的间接投资存量；而对于印度、巴基斯坦、孟加拉国，虽然中国对这三个国家的投资存量小于国际货币基金组织的间接投资存量，但中国的投资数目依然十分可观。

对南亚地区整体而言，中国对其的直接投资存量为 112.48 亿美元，国际货币基金组织对其的间接投资存量为 173.11 亿美元，世界银行对其的间接投资存量为 744.35 亿美元。中国对南亚地区的投资与国际货币基金组织的投资基本接近，投资数额较为可观。

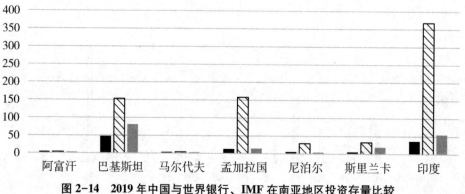

图 2-14　2019 年中国与世界银行、IMF 在南亚地区投资存量比较

数据来源：《2019 年度中国对外直接投资统计公报》、世界银行数据库、IMF 网站。

（五）东南亚地区投资存量比较

如图 2-15 所示，2019 年中国对东南亚地区的直接投资存量远远高于世界银行和国际货币基金组织，说明东南亚地区对我国的投资依赖程度最高。

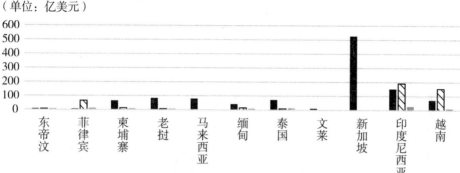

■中国直接投资存量 ◨世界银行间接投资存量 ▩国际货币基金组织间接投资存量

图2-15 2019年中国与世界银行、IMF在东南亚地区投资存量比较

数据来源：《2019年度中国对外直接投资统计公报》、世界银行数据库、IMF网站。

对于东南亚地区，2019年我国对其直接投资存量达到了1099.72亿美元，而世界银行对其的间接投资存量为445.72亿美元，国际货币基金组织对其的间接投资存量为62.11亿美元。在东南亚地区，中国的投资存量是世界银行的2.47倍，是国际货币基金组织的17.71倍。可见，中国对东南亚地区的投资额较大。

（六）西亚地区投资存量比较

如图2-16所示，2019年年底在西亚地区，中国对阿拉伯联合酋长国、阿曼、巴林、格鲁吉亚、卡塔尔、科威特、沙特阿拉伯、伊拉克、伊朗、以色列及约旦这11个国家的直接投资存量高于国际货币基金组织和世界银行的间接投资存量。

对于整个西亚地区而言，2019年我国对其直接投资存量达到了232.83亿美元，而世界银行对其的间接投资存量为177.77亿美元，国际货币基金组织对其的间接投资存量为51.34亿美元。在西亚地区，中国的投资存量是世界银行的1.31倍，是国际货币基金组织的4.54倍。中国对西亚地区的投资较为可观。

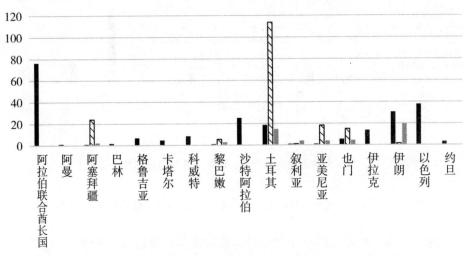

图 2-16 2019 年中国与世界银行、IMF 在西亚地区投资存量比较

数据来源：《2019 年度中国对外直接投资统计公报》、世界银行数据库、IMF 网站。

第三节 "一带一路"重大项目建设成就

本节将从铁路建设、电网建设、管道建设、港口建设以及公路建设五个方面对"一带一路"重大项目建设成就进行梳理。

一、"一带一路"的铁路建设成就

铁路作为促进经济发展的重要基础设施与陆路运输最重要的方式，历来受到各国的重视。实现铁路的互联互通有利于促进各国之间经济、文化交流，也有利于中国对外经济贸易的发展。在"一带一路"的推动下，铁路建设取得了突破性进展。目前，在孟中印、中国—中亚—西亚、中国—中南半岛、新亚欧大陆桥、中蒙俄、中巴这六个经济走廊中，众多铁路项目已经建设完成并开始发挥作用。欧洲班列、印尼雅万高铁、中老铁路等众多铁路项目的实施保证了"一带一路"各国之间铁路的联通。

（一）策克口岸跨境铁路项目

策克口岸跨境铁路项目于 2016 年开工建设，该铁路的轨距是 1435 毫米，是中国标准铁路轨距，可以很好地解决以往两国之间铁路轨距不一样导致的货物运输效率低下问题。策克口岸跨境铁路将与国内的临策铁路、京新铁路、嘉策铁路联通，东与北京到莫斯科的铁路联通，北与中西伯利亚欧洲铁路联通，构成四通八达的能源运输网，届时策克口岸的货物过货量将突破 3000 万吨，策克口岸会成为中俄蒙经济走廊的西翼和第四条欧亚大陆桥。

（二）中蒙"两山"铁路

中蒙"两山"铁路总长度 476 千米，计划投资 142 亿元，包括 20 个站场、8 万平方米厂房、25 座桥梁、445 米涵洞。① 铁路参照我国一级标准建设，计划工期 3 年完成。蒙古具有丰富的矿产资源，如石油、焦煤、铜、铀、钾、铅、锌、锂矿，同时拥有开采成本低的价格优势，可以通过铁路进入中国吉林省，2016 年"两山"铁路的后方通道白阿铁路、长白铁路如期转线贯通，"两山"铁路建成后将是一条新欧亚大陆桥。

（三）中欧班列

中欧班列是中国通向欧洲和"一带一路"沿线国家的集装箱货物快速运输列车。2011 年首列中欧班列（中国重庆到德国杜伊斯堡）开行，至 2021 年 5 月底，中欧班列已累计开行 39622 列，运送货物 354.1 万标箱，通达欧洲 22 个国家的 160 多个城市，不仅扩大了我国内陆地区的企业产品出口，也有利于中欧班列沿线各国之间的经贸合作，有利于促进各国共同发展。②

（四）莫斯科—喀山高铁项目

莫斯科—喀山高铁项目总造价为 267 亿美元。高铁是专用双线电气化铁路，用于运行时速 200 千米至 400 千米的列车，全长 770 千米，穿越俄罗斯 7 个地区，建设 15 个车站，投入使用后莫斯科至喀山只需要 3.5 小时，这是俄罗斯的首个高铁项目，计划于 2024 年建成。

---

① 国家开发银行，联合国开发计划署，北京大学. "一带一路"经济发展报告［M］. 北京：中国社会科学出版社，2017：235.

② 中国人民政府. 中欧班列累计开行近 4 万列 通达欧洲 22 个国家 160 多个城市［EB/OL］. 中国人民政府官网，2021-6-14.

（五）安伊高铁二期项目

安卡拉至伊斯坦布尔高速铁路二期工程项目全长 158 千米，设计时速为 250 千米，合同金额 12.7 亿美元，其中中国进出口银行提供贷款 7.2 亿美元。由中国铁道建筑总公司牵头的合包集团中标承建，工程的设计和施工全部采用欧洲技术标准。安伊高铁全线拥有众多的桥梁与隧道，占到了线路总长的 42%，最长的隧道有 6.1 千米，最长的桥梁为 1.96 千米，技术难度大。2008 年 9 月开工，2014 年主体完工并投入使用。安伊高铁项目是中国企业在欧洲拿下的第一单高铁项目，它也是中国与土耳其建交 40 年来最大的工程合作项目。

（六）雅万高铁建设项目

雅万高铁的起点是印度尼西亚首都雅加达，终点是印度尼西亚的第四大城市万隆，总长度 142 千米，最高设计时速 350 千米，于 2015 年开始建设，此项目于 2022 年全线建成开通，雅加达与万隆之间的通行时间由 3 个多小时缩短至 40 分钟。[1] 雅万高铁项目在技术上存在很多难题，中国承建企业自主创新、突破难题，在与日本的投标竞争中取得胜利。这个项目将会全部使用中国制造的设备，采用中国技术，可以说是中国高铁首次全系统、全要素、全产业链在海外建设项目，有利于树立中国高铁形象，为将来与东南亚各国的合作打下了良好的基础，有利于推进"一带一路"建设，推动印度尼西亚的经济发展。

（七）中老铁路建设合作项目

中老铁路是中国与老挝之间通行的一条铁路，北边的起点是中国云南省昆明市，经普洱市、西双版纳、中老边境口岸磨憨，经老挝著名旅游胜地琅勃拉邦至老挝首都万象。中国境内玉磨段正线全长 508.53 千米，设计时速为每小时 160 千米，为国铁 I 级电气化铁路，2016 年 4 月开工建设。其中，玉溪至西双版纳段为双线，西双版纳至磨憨段为单线。老挝段磨丁至万象的铁路全长 418 千米，由中方负责建设，将采用国际技术标准，客运时速 160 千米，货运时速 120 千米，是普速铁路。其中有 76 处隧道约 195 千米，桥梁 154 座（包括跨湄公河大桥 2 座），设有 31 个车站。项目占地面积为 3058 公顷，对环境和社会的

---

① 新华社. 走近印度尼西亚雅万高铁［EB/OL］. 中华人民共和国中央人民政府官网，2020-11-20.

影响非常小。项目总投资 505.45 亿元人民币，工期 5 年。① 中老政府商定，两国政府共同出资 40%的总投资额，这其中，中国政府出资 70%，老挝政府出资 30%，余下的 60%总投资额由中老两国的企业共同投资。2018 年 11 月，中老铁路贯通首个超千米隧道。

二、"一带一路"的电网建设成就

中国大力推进与"一带一路"沿线各国电网互联互通，积极推进与周边国家电力联网，开展跨国输电。目前，累计建成中俄、中蒙、中吉等 10 条跨国输电线路，成功投资运营菲律宾、巴西、澳大利亚等 7 个国家和地区的骨干能源网，在保障当地电力供应、促进民心相通方面发挥了积极作用。中国积极参与"一带一路"沿线国家电力市场，先后承揽建设埃塞俄比亚、波兰、缅甸、老挝等国家级重点电网项目，海外工程总承包合同额累计超过 400 亿美元，带动中国装备出口到 80 多个国家和地区，包括德国、波兰等欧盟高端市场。

（一）南欧江梯级水电站开发项目

南欧江梯级水电站开发项目是中资企业在境外的第一个全流域整体规划和BOT 投资开发的水电项目。此项目计划分两期建设，其中，一期项目也就是二、五、六级水电站，一共投资 10.35 亿美元，总装机容量 540 兆瓦，每年平均发电量约 20.92 亿度，于 2012 年正式开工，2015 年开始发电，一期项目到 2018 年 7月为止累计供电量 27 亿度。二期项目也就是一、三、四、七级水电站，一共投资约 17 亿美元，总装机容量为 732 兆瓦，每年平均发电量约 28.74 亿度，二期项目计划在 2020 年投入使用。南欧江梯级水电站建成后，发电量将是整个老挝国家电网发电量的三分之一。②

（二）安格连火电厂项目

安格连火电厂项目是中国与乌兹别克斯坦"一带一路"的标志性工程，由中国哈尔滨国际工程有限公司承接，是对安格连火力发电厂老机组的升级改造项目。安格连是乌兹别克斯坦的主要产煤地，这里的煤田在整个中亚地区名列前茅，因此这里聚集着众多与煤炭有关的工业，安格连火电厂主要为这里的工

---

① 国家开发银行，联合国开发计划署，北京大学."一带一路"经济发展报告［M］.北京：中国社会科学出版社，2017：236.

② 同上。

业和居民供电。但是，以前的老火电厂运行时间远远超过计划运行时间，设备与发电技术都相当落后，不仅无法满足日益增长的供电需求，且对这里的环境造成了很大破坏。乌兹别克斯坦政府在 2009 年决定对旧安格连火电厂进行升级改造。2012 年中国哈尔滨国际工程有限公司签订合同承包该项目，计划工期 3 年，2016 年 8 月此项目成功并网发电。此项目新建了一套 150 兆瓦发电机组，该发电机组采用循环流化床锅炉，所使用的设备都是由中哈国际自主研发的。该工程是中国进入乌兹别克斯坦火电市场的第一个项目，也是乌兹别克斯坦政府独立 25 周年的献礼工程。通过升级改造，安格连火电厂的新发电机组与改造前的老机组相比，燃煤效率提高到 92%，除尘效率高于 99.76%，不仅满足了当地工业和居民的供电需求，也改善了当地的生态环境。

三、"一带一路"的管道建设成就

在"一带一路"的倡议下，为了更好地推进沿线各国能源合作，到 2018 年 6 月，中国为沿线各国铺设的输气管道已经超过 20000 千米，累计收入逾 500 亿元，在大洋洲、非洲、中亚、东南亚、中东等地区都有管道建设项目。中国已经铺设了中国—中亚天然气管道、中缅油气管道、中哈原油管道、中俄原油管道、海上管道，在建设管道的过程中，中国一直秉持中国制造，致力于形成独有的中国建设模式。

（一）中国—中亚天然气管道

中国—中亚天然气管道由 A、B、C、D 四线组成。A 线起始国家土库曼斯坦，管道长度 1833 千米，年输气量 300 亿立方米，通气时间 2009 年 12 月；B 线起始国家乌兹别克斯坦，管道长度 1833 千米，年输气量 300 亿立方米，通气时间为 2010 年 10 月；C 线起始国家乌兹别克斯坦，管道长度 1840 千米，年输气量 250 亿立方米，通气时间 2014 年 5 月；D 线起始土库曼斯坦，管道长度 1000 千米，年输气量 300 亿立方米，预计在 2026 年左右完工。[①]

（二）中缅油气管道建设

中缅油气管道开建时间为 2010 年，已于 2013 年竣工，是我国的第四条能源进口战略通道。它由原油管道和天然气管道组成，原油管道的起点是缅甸西海

---

① 赵娥. 中亚天然气管道铺就能源大动脉上的新丝路 [EB/OL]. 见道网，2022-11-17.

湾马德岛，天然气管道的起点是缅甸皎漂，中缅油气管道可以使海上进口石油和缅甸的天然气不用经过马六甲海峡就运送到中国，对中国充分利用国外能源、保障能源运输和供给安全具有重要的意义。中缅油气管道在缅甸的长度为771千米，在中国境内原油管道的长度为1631千米，天然气管道的长度为1727千米。这条油气管道每年可以向中国供给2200万吨的原油和120亿立方米天然气，一共投资25.4亿美元，其中石油管道占15亿美元，天然气管道占10.4亿美元①。

四、"一带一路"的港口建设成就

港口建设在"21世纪海上丝绸之路"的形成与发展中发挥着重要作用，中国是世界第一港口大国，在世界货物吞吐量前十大港口中，中国占了八个；在世界集装箱吞吐量前十大港口中，中国占了六个。中国在港口建设方面拥有丰富的经验，在"一带一路"的倡议下，中国港口企业积极进行海外港口投资建设，并且取得了初步成果。

（一）瓜达尔港建设

瓜达尔港有着良好的港口建设天然条件，但是当地地广人稀、经济落后，巴基斯坦政府一直想开发建设瓜达尔港。2002年中国参与建设瓜达尔港，中国向巴基斯坦提供了1.98亿美元建设资金。2007年，瓜达尔港一期工程完成，建设了3个2万吨级的多用码头，促进了瓜达尔港地区的经济发展。2013年，中国同巴基斯坦商议建立中巴经济走廊，瓜达尔港是中巴经济走廊的南端起点，也是"一带一路"沿线的关键节点。同年，巴基斯坦将瓜达尔港的经营权从新加坡港务国际公司转移给中国海外港口控股有限公司。2015年中国与巴基斯坦达成共识，将瓜达尔港列为中巴经济走廊建设的旗舰项目，并签订了460亿美元的投资合同。在中国"一带一路"的政策引领下，瓜达尔港迅速发展，港口基础设施基本建成，瓜达尔港的各项功能基本完善，目前正在筹建瓜达尔自由区。2016年，第一批中国商船已经从瓜达尔港出海。目前，瓜达尔自由区正在建设中，准备建成国际商贸物流中心，打造中巴产业对接互补平台。中国海外港口控股有限公司已租赁瓜达尔港两千亩土地，租期43年，下一步计划建设瓜

---

① 国家开发银行，联合国开发计划署，北京大学. "一带一路"经济发展报告［M］. 北京：中国社会科学出版社，2017：238.

达尔港第一个经济特区。

（二）缅甸皎漂工业园与深水港建设

缅甸皎漂经济特区是缅甸计划建设的三个经济特区中的一个，皎漂在缅甸西部的若开邦，处在孟加拉湾西海岸，西面是印度洋。2015 年，中信企业联合体中标皎漂特别经济区深水港和工业园项目。此项目分为深水港项目和工业园项目，深水港项目计划将皎漂深水港打造成为缅甸最大的远洋深水港，包括马德岛和延白岛两个港区，一共有 10 个泊位，分四期建设，总工期大概为 20 年；工业园项目计划使缅甸成为东南亚地区新的技术中心和制造基地，将把服装制造、食品加工、制造建材等劳动力密集型产业和电子制造、信息科技等资本密集型产业引进园区，分三期建设，总工期 23 年。两个项目的运营期均为 50 年。[1]

五、"一带一路"的公路建设成就

公路是陆路运输很重要的一种方式，灵活性强，服务范围广，发展速度最快。在"一带一路"的倡议下，中国与沿线国家公路设施联通体系已经形成，一些项目已经建设完成。中越公路、中缅公路、中老泰公路、中印公路中国国内段大部分已经建成高速公路。中国已与中亚国家形成了北中南三大陆路运输通道，包括六条跨境公路、喀喇昆仑公路二期改扩建工程、卡拉奇—拉合尔高速公路也正在建设中。

（一）喀喇昆仑公路二期改扩建工程

喀喇昆仑公路是连接中国和巴基斯坦的唯一一条陆路通道，被称为"中巴友谊路"。该公路的地形、地质条件复杂，灾害多，建设面临重重困难。2015 年，中国公司与巴基斯坦签署喀喇昆仑公路二期改扩建工程合同，总投资 13.15 亿美元，计划建设高速公路及二级公路，长度为 120 千米，双向四车道，部分路段为两车道。该工程分为三个阶段实施，第一阶段为赫韦利扬至塔科特段，第二阶段为赫韦利扬至伊斯兰堡段，第三阶段为塔科特至雷科特段。该工程完成后，将把旁遮普省布尔罕到开普省辛基亚里两地间的车程从目前的 5 个小时压缩至 90 分钟，此项目能促进当地的经济发展，改善巴基斯坦的投资环境，加

---

① 数据来源：中国"一带一路"网。

强中国与巴基斯坦之间的经济、文化交流。

（二）卡拉奇—拉合尔高速公路建设项目

卡拉奇—拉合尔高速公路建设项目是中巴经济走廊最大的交通基础设施项目，该项目线路全长 393 千米，公路为双向 6 车道，设计时速 120 千米，计划用 3 年建设完成，总投资为 28.9 亿美元，由中国进出口银行提供融资支持。① 这条高速公路于 2016 年开工建设，建成后将连接巴基斯坦南部的瓜达尔港和中国西部城市喀什，成为中国经由巴基斯坦连接印度洋的陆上交通干线。该项目对巴基斯坦有重要意义，能够促进当地经济繁荣与发展，而且还能提升巴基斯坦同中国、伊朗、阿富汗、中亚等国家的互联互通。

本章小结

"一带一路"倡议在经济领域取得了多方面成就。本章主要对"一带一路"中的进出口贸易往来及其成就进行梳理；对"一带一路"中的对外直接投资成就进行回顾；对"一带一路"在基础设施重大项目建设领域取得的成就进行总结。

本章第一节主要探讨"一带一路"在进出口贸易方面所取得的进展。研究发现，自 2009 年至 2019 年，"一带一路"沿线国家对中国的进出口占该国进出口的比重均有明显上升；在"一带一路"沿线国家中，中国与中亚和东南亚地区的贸易额占其总贸易额的比重较大，而中国从"一带一路"沿线能源型国家进口的大宗商品和原材料数量也呈上升趋势。总体来看，"一带一路"使中国与沿线国家贸易的体量上升、贸易结构发生变化。

本章第二节主要对"一带一路"建设中的对外直接投资成就进行梳理。总体来看，在过去的十年，我国对"一带一路"沿线国家的直接投资在急剧上升，不论是投资的存量还是投资的流量均显著增加，但是投资增长率呈现波动态势。我国的对外直接投资主要流向新加坡、塔吉克斯坦、俄罗斯、印度尼西亚、哈萨克斯坦、老挝、巴基斯坦等国。不论是与世界银行，还是与国际货币基金组

---

① 国家开发银行，联合国开发计划署，北京大学. "一带一路"经济发展报告［M］. 北京：中国社会科学出版社，2017：278.

织相比，我国都是"一带一路"沿线国家获得对外直接投资最主要的资金来源。通过对外直接投资的提升，我国有力地推动了"一带一路"沿线国家的经济建设，拉动了两国或多国间贸易的增长。

本章第三节主要对"一带一路"重大项目建设成就进行回顾。目前，中国正在与"一带一路"沿线各国共同建设六大经济走廊：中蒙俄、新亚欧大陆桥、中国—中亚—西亚、中国—中南半岛、中巴、孟中印缅。根据"一带一路"重大项目建设规划，陆上主要依靠重要城市建设基础设施，建造产业园区；海上主要依托重要港口连接各国，建设高效安全的运输通道。"一带一路"沿线各国的经济发展离不开基础设施等重大项目的建设。本节对"一带一路"的铁路建设、电网建设、管道建设、港口建设、公路建设领域已经建成和正在建设的重大项目进行梳理，对其典型案例进行归纳和分析。

第三章

"一带一路"重大项目建设风险及保险保障

本章主要探究"一带一路"在重大项目建设方面取得的最新进展及其面临的多重风险。首先，本章围绕如何打造"一带一路"沿线各国海陆空一体化的运输网络和如何架构我国能源的全球新布局对"一带一路"的项目建设历程进行梳理；其次，对"一带一路"中港口、高铁等重大项目典型案例进行风险剖析；再次对"一带一路"重大项目建设的工程风险进行分析和测算；最后，根据以上内容提出面向"一带一路"的重大项目保险举措。

第一节 "一带一路"重大项目建设历程

当前"一带一路"的战略规划得到越来越多国家的认可与参与，"一带一路"围绕"共商、共享、共建"的核心理念不断发展推进，并最终将在各国之间实现政策沟通、设施联通、贸易畅通、资金融通和民心相通。近年来，我国不断加大国际合作，与"一带一路"沿线国家的国际合作重大项目正有序向前推进。根据2020年1月统计的数据，我国有81家央企在"一带一路"沿线承担超过3400个项目，在"一带一路"已经开工和计划开工的基础设施项目当中，央企承担的项目数超过60%，合同投资额超过80%，合同内容包括铁路项目、桥梁项目、能源项目、港口建造、管道工程、航线设计等重大工程项目。①"一带一路"重大工程项目建设的身影遍布亚、欧、拉、非四大洲，在一项又一项

---

① 彭华岗. 81家央企在"一带一路"沿线承担项目超过3400个 [EB/OL]. 国务院新闻办公室网站，2020-01-15.

工程的开工和完工中，将中国技术推广到世界，将中国的发展成果与世界共享。

"一带一路"的主要目标之一就是加大基础设施建设，实现设施联通。"一带一路"的重大项目主要围绕基础设施进行建设开展，通过完善"一带一路"沿线国家海陆空一体化的运输网络，架构能源领域的全球布局，开通国家能源进口通道等方式，铺展"一带一路"重大工程项目的建设布局，推进"一带一路"重大项目的全面进程。

一、打造海陆空一体化的"一带一路"运输网络

实现贸易畅通是"一带一路"倡议的重要目标之一，运输网络的构建就是要打破"一带一路"沿线国家之间的贸易屏障，方便"一带一路"沿线国家之间的进出口贸易。为实现贸易畅通，我国已在"一带一路"沿线国家投入大量资金进行运输网络基础设施的建设，其中重大建设工程主要围绕港口、航空及铁路的基础设施建设，本书找出了2013—2017年我国通过水路、航空和铁路对"一带一路"国家的进出口额数据。图3-1列示了2013—2017年中国通过水路、航空、铁路对"一带一路"国家的出口额，图3-2列示了2013—2017年中国通过水路、航空、铁路对"一带一路"国家的进口额。图3-1和图3-2的数据显示，水路、航空、铁路三种运输方式中，水路运输是我国最主要的进出口贸易运输渠道，其次是航空运输，铁路运输贸易运输量最小。基于此，以下对我国海陆空一体化的运输网络进行介绍时，将以贸易量大小作为介绍次序，依次对水路、航空和铁路进行介绍。

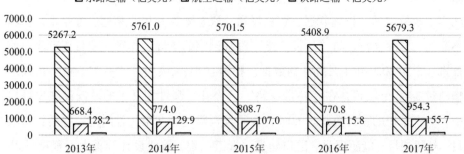

图3-1　中国通过水路、航空、铁路对"一带一路"国家的出口额（2013—2017）

数据来源：《"一带一路"贸易合作大数据全书2018》。

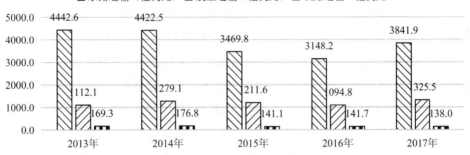

☒水路运输（亿美元）　☒航空运输（亿美元）　■铁路运输（亿美元）

图 3-2　中国通过水路、航空、铁路对"一带一路"国家的进口额（2013—2017）

数据来源：《"一带一路"贸易合作大数据全书 2018》。

（一）打通海上航运通道

1. 巴基斯坦瓜达尔港

瓜达尔港是一个深水港，位于巴基斯坦巴俾路支省的南部沿海地区，该地区靠近伊朗，离伊朗边界仅 72 千米，距离战略要地霍尔木兹海峡约为 400 千米。从地理位置的战略意义来看，瓜达尔港作为中亚地区最近的出海口，不仅是印度洋与中亚地区的沟通衔接点，更是扼守海湾石油通道的重要据点，地理优势极为出众。作为巴基斯坦的第三大港口，瓜达尔港的建设是舒缓其他港口每年剧增吞吐量的有力保障，同时我国可以利用瓜达尔港独特优越的地理位置，完成在中亚地区的战略布局。

2015 年 2 月，中国承担建设的瓜达尔港项目的二期工程已基本完成，2016 年 11 月 12 日，瓜达尔港正式启用，中方拥有其 43 年的经营权。瓜达尔港的建设总成本约为 20 亿美元，总建设面积共 13500 亩。[①] 2016 年 4 月至 12 月，未全面启用的瓜达尔港的吞吐量已经达到了 50 万吨，瓜达尔港从巴基斯坦西南部阿拉伯海沿岸的一个不起眼的小码头，摇身一变成了在印度洋具有相当规模的贸易码头。

瓜达尔港的建立，是我国突破"马六甲困局"的关键所在。马六甲海峡是全球重要的能源运输通道，被称为"海上生命线"。我国从中东和北非进口的油

---

① 韦巧芳. 瓜达尔港在"一带一路"倡议中的地位与作用 [D]. 太原：山西财经大学，2017.

气占总进口量的 80%，① 均必经马六甲海峡，因此马六甲海峡对我国的能源进口具有特殊的战略意义。但马六甲海峡的运载能力日趋饱和，且因其海盗猖獗、恐怖主义盛行，对能源运输造成很大的风险和困扰，一旦全球政治局势动荡，美国及其他海峡沿岸国家能对我国的海运造成极大的制约。瓜达尔港建成之后，我国能源进口将不再局限于以海运为主，我国可以与巴基斯坦合作，以瓜达尔港为起点，将中东、中亚地区进口的油气通过公路、铁路及石油管道等方式输送，最终抵达我国新疆地区。此举将使运输路程由经过马六甲海峡的传统运输路线的 12000 千米直接缩短为 2395 千米，不但提升了我国能源运输的安全系数，更降低了运输成本。

2. 希腊比雷埃夫斯港

希腊在历史上一直是海运强国，拥有全球最大的海运吨位，海运及其相关行业十分齐全，我国进口的大宗商品（如粮食、矿砂、矿石、原油等）中超过半数均由希腊的商船承运。希腊比雷埃夫斯港（以下简称比港）拥有良好的设施基础，且其地理位置十分优越，是我国走向地中海的门户，我国通过对比港的把握，将打通中东、中东欧、非洲之间的贸易联系。"一带一路"倡议在欧洲的合作国家超过 20 个，海运仍是我国与欧洲贸易往来的主要渠道，而比港将是我国在欧洲地区的贸易新支点。

早在 2008 年 6 月，中远集团（中国远洋运输集团公司，简称中远集团）就通过国际招标的方式，以 33 亿欧元获得了比港集装箱 2 号、3 号码头的 35 年特许经营权。2016 年 4 月，中远集团与希腊正式签订股权转让协议，中远集团获得比港 67% 的股份，标志着我国"一带一路"倡议在欧洲展开的重大进程。如图 3-3 数据所示，自中远集团接手比港以来，比港的年吞吐量增长十分明显，中远希腊比雷埃夫斯集装箱码头公司对比港的合理经营仿佛为比港注入了新血液，让比港焕发出崭新的贸易水平和货运能力。

2014 年 12 月，中国与塞尔维亚、匈牙利和马其顿三个国家签订了建设布达佩斯—贝尔格莱德高铁的意向书，以此打造高铁货运走廊。如果没有比港，中国与这三个内陆国家之间的货运往来将变得十分艰辛，现在中国依托比港这一重要的港口，将更加轻松地完成"一带一路"倡议在欧洲地区的全面布局。

---

① 杨航. 试析瓜达尔港开发对"一带一路"倡议的影响 [J]. 发展研究，2015（09）：19-23.

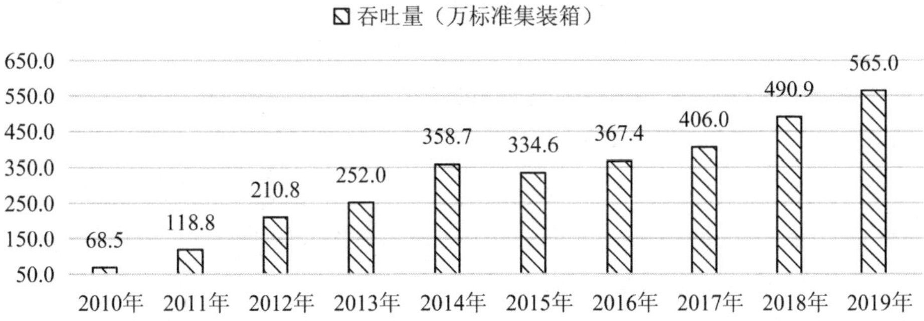

◇ 吞吐量（万标准集装箱）

图 3-3　比港主要生产经营指标完成情况①（2010—2019）

3. 吉布提港

吉布提被联合国认定为世界上最不发达的国家之一，其国内常年干旱，资源贫瘠，工业和经济水平都十分落后，人口也不足 80 万，港口的服务业是其重要的经济来源。② 尽管吉布提的经济和资源条件如此有限，但我国仍将吉布提设为"一带一路"沿线的重要节点国家，这是因为吉布提得天独厚的地理位置。

吉布提位于非洲东北部的亚丁湾地区，地处被称为"东非之角"的索马里半岛，是将亚非欧三大洲连接起来的交通要塞，吉布提港也是货运船只的重要补给点。我国招商局于 2013 年投资 1.85 亿美元获得了吉布提港 23.5% 的股份，成了吉布提港的第二大股东；2014 年招商局继续出资，与吉布提共建了吉布提港的下属港口——多哈雷多功能新港，并于 2017 年 5 月正式投入使用。

通过对吉布提港的把握，我国紧紧地掌控亚丁湾的重要地理资源，这对我国的能源运输、"一带一路"倡议的持续推进和发展都有着深远的意义。我国在吉布提港的布局，如同"一带一路"倡议的动脉血管，极大地降低了我国与中西欧、东非的贸易和运输成本，同时也将紧握中海东南出口和整个中东地区的贸易运输渠道。

（二）架起"空中丝路"

"空中丝路"是"一带一路"倡议在航空领域的具体规划，由航空工业（全称中国航空工业集团有限公司）发起，号召联合国内外相关企业，为"一带

---

① 张卫国. 中远比雷埃夫斯集装箱码头海外发展纪实 [J]. 世界海运, 2014, 37（08）: 1-5.

② 顾学明，祁欣. 吉布提的战略区位很重要 [J]. 经济, 2014（08）: 46-48.

一路"沿线国家在航空产品、航空基础设施、航空运营、服务保障和金融服务五个方面提供的航空系统解决方案。①

截至 2017 年年底，我国国内机场已经实现与 40 个"一带一路"沿线国家的直飞航程，其中亚洲国家 35 个，东欧国家 5 个。② 2017 年，我国国内机场直飞国际地区的运力为 8329.1 万座，其中直飞"一带一路"沿线国家的运力达 3287.5 万座，在直飞国际地区总运力中的占比达 39.5%。③ 截至 2018 年 10 月，"一带一路"航线的客运量超过 1 亿人次。④

"空中丝路"将围绕航空基础设施建设、航空网络铺建、航空产品贸易这三个方面进行布局。截至 2018 年 9 月，航空工业在"一带一路"沿线国家正在进行与待签约项目共计 208 个，总金额超过了 700 亿美元。

图 3-4 中列示了 2013 年至 2017 年"一带一路"航空运输进出口额及其在总贸易额中的占比情况。图中数据显示，2013 年至 2017 年间，"一带一路"通过航空运输渠道的进口额占总进口额 20% 左右，且从 2013 年至 2017 年，这一比重总体呈现上升趋势；2013 年至 2017 年，出口额在总出口额中的占比基本保持在 10% 左右。

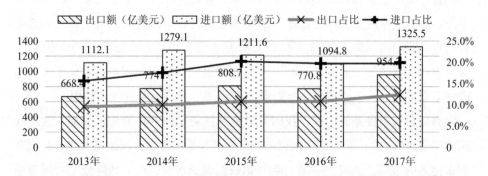

图 3-4　"一带一路"航空运输进出口额及其在总贸易额中的占比情况（2013—2017）

数据来源：《"一带一路"贸易合作大数据全书 2018》。

---

① 梁晓英. 促"一带一路"航空合作 享"空中丝路"共赢发展 [N]. 中国航空报，2018-09-15（02）.

② 中国"一带一路". 中国航线网络已覆盖 40 个"一带一路"沿线国家 [EB/OL]. 中国"一带一路"官网，2018-02-07.

③ 刘美凤. 2017"一带一路"航线运力发展报告 [R]. 合肥：飞常准大数据研究院，2017.

④ 张清. 民航局："一带一路"航线五年客运量超一亿 [EB/OL]. 央广网，2018-10-12.

（三）铁路工程迅猛推进

1. 中欧班列

中欧班列是由中国铁路总公司组织的，按照固定的线路和计划，运行于中国、欧洲以及"一带一路"沿线国家的班次列车，以集装箱的国际联运为主。中欧班列自 2011 年 3 月开始运行以来，依托新欧亚大陆桥和西伯利亚大陆桥，铺设三条主要铁路通道，北至蒙古、俄罗斯西伯利亚，西至法国、西班牙等欧洲各国。截至 2021 年 5 月底，中欧班列已累计开行 39622 列，运送货物 354.1 万标箱，通达欧洲 22 个国家的 160 多个城市。[①] 中欧班列已成为国际物流陆路运输的骨干通道，是国际货物运输的重要载体。

中欧班列是中欧货物运输中除了海运、空运和公路外的另一重要的贸易运输途径。在实践中，中欧班列有其独特的货物运输定位，货物价值高或者时效性强的往往选择空运，货物价值高、运量大但时效性不强的往往选择海运，而中欧班列则适合运输条件介于两者之间的，对时效性要求较强且附加值较高的货物运输。在当前，中欧班列运输货物主要以 IT 产品、计算机、服装、汽车及汽车配件、机械产品、日用品、工艺品等为主。[②]

中欧班列的开设对"一带一路"互联互通具有极大的促进作用，总体来看，中欧班列带来的积极影响如下：

第一，带动内陆的经济发展。中欧班列实际上是开辟了中国内陆地区面向欧洲的贸易通道，为内陆地区的物流提供了完善的设施条件和成本保障，也让内陆地区能够有条件直击改革开放后的发展痛点，通过陆上运输渠道的完善，加快地区的贸易体量和经济发展。数据表明，在 2009 年"渝新欧"线路开通后，重庆的进出口总值增长飞速，从 2009 年的 60 亿美元增长至 2014 年的 955 亿美元，五年时间提升近 16 倍。[③]

第二，推动"一带一路"沿线国家的贸易发展。基础设施条件的落后是制约"一带一路"沿线内陆国经济发展的重要因素，哈萨克斯坦、吉尔吉斯斯坦等中亚五国均是内陆国，主要是通过公路运输和铁路运输等途径进行进出口贸

---

① 中国人民政府. 中欧班列累计开行近 4 万列 通达欧洲 22 个国家 160 多个城市［EB/OL］. 中国人民政府官网，2021-6-14.

② 张宁."一带一路"倡议下的中欧班列：问题与前景［J］. 俄罗斯学刊，2018，8（02）：90-104.

③ 同上

易。中欧班列的开通是促进沿线内陆国家贸易发展的良好渠道，中欧班列将中国、中亚、中东、西伯利亚、欧洲各国有机串联，形成互联互通的贸易网络，方便货物运输的同时，也加快了沿线国家的经济发展。

第三，方便国家间的贸易通关。中欧班列已加入"中欧安全智能贸易航线试点计划"项目，该项目由中欧双方共同签订执行，在该项目下，中欧的海关与相关企业之间进行合作，对中欧班列的运输货物进行全面智能化监控，保证贸易的安全性，也能减少海关对于货物的监管程序，方便国家间的贸易通关。

2. 印尼雅万高铁

李克强总理是中国高铁外交的积极推动者，被誉为"中国高铁超级推销员"。李克强总理曾在铁路总公司召开座谈会表示："我每次出访都推销中国装备，推销中国高铁时心里特别有底气。"① 高铁外交是我国"一带一路"的重要外交手段，向沿线国家推广中国技术、中国铁路、中国设备，不仅仅能展现我国的经济实力和科技实力，更能为中国高铁树立起高品质、高速度、高标准的形象，为中国未来的发展打开更广阔的市场，铺开更长远的全球化战略蓝图。

2018 年 5 月 15 日，印尼雅万高铁桥梁桩基的开工标志着雅万高铁工程正式展开主体工程施工。印尼雅万高铁一期工程全程 142 千米，最高设计时速为 350 千米，雅万高铁整个工程将采用中国技术、中国标准和中国装备，是我国高铁技术走出国门的第一个项目，建成后将成为东南亚地区的第一条高铁，可以说，雅万高铁工程对"一带一路"的推进和发展具有开创性意义。

3. 马来西亚东海岸铁路、亚吉铁路等项目

2017 年 8 月 9 日，马来西亚东海岸铁路项目的开工仪式顺利举行。该项目涉及合同金额约 859 亿元人民币，是我国企业在境外最大的在建项目，同时也是我国铁路技术迈进马来西亚国门的第一步。马来西亚东海岸铁路项目全程 688 千米，建成后将为马来西亚东海岸路线超过 440 万人带来出行的便捷。东海岸项目建设的风险和难度极大，该项目中的工程桥隧约占总长的 33%，隧道长度达到 65 千米，东海岸项目的启动充满了挑战，也将是对中国铁路和中国技术的一大肯定。

从 2018 年 1 月 1 日亚吉铁路正式投入商业运营至同年 7 月 31 日，亚吉铁路累计运送旅客达 7.8 万人次。亚吉铁路作为"一带一路"早期的建设项目，是

---

① 李克强. 推销中国高铁我特别有底气 [EB/OL]. 新华网，2014-08-24.

中国铁路第一次以全产业链形式"走出去"的伟大尝试,同样也是"一带一路"建设的标志性成果。亚吉铁路不仅为东非人民带来了便捷快速的出行方式,也为东非的物流运输和经济发展注入了全新的血液和动力。

截至 2020 年年底,我国高速铁路运营里程达 3.79 万千米,超过世界高铁总里程的三分之二,成为世界上高铁里程最长、运输密度最高、成网运营场景最复杂的国家。中国铁路和中国高铁的技术已经十分成熟完善,中国的技术和标准也早已走在了国际的前列,"一带一路"倡议的提出为中国技术"走出去"打开了大门,也将激活"一带一路"沿线国家的生产力,拉动沿线国家的经济水平,铁路网络的铺设也将成为中国未来发展和产能释放的重要途径。

二、通过"一带一路"架构能源领域的全球布局

(一)英国欣克利角 C 核电项目

2016 年 9 月,中国广核集团(以下简称中广核)与法国电力集团(Electricite De France,简称 EDF)在英国签署了欣克利角 C 核电项目的相关协议,这一项重要的合作是中国的核电技术走向世界迈出的重要步伐。中广核是世界上第五大核电运营商、第一大核电建造商,此次中广核与 EDF 的合作也将是对中国技术的最好肯定。根据协议计划,中国自主核电技术"华龙一号"还将在世界上最严苛的核电技术审查机构——英国通用设计审查(Generic Design Assessment,简称 GDA)审查后,运用于英国布拉德韦尔 B 项目,一旦"华龙一号"通过 GDA 严苛的审查,那么全球的国家将对中国的核电技术持有巨大的信心。

欣克利角 C 核电项目建成后预计为英国提供 7% 的电力需求,在其 60 年的使用寿命内,相当于每年为英国减少 900 万吨的二氧化碳排放。该项目一期的建造成本预计达 180 亿英镑,被称为"全世界最贵的核电站",其中中方占股比例为 33.5%,法国占股比例为 66.5%。[①] 中、英、法三国都是世界上具有相当影响力的国家,此次英国欣克利角 C 核电项目由三方合作建设,将是核电技术在能源领域的融合,也是节能减排事业走向全球化的重要进步。

[①] 谢玮. 中国核电挺进老牌核电大国 揭秘中英法三方签署欣克利角核电项目协议全过程[J]. 中国经济周刊,2016(42),62-64.

（二）巴基斯坦胡布燃煤电站

胡布燃煤电站项目是中巴经济走廊中能源合作项目的代表，由国家电投中国电力有限公司和巴基斯坦胡布电力公司联合投资建立，总投资预计 19.95 亿美元，其中中方投资占比为 74%。① 胡布燃煤电站项目是中国能建（中国能源建设股份有限公司简称中国能建）目前最大的海外超临界燃煤电站 EPC（Engineering Procurement Construction，简称 PEC）总承包项目。② 电力紧缺一直是困扰巴基斯坦的一大问题，即使是首都伊斯兰堡这样的大城市也需要每天拉闸限电。在中巴经济走廊一个又一个的发电项目的建设落地后，将打破巴基斯坦电力紧缺对中巴经济走廊全线贯通的制约。

2019 年 8 月 17 日下午，经巴基斯坦中央购电局、电网调度中心确认，国家电投参建的中电胡布 2×660 兆瓦燃煤发电项目已通过商运前各项考核试验，自当日零时起正式进入商业运行。胡布电站项目建成后每年将提供 90 亿度的电力供给，为 400 万巴基斯坦家庭提供用电保障。③ 该项目的建设不仅仅为巴基斯坦提供了可观的就业机会，更加用中国技术为巴基斯坦节约了大量的发电成本，为其带来了巨大的社会效益。

（三）安哥拉卡卡水电站

安哥拉（全称安哥拉共和国）地处非洲西南部，原油和钻石（毛钻）的开采是支撑安哥拉经济发展的两大支柱，中国是其最大的原油进口国，安哥拉是我国在非洲除南非外的第二大合作伙伴。安哥拉具有丰富的水资源，水电和煤电是安哥拉的主要电力来源。"一带一路"倡议下，2015 年 9 月，中国葛洲坝集团签订了公司最大的海外项目——卡卡水电站的建设项目，中国水利水电技术走进了非洲。

安哥拉卡卡水电站（全称"安哥拉卡库洛卡巴萨水电站"）是中国投资非洲能源系统建设的典型代表，该项目的建设地址位于安哥拉宽扎河中段，具有良好的发电潜力，项目建成后将为安哥拉提供近一半以上的电力需求，将是非

---

① 兰江，叶嘉伟. 巴基斯坦地方政治势力对中巴能源合作项目的影响与对策——基于旁遮普省和俾路支斯坦省部分项目对比的研究 [J]. 南亚研究季刊，2018（02），102-108.

② 李晓喻. 巴基斯坦中电胡布燃煤电站签约 中巴经济走廊"再下一城" [EB/OL]. 中国新闻网，2016-05-31.

③ 国务院国有资产监督委员会. 巴基斯坦中电胡布燃煤电站正式投运 [EB/OL]. 国务院国有资产监督委员会官网，2019-8-23.

洲最大的水电项目,被称为"非洲三峡工程"。"一带一路"倡议下,卡卡水电站的建设将极大地提高非洲落后地区的民众生活质量。

三、开通国家能源进口通道

(一)中国中亚天然气管道

中东地区、中亚地区及俄罗斯是"一带一路"沿线的主要地区,具有特殊的地理位置,拥有着大量的能源储备。据统计,在已探明的油气储备中,中东地区的石油储备占世界的48%,总出产量占全球产量的30%以上;中亚地区及俄罗斯天然气储备量占全球的60%,产量占全球的34%以上。① 2005年,哈萨克斯坦与中国共同建设的中哈石油管道一期工程竣工,并开始向中国运输石油。2009年,中哈石油管道二期工程也实现全面开通。中哈石油管道全长达2798千米,截至2013年年底,中国通过该石油管道运输的石油已超过了6000万吨。②

2007年,中国分别与哈萨克斯坦、乌兹别克斯坦及土库曼斯坦三国合作,共建中国—中亚天然气管道项目,管道从土库曼斯坦和乌兹别克斯坦边境的格达依姆,直达新疆霍尔果斯口岸,总建设长度3666千米。运输管道全程采用X70级钢材,途中共设7座压气站,最大运输能力达到了400亿立方米/年。中国—中亚天然气管道的建设不仅仅保证了我国安全稳定的油气来源,对我国经济发展和社会建设更是具有重要意义。

(二)中缅油气管道等油气管道项目

我国持续不断地加强与"一带一路"沿线国家之间的合作,在油气管道建设方面,除了中亚天然气管道这一庞大能源输送渠道之外,还依靠中俄原油管道、中俄原油管道二线和中缅油气管道,这四大油气运输线路支撑了我国能源进口的陆上途径。

2009年6月,中国与缅甸签订了中缅油气管道项目的谅解备忘录,就协议相关事项达成共识。2010年6月,中缅油气管道开工以来,共投入25.4亿美元,设计运输量为2200万吨/年。自2013年,中缅油气管道项目投入使用以来,中国通过项目6个下载点,向缅甸境内下载了超过16亿立方米的天然气。③ 中

---

① 孙依敏."一带一路"油气合作大趋势 [N].中国石化报,2017-2-24 (05).
② Zhakisheva L. 中亚与中国能源合作研究 [D].上海:上海外国语大学,2017.
③ 《时代金融》编辑部.中缅油气管道带动沿线发展 [J].时代金融,2017 (05):44-45.

缅油气管道的建立，使得我国从中东进口的油气可以不用经过马六甲海峡，而直接通过陆上渠道运回国内，中缅油气管道是我国油气运输的一条安全的新路径，对推动我国未来发展具有深远意义。

"一带一路"倡议其他重大工程项目详见附录2："一带一路"重大投资建设工程项目一览表（2018）。

第二节 "一带一路"重大项目建设的典型案例分析

一、巴基斯坦瓜达尔港工程风险分析

中巴友谊的发展已有60余年之久，巴基斯坦是中国良好的贸易合作伙伴，巴基斯坦也亲切地被中国人民称为"巴铁"。国家主席习近平曾高度评价中巴两国的"全天候友谊"和"全方位合作"，指出中巴共同联手，构建中巴"命运共同体"。[1]

2015年4月，"中巴经济走廊"正式启动，形成两国在交通、能源和海洋等领域互联互通的战略布局。"中巴经济走廊"位于帕米尔高原，以新疆喀什为起点，直达巴基斯坦瓜达尔港，全程3000千米，南北方分别与"21世纪海上丝绸之路""丝绸之路经济带"相连接，随着走廊的启动，卡西姆港燃煤电站、喀喇昆仑公路、瓜达尔港、新国际机场等重大工程项目也随之落地实施，两国之间互联互通的脚步越走越稳，越走越深。

（一）瓜达尔港介绍

瓜达尔港地理位置十分特殊，临近能源运输的"咽喉要地"霍尔果斯海峡，中国从中东和非洲海运的原油可以在瓜达尔港运送上岸，通过中巴原油管道直接输送至新疆喀什。

瓜达尔港的开发和建设给我国能源输送带来了极大的便捷，从空间距离来看，进口原油从瓜达尔港运送上岸最终到达新疆喀什，比通过海运经过阿拉伯海和马六甲海峡缩短近85%的距离；从运输成本来看，原油从瓜达尔港运至中国内陆，海运的运输成本要远高于内陆运输成本（田润良，2014），与海运相

---

① 习近平在巴演讲：五点主张构建中巴命运共同体［EB/OL］. 人民网-中国共产党新闻网，2015-4-22.

比，进口原油在瓜达尔港的中转能节省相当大的运输费用；从安全程度来看，瓜达尔港正是我国突破"马六甲困局"的关键所在，我国穿过霍尔果斯海峡所运回的能源将不再完全依赖海盗猖獗的马六甲海峡，我国也能在世界政局紧张时摆脱美国与其他东南亚国家的联手限制，拥有能源运输的自主权。①

（二）瓜达尔港建设风险分析

1. 政治风险

瓜达尔港在地理位置上位于巴基斯坦俾路支省的西南部，北上 970 千米就是俾路支省首府奎达。俾路支省的面积辽阔，34.7 万平方千米的疆域占巴基斯坦国土总面积的 44%，但人口总数仅为全国的 4%，人口极为分散，是巴基斯坦面积最大、人口最少的省份。俾路支省西部边境线处分别与伊朗和阿富汗接壤，南面倚靠广阔的阿拉伯海，拥有长为 771 千米的海岸线。省内地势高山遍布，也有辽阔的平原，自然资源十分优越，苏伊和乌奇两大天然气产地均在其范围内，除此之外，煤、硫黄、大理石、铜矿等矿产资源亦十分丰富。

俾路支省的宗教问题和反恐问题十分复杂严峻。俾路支省境内恐怖分子的势力十分活跃，基地组织和塔利班残余势力自阿富汗战争以来，纷纷南下前往该地区，恐怖势力对人民群众的安危造成极大的影响。由于俾路支省的特殊地理位置及其丰富的能源和矿产资源，各国势力纷纷介入其内，由此形成复杂紧张的竞争局势。

恐怖袭击、种族冲突和自然资源的争夺将俾路支省的政治局势搅动得不得安宁，省内交织的各种复杂的政治因素和冲突动荡，对我国在巴基斯坦的项目铺建提出不小的挑战。②

2. 经济风险

瓜达尔地区地广人稀，经济长期落后，当地人大多以打鱼为生，农林畜牧业均不发达，当地鲜有大型工业制造工厂，仅有少量的小型制冰厂、家具、木船制造等。③ 瓜达尔所在的俾路支省虽然拥有巴基斯坦最辽阔的土地和最丰富

① 田润良，汪欣，孟朔，等. 瓜达尔港到国内的原油运输：成本效益、安全风险及战略意义比较分析 [J]. 国防交通工程与技术，2014，12（02）：34-37.

② 于开明. "西进"战略与中国在巴基斯坦俾路支省的利益诉求 [J]. 国际关系研究，2013（03）：85-96.

③ 王勇健，周惊慧，李俊星. 瓜达尔港发展的 SWOT 分析与对策 [J]. 中国港湾建设，2015，35（04）：72-74.

的矿产资源，却是其国内经济最为落后的省份，经济总量仅为全国的 3.5%。

第一，通货膨胀所带来的风险。巴基斯坦的通货膨胀率一直处于高位水平，2008 年，巴基斯坦通货膨胀率长期位于 20% 以上。2018 年 7 月，巴基斯坦通货膨胀率达到 5.8%，是近三年九个月以来的最高点①。至 2020 年，这一数字持续上升至 9.74%。居高不下的通货膨胀率会给瓜达尔港的工程建设带来巨大的经济损失，港口工程建设往往工程量巨大，耗时较长，由于物价飞涨，我国承包商在当地采购的建筑材料价格也会受到影响，这为工程建设增加了额外的经济成本。

第二，汇率变动所带来的风险。近年来，巴基斯坦卢比贬值十分严重，图 3-5 中列示了 2013 年 6 月至 2020 年 10 月巴基斯坦卢比汇率走势图，从图中观察可以发现，8 年间，巴基斯坦卢比兑美元汇率从 2013 年 6 月的 1∶0.0096 下跌至 2020 年 12 月的 1∶0.0062。即使中国承包商和巴基斯坦政府在招投标时能有合理的工程报价，但经过漫长的工程建造，在工程被验收之后，面对如此大幅度的货币贬值，承包企业也会因此蒙受巨大的经济损失。

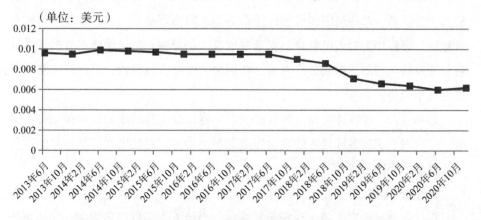

图 3-5　巴基斯坦卢比兑美元汇率走势（2013—2020）

数据来源：谷歌财经。

3. 技术风险

第一，供电无保证。瓜达尔地区的供电比较匮乏，其供电架空线路来自俾

---

①　中华人民共和国商务部. 巴基斯坦通货膨胀率达 45 个月以来最高值 5.8%［EB/OL］. 中华人民共和国商务部官网，2018-8-2.

路支省的首府奎达，装机容量为 35 兆瓦，按人口平均下来，相当于每人装机容量 175 瓦。因此，瓜达尔地区当地供电无法满足工程建设需要，现场施工用电常常需要自备。

第二，供水紧张。瓜达尔地区没有河流流经，年均降雨量仅为 157 毫米，降水量十分稀薄，淡水资源在瓜达尔十分稀缺，居住在瓜达尔镇的人们的主要水源来自 27 千米外的安卡拉水库。淡水在工程施工中具有十分重要的地位，在工程建设中，混凝土用水需要使用淡水，而海水或含杂质较高的其他水源均无法被用作施工用水，因此自建海水淡化厂将是承包企业施工时的必要成本支出。

第三，项目建设施工难度高。巴基斯坦政府将瓜达尔港的项目工程分为两期，一期项目于 2002 年开工建设，计划修建一个多功能码头加进港航道，港口吞吐量为 10 万标准集装箱每年、运载货物 72 万吨每年的设计，还要求为港口配备土建、供电、供水、环保、消防、导航、通信、装卸、计算机辅助管理与控制等工程建设。二期项目于 2005 年开工建设，在一期工程的基础上增加三个集装箱码头和 7 个船舰停泊处、两艘邮轮停泊处以及一座通过地下输油管道与停泊处相连的炼油厂，并通过高速公路的修建，围绕瓜达尔港铺开公路网，提升港口的联通作用。两期工程共投资 7.72 亿美元，工程规模巨大，工程复杂，对承包商的技术水平要求较高。

第四，自然环境恶劣。瓜达尔地区气候干旱，常年少雨，最低气温 20 摄氏度，干燥炎热的天气将加大工人的施工难度，缩短每天可连续施工时间和建造时间，在一定程度上对工程进度产生影响。

二、印尼雅万高铁工程风险分析

印度尼西亚是东南亚最大的经济体，同时也是世界上第四人口大国，在印尼人口中，有超过 87% 的穆斯林。印尼由太平洋和印度洋之间的 17508 个岛屿组成，是世界上最大的群岛国家，享有"千岛之国"的美称，也是一个多火山、多地震的国家。印尼地理位置十分优越，把握着亚洲重要的海上通道，如马六甲海峡、巽他海峡、望加锡海峡、龙目海峡等，且印尼在东南亚具有很大的影响力，中国与印尼的外交关系发展对于我国的能源运输安全和东南亚其他国家的友好建交都有重要的意义。

目前，我国与印尼的合作主要围绕四个方面开展：第一，在海洋经济方面的合作。中国和印尼都具有辽阔的海域，海洋资源十分丰富，中印尼两国于

2013 年发表了《中国与印尼全面战略伙伴关系未来规划》，对两国未来海洋经济贸易合作进行规划部署，意味着两国未来的经济往来合作将日益密切，海洋经济贸易的潜力也将逐渐被激活，两国的经济活动从渔业合作往来，逐渐向能源领域合作和海运交通建设以及旅游开发等领域逐渐拓展。① 第二，在人文领域的合作。中印尼两国都是亚洲的文明古国，两国的文化交流有着历史和人文资源的积淀。近年来，中印尼双方也举行了丰富多彩的文化交流互动，并不断推进教育方面的交流和对话，积极开展更加深入的文化交流活动，未来中印尼两国间的文化交流机制也将不断完善，交流环境也将得到进一步扩大和进步。②第三，在能源领域的合作。赵春珍（2012）指出了印尼重要的地理位置对我国能源运输的重要作用，印尼和中国在石油、天然气、煤炭领域的合作对两国在能源领域的发展十分重要，也指出了中印尼两国在能源领域合作存在的困境。③第四，在基础设施建设领域的合作。"一带一路"倡议的不断推进是加强中印尼两国在基础设施建设领域合作的基石，印尼雅万高铁是中国高铁真正意义上走出国门的高铁"第一单"。但印尼政局动荡、法律环境并不明朗，再加之印尼存在一定的种族歧视问题，导致我国企业在印尼开展基础设施建设将遭遇一定的政治风险、法律风险和社会风险。④

（一）印尼雅万高铁项目介绍

印尼雅万高铁全长共 142.3 千米，起点和终点分别为印尼首都雅加达和万隆，该项目高铁设计时速为 350 千米，沿途设立四个车站，列车全程仅需 40 分钟，沿线居民多达 3000 多万人，项目回收效益十分可观。雅万高铁项目总投资额 51.35 亿美元，由中印尼两国共同成立的中印尼高铁合资公司参与项目的承建、运营和管理，其中印尼方持有该项目 60% 的股权，中方持有 40% 的股权。项目采用 BOT 的工程融资模式（建设、运营、移交融资模式，详细见图 3-6），计划建设期间从 2016 年至 2019 年，用时三年。2016 年 3 月，印尼雅万高铁正式开工建设，整个高铁项目的建设将全部采用中国技术、中国标准和中国装备。

---

① 杨程玲. 印尼海洋经济的发展及其与中国的合作 [J]. 亚太经济，2015（02）：69-72.

② 许利平. 新时期中国与印尼的人文交流及前景 [J]. 东南亚研究，2015（06）：36-42.

③ 赵春珍. 中国与印尼能源关系：现状、挑战和发展策略 [J]. 南洋问题研究，2012（03）：17-26+46.

④ 任红军. 中国与印尼在基础设施建设方面合作的现状与前景 [J]. 东南亚研究，2005（05）：44-49.

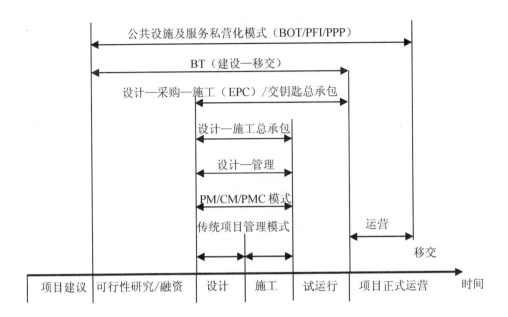

图 3-6 各项目管理模式服务范围示意

(二)雅万高铁项目建设风险分析

1. 社会风险

第一,印尼分离主义问题突出。印尼是一个群岛国家,由 17000 多个大小不同的岛屿组成,国家领土结构极为分散,独特的地理环境是印尼分离主义滋生的温床。目前印尼境内主要有亚齐省分离主义运动、南马六甲偏远地带的分离主义运动、伊里安查亚省分离主义运动等分离主义的存在,其中部分分离主义运动甚至对政府构成了军事威胁,印尼可能因此爆发内战,一旦开战,政局动荡势必会对我国在该国家的投资项目造成巨大的损失风险。

第二,除了分离主义逍遥于印尼政府的管控之外,印尼还饱受恐怖袭击的威胁。印尼境内的伊斯兰祈祷团、伊斯兰民兵圣战者组织、东南亚伊斯兰团等激进宗教组织已针对国内的基督教徒和外国人士发动了数次的恐怖袭击。"伊斯兰国(简称:IS)"为代表的伊斯兰极端恐怖分子在 2000 年至 2009 年,策划发动数起特大型的恐怖袭击,其中 2002 年的巴厘岛恐怖袭击案,造成了 202 人在恐怖分子策划的爆炸事故中丧生;① 2016 年 1 月 14 日,印尼首都雅加达发生

---

① 施张兵,蔡梅华. 中印尼雅万高铁面临的困境及其解决路径 [J]. 学术探索,2016 (06):28-35.

特大恐怖袭击，目击者称当天至少发生6起爆炸，数十名"伊斯兰国"武装分子参与该次恐怖袭击，造成7死20伤。①

印尼境内的社会局势动荡不定且印尼人民有排华行为，不能为我国在其国内的投资项目提供稳健的、安全的建设周期，这一潜在风险可能会对雅万高铁的运营造成一定程度的损失。

2. 政治风险

2014年10月20日，印尼现任总统佐科·维多多（Joko Widodo）上任，佐科执政的政府（以下简称"佐科政府"）成功执政，但在国会中，支持佐科的政党人员较少。2014年4月的国会选举中，支持佐科领导的民主斗争党的票数仅占36.96%，野党势力隐隐要压过佐科政府势力，"朝小野大"的困境给佐科政府的执政将造成一定的影响。② 尽管自佐科政府执政以来，其与我国的"一带一路"倡议合作交往较为密切，两国针对基础设施建设、能源项目合作等方面进行了更加深入的合作探讨，但国会中反对派很可能联合起来反抗佐科政府的施政行为，由此对我国在印尼投资的工程项目造成巨大的经济损失。

3. 技术风险

第一，建设过程存在的自然风险。印尼的地理位置特殊，位于太平洋地震带和亚欧地震带的交界处，地壳运动和火山运动较为活跃，在印尼每年平均发生的地震次数多达数千次。其中，2004年在苏门答腊岛附近发生了9.3级强地震，还引发了海啸，导致印尼近17万人死亡或失踪。雅万高铁的施工建设以及完工后的投入运营阶段，将面临印尼恶劣的自然风险所带来的威胁，这对我国的高铁建造技术提出更高的要求，这也是我国高铁技术走出国门的一大挑战。

第二，工程建造的技术风险。高铁项目的工程建造过程十分复杂，项目规模巨大，我国企业还需要充分应对印尼复杂的地理环境，对工程本身的抗震技术也提出了更高的要求和挑战。在项目竞标期间，我国面对的还有一个强有力的竞争对手——日本，日本的高铁建造技术在世界处于领先水平，由于日本本身是地震多发国家，其在高铁抗震方面的技术远远强于我国。我国在建造雅万高铁项目时将面临巨大的技术难题和技术风险。

---

① 王晓枫. 雅加达遭连环恐袭至少7死20伤 [EB/OL]. 新华网，2016-1-15.
② 吴崇伯. 印尼新总统面临的挑战与政策趋向分析 [J]. 厦门大学学报（哲学社会科学版），2015（01）：60-67.

第三节 "一带一路"重大项目建设的风险分析与测算

一、国际工程项目风险的识别

在"一带一路"倡议下，越来越多的中国承包商走出国门，承建一个又一个的国际重大项目工程。国际工程不同于国内的工程，相较于国内工程，国际工程的风险点更多，风险事件的不确定性更大，发生风险造成的损失程度也可能更严重。在造成损失发生的风险中，不仅仅有内部风险的作用，更多的还有外部风险对工程项目产生影响。"一带一路"的项目建设多为庞大的国际工程，业主多为沿线国家政府，工程涉及项目多，且每个子项目均包含一系列的风险项，工程承包商在竞标前需要考虑大量的风险因素，无法得到充分的工程信息。因此，工程承包商如果能够在此阶段充分识别项目建设可能存在的风险，并通过风险防范手段加以防范，将极大地减少承包商未来损失发生的可能性。

（一）国别风险

"一带一路"的重大项目遍布世界各国，但不同的国家有其客观存在或潜在的各种风险，这些风险往往与该国的政治、社会、经济等方面有着千丝万缕的联系，风险的发生一般具有全域性和不可抗性，如果不加以识别防范，往往会给工程建设带来意想不到的灾难和影响。

1. 政治风险

政治风险是完全主观的不能确定的风险，黄河，Nikita（2016）认为，政治风险是影响我国企业海外投资及工程建设中不可避免的重要因素。[①] 他们认为政治风险应当被界定为：当由政治因素引起的不连续性出现于商业环境中，导致一个国际投资的利润潜力或资产损失的任何类型的政治事件（如战争、恐怖活动、政府变化、第三国干预、交易控制和投资限制等）。政治风险的导向具有无偏向性和全局性，一旦发生，企业将很难避免受灾。

2013 年，中国表示出参与泰国高铁建设的愿望，国务院总理李克强与泰国

---

① 黄河，NIKITA S. 中国企业海外投资的政治风险及其管控——以"一带一路"沿线国家为例 [J]. 深圳大学学报（人文社会科学版），2016, 33（01）：93-100.

时任总理英拉签下协议，被称为是"大米换高铁"。2014 年，英拉下台后，由现任总理巴育接任，中泰高铁项目便一拖再拖，2015 年，中泰双方在融资和劳工问题上多次谈判无法达成共识，工程进度再受干扰。2016 年，泰国总理巴育突然变卦，要求缩短工程距离，且在原合同基础上对于工程细节一改再改，不但使得本次高铁项目严重缩水，且严重拖缓工程进度，导致中泰铁路项目于2017 年 12 月才开始动工，比原计划晚了两年。

企业在参与承包建设国际项目前应充分认识到政治风险带来的危害，在竞标前进行充分的调研，合理地进行风险规避。万一存在政治风险发生的情况，应及时止损，将造成的损失降到最低。

2. 经济风险

"一带一路"的国际重大工程项目的规模庞大，项目建设资金数额巨大，且工程建设持续数年，工期较长，在建设期间可能会因为该国的经济情况变动对工程价值或建造成本产生影响，项目所在国的经济风险可能会给承包企业造成巨大的直接经济损失。"一带一路"沿线国家的经济风险通常体现为通胀或通缩、汇率短期大幅波动、企业税负增加、汇兑限制等风险。

陈伟光，缪丽霞（2017）指出，"一带一路"沿线国家中，大多数国家信用风险处于中高水平，信用风险较低的国家数量占比极少；部分国家近年来的汇率波动很大，再加上"一带一路"沿线国家多为发展中国家，部分国家金融体系和汇率制度不健全，更是会产生较大的汇率风险。[①]

3. 业主违约风险

"一带一路"的投资建设项目多为基础设施建设项目，投资资金大，回收期限长，往往是中国与沿线国家的政治外交手段。"一带一路"海外投资项目业主为东道国政府，李原，汪红驹（2018）测算出的"一带一路"沿线国家的主权信用评级（标普评级）达到 A-或以上（国家主权信用较好）的仅为 13 个，说明中国投资的重大国际项目中大部分仍将面临巨大的业主违约风险。[②] 倘若东道国政府存在违约行为，投资者和承包商将无法或无法及时地寻求法律保护，可谓成了东道国的使唤机器，投资方和承包商有苦说不出，还将蒙受巨大的经

---

① 陈伟光，缪丽霞."一带一路"建设的金融支持：供需分析、风险识别与应对策略 [J]. 金融教育研究，2017，30（03）：3-15.

② 李原，汪红驹."一带一路"沿线国家投资风险研究 [J]. 河北经贸大学学报，2018，39（04）：45-55.

济损失。

（二）施工风险

工程建设过程中，除了存在以上所描述的由于项目所在地区的政治环境、社会环境、经济环境等导致的一系列风险外，风险的发生还体现在承包商施工前后，由于工程本身所引发的风险。

1. 技术风险

第一，存在自然风险。由于项目所在地区的交通运输不便利、气候条件差和自然灾害等原因造成的风险。这类风险的发生要么会拖慢整个工程的建设进度，延缓完成工期，如由于交通条件差徒增施工材料的运输成本和运输时间；要么会给工程建设带来毁灭性的打击，如地震、海啸、泥石流、台风等自然灾害的发生。

第二，存在设计风险。工程的设计是工程建设中极为重要的一块，工程后期的施工建设将围绕着设计图纸中的标准和规格进行建设。工程项目的设计费用只占工程造价的5%—7%，但影响项目工期、质量和最终造价的程度却超过了70%。① 工程项目的设计风险主要体现在设计标准不统一、设计失误、设计适用性不强、东道国设计审查规定等方面。

设计标准不统一。世界各地的工程建造有着不同的设计标准，常见的有英国标准、美国标准、国际标准等，工程项目所在国家可能也有其自己的设计标准。国际项目一般由总承包商负责施工图设计，由项目咨询机构完成醒目的概念和建筑设计。国内的设计院往往对国内的设计标准十分熟悉，但对于国际标准并没有过于深刻的把握，在概念设计和施工图的衔接上可能出现标准不一的问题。

设计适用性不强。不同的国家有着不同的气候环境国情，工程的设计也应当符合该地区的实际情况。例如在巴基斯坦的工程项目设计中加入了中央空调系统，实际情况将会是由于巴基斯坦的电力紧缺导致该设计几乎没有适用性。若在设计过程中存在设计失误，更会影响整个工程的建设质量，给工程项目带来巨额的时间成本、施工成本等损失。

2. 工程风险

陈伟珂，黄艳敏（2005）根据引起风险发生的风险源的不同，将工程风险

① 王斌.海外工程项目风险管理研究［D］.北京：北京建筑大学，2018.

分为人为原因引起的风险和自然原因引起的风险，不论人为原因还是自然原因引起的风险诱发的可能性都很大，且都会对工程项目产生较大的影响。① 王和（2011）将工程风险按照潜在的损失形态分为工程财产风险、工程人身风险和工程责任风险三类。国际工程项目具有较长的施工周期，复杂的施工过程和专业的施工技术，这三类风险贯穿工程项目的始末。②

第一，工程中的财产风险。这类风险是由于发生风险事故后所造成的财产损失，包括工程标的、附属工程、施工器具、临时建筑等工地财产的损毁和灭失；包括由于财产损失带来的工程延期所造成的间接损失；还包括因投保工程保险后产生的施救费用、场地清理费用、专业费用等。

第二，工程中的人身风险。这类风险说的是，由于风险事故的发生，所造成与工程建设有关人员的人身伤亡风险，以上有关人员即指工程保险被保险人本身或与其存在雇佣合同和其他具有直接利害关系的人。

第三，工程中的责任风险。这类风险所指的是，在工程建设期间，业主或承包商在进行施工作业或其他与工程建设有关活动时，在工地及附近区域，因疏忽或过失，造成第三者人身伤亡或财产损失时所应该依法承担的经济赔偿责任。

二、"一带一路"相关建设工程的风险测算

风险量化是基于在同类项目的损失材料进行综合分析的基础上，采用概率论与数理统计的方法，对某一个事故或多个事故发生的概率以及发生后对工程造成的期望损失的定量分析。在对工程风险进行量化分析和测算时，损失概率和损失程度是最为重要的两个指标。

在对工程风险进行量化分析时，应当注意到，从损失程度的角度上来看，工程保险的风险损失分布除了具有一般的非寿险损失分布的特征外，还具有厚尾性和多波峰的情况：第一，厚尾性体现在，工程保险的高额赔案和小额赔案所占的比重会比对数正态分布的更高，使得其损失分布具有更大的波动性。第二，损失分布多波峰体现在，在工程保险的损失分布中，除了一些赔款较小，赔付数量多的赔案形成主波峰外，还有一些赔付发生概率小，但赔款金额大的

---

① 陈伟珂，黄艳敏. 工程风险与工程保险 [M]. 天津：天津大学出版社，2005：45.
② 王和. 工程保险：工程风险评估理论与实务 [M]. 北京：中国财政经济出版社，2011：407.

赔案可能形成次波峰。这两个特性使得工程风险的损失概率分布偏离了常用的对数分布、伽马分布、正态分布等分布，而在工程风险的损失分布上通常会使用威布尔分布、帕累托分布等厚尾性特征明显的分布进行拟合。

（一）层次分析法（AHP法）

AHP法通常在工程投标阶段使用，用以对工程风险进行评价。这种方法的核心就是需要将工程项目的工作进行分解，对项目的每一个过程或过程集合（称之为"工作包"）的风险因素进行逐步深入的分层，在得到每个工作包的风险大小的基础上，合并所有工作包的风险评价，并最终得出工程总体的风险评价情况。AHP法的风险分解过程通常分为8个步骤，如图3-7所示。

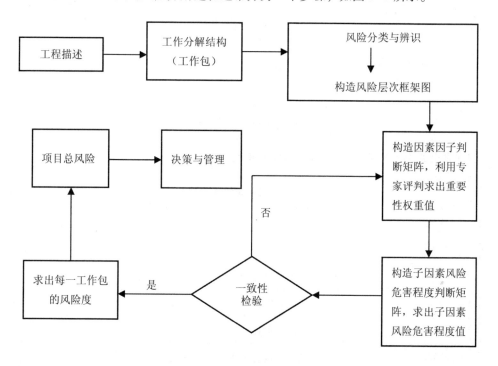

图3-7 AHP法的风险分解过程

第一步，通过工作分解结构，将相似的工作分类为同一个工作包，借此将工程分解为多个工作包，并对每一个工作包分别作风险分析。

第二步，对每一个工作包进行风险分类和辨识，如采用专家调查法的方式，分析辨识工程可能遭遇的风险项目，并构建风险框架图，如图3-8所示。

第三步，构造因素和子因素的判断矩阵，通过邀请专家，根据表3-1所示

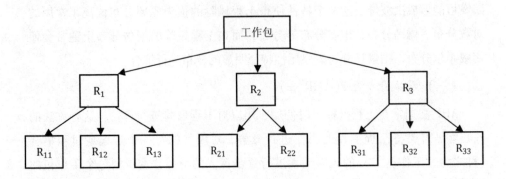

注：每一个子风险因素均可设定高、中、低的不同风险程度评判

R_1：经济风险	R_2：政治风险	R_3：自然风险
R_{11}：分包商违约	R_{21}：法律风险	R_{31}：地震
R_{12}：汇率风险	R_{22}：封锁与禁运	R_{32}：洪水
R_{13}：通货膨胀		R_{33}：火灾

图 3-8　AHP 法风险框架演示

的评判准则对各因素及其子因素的相对重要性进行评判。

表 3-1　各因素间的评判准则

标度	含义
1	两因素的比较中，重要性相同
3	两因素的比较中，一个比另一个稍微重要
5	两因素的比较中，一个比另一个明显重要
7	两因素的比较中，一个比另一个强烈重要
9	两因素的比较中，一个比另一个极端重要
2、4、6、8	上述判断的中间值，如 4 表示重要性介于稍微重要和明显重要之间

　　如以图 3-8 中的风险因素为例，根据重要性，将不同因素进行两两相比，构造表 3-2 所示的判断矩阵。（其中 A_{ij} 表示第 i 个因素对第 j 个因素的影响，$A_{ij} \in (1, 2, 3, 4, 5, 6, 7, 8, 9)$）

表 3-2　风险因素判断矩阵

	R_{11}	R_{12}	R_{13}	R_{21}	R_{22}	R_{31}	R_{32}	R_{33}
R_{11}	1	A_{12}	A_{13}	A_{14}	A_{15}	A_{16}	A_{17}	A_{18}
R_{12}	$1/A_{12}$	1	A_{23}	A_{24}	A_{25}	A_{26}	A_{27}	A_{28}
R_{13}	$1/A_{13}$	$1/A_{23}$	1	A_{34}	A_{35}	A_{36}	A_{37}	A_{38}
R_{21}	$1/A_{14}$	$1/A_{24}$	$1/A_{34}$	1	A_{45}	A_{46}	A_{47}	A_{48}
R_{22}	$1/A_{15}$	$1/A_{25}$	$1/A_{35}$	$1/A_{45}$	1	A_{56}	A_{57}	A_{58}
R_{31}	$1/A_{16}$	$1/A_{26}$	$1/A_{36}$	$1/A_{46}$	$1/A_{56}$	1	A_{67}	A_{68}
R_{32}	$1/A_{17}$	$1/A_{27}$	$1/A_{37}$	$1/A_{47}$	$1/A_{57}$	$1/A_{67}$	1	A_{78}
R_{33}	$1/A_{18}$	$1/A_{28}$	$1/A_{38}$	$1/A_{48}$	$1/A_{58}$	$1/A_{68}$	$1/A_{78}$	1

第四步，构造子因素风险危害程度判断矩阵，通过"高、中、低"三个标准进行判断，求出子因素风险危害程度值。

第五步，通过 AHP 的计算机软件，对专家判断的一致性进行检验。若检验通过，则可根据上述数据，求出每一个工作包的风险程度；若检验未能通过，则需要让专家重新进行评判，对原先的评价进行调整。

第六步，将各子风险因素的相对危害程度进行统一，得到该工作包风险值处于"高、中、低"三个水平的概率值，借此来判断工作包的风险程度。

第七步，加总所有工作包的风险程度值，最终得到整个工程项目的风险水平。

第八步，供管理者根据风险水平进行决策和管理，如是否选择竞标，或者需要调整哪些工作包的风险水平来参与竞标能够降低未来项目承包时的风险。

以瓜达尔港建设项目为例，来说明 AHP 法在工程项目中的运用。结合文献参考，① 瓜达尔港项目建设过程中的主要风险因素有以下 8 类：法律风险、政治风险、金融风险、安全风险、管理风险、社会风险、环境风险、建设风险。

对各风险因素间进行两两比较，构造判断矩阵 $A = \{A_{ij}\}$。再利用几何平均法求出判断矩阵的特征向量 W_i，有 $W_i = \sqrt[n]{\prod_{j=1}^{n} A_{ij}}$，i, j=1, 2, 3, …, n。将 W_i

---

① 董艳景，刘强. 基于 ISM-AHP 的"一带一路"国际工程项目风险分析［J］. 中国管理信息化，2018, 21 (11)：75-81.

归一化处理后，得到向量 $W_i^0 = W_i / \sum_{i=1}^{n} W_i$，由此得到 $W = (W_1^0, W_2^0, W_3^0, \cdots,$ $W_n^0)^T$，其中 $(W_1^0, W_2^0, W_3^0, \cdots, W_n^0)$ 分别表示各项风险因素所占的重要程度，通过一致性检验后，得出最终结果。

输出为 $W = (0.2187, 02799, 0.0265, 0.0778, 0.1109, 0.0418, 0.2278,$ $0.0166)^T$。

根据风险因素所占权重大小进行排序，可知政治风险、环境风险及法律风险对瓜达尔港的项目建设影响最大，金融风险、安全风险、管理风险、社会风险、建设风险对项目的影响相对较小，影响最小的是建设风险。

AHP 法采用主观判断与客观度量相结合的方式对工程风险水平进行度量，在一定程度上，依赖于专家的打分判断，并用定量的方法检验专家判断的准确性，该方法具有一定的科学性，在工程风险的度量上也被广泛地运用。

（二）PML 分析技术

PML 是 Probable Maximum Loss（估计的最大损失）的缩写，慕尼黑再保险公司对于 PML 的定义是"通过 PML，我们了解估计的（不是可能的）最大损失，即在谨慎估计的情况下，考虑到所有风险的情况，由于一次事故而可能发生的最大损失"。PML 分析技术曾广泛运用于工程保险领域，用以对工程风险进行分析。

通过 PML 的方式进行风险测算和评估，就需要对项目本身因素和客观因素（自然灾害、爆炸、火灾等意外事故）可能造成的最大损失进行估计。在对项目本身因素进行分析时，需要了解项目在工程设计、施工建设、运营管理等阶段所面临的风险，需要的分析材料包括项目的总平面图、项目主要结构的平面图和剖面图、项目各项环节的成本支出、项目施工过程的组织设计情况以及关键设备的价值、安装计划等，通过对这些信息的掌握，就能全面地了解项目本身的施工建设过程可能存在的风险因素，并掌握这些风险因素可能发生的概率和造成的损失幅度。

在运用 PML 技术进行风险分析时，需要对风险标的以及风险因素进行划分，最后按照不同标的在不同风险因素发生的情况下求出最大期望损失值。如表 3-3 所示，展示了一个水电站工程项目的 PML。将一项水电站工程项目划分成导流工程、泄水闸工程、发电厂房工程、重力坝工程、鱼道工程、开关站工程、临时工程、承包商设备这 8 项子工程，并分别假设这些子工程的合同金额为 15000 万元、4000 万元、23000 万元、800 万元、2200 万元、180 万元、1200 万元、1400 万元。我们会分别估计各子工程在不同风险下可能会发生的最大损失率。根据各项子工程的合同金额和各风险项下该子工程可能发生的最大损失率，求出期望最大损失值即为各风险项的 PML。根据这些风险中最大的 PML，即地震 PML（33360 万元），可以得到整个水电站项目的 PML 值，为 70%（33360/47780）。

表 3-3　水电站工程项目的 PML 演示

风险	火灾	地震	洪水	台风	暴雨	合同金额（万元）
工程设施	损失率（%）					
导流工程	0	60	80	25	80	15000
泄水闸工程	0	75	90	25	70	4000
发电厂房工程	50	80	50	50	30	23000
重力坝工程	5	85	75	25	65	800
鱼道工程	0	70	60	25	65	2200
开关站工程	75	50	15	50	25	180
临时工程	25	25	90	75	75	1200
承包商设备	60	25	25	50	25	1400
最大损失值	12815	33360	30477	18690	24945	47780

数据来源：王和. 工程保险［M］. 北京：中国财政经济出版社，2011.

第四节　"一带一路"重大项目建设的保险保障研究

"一带一路"重大项目工程的建设是由多方共同参与的，如图 3-9 中所示，除了业主和承包商，参与方还包括政府主管部门、投资方、贷款银行、设备供应方、运营管理方、工程监理、工程保险等。图 3-9 中列示在两条虚线之间的是工程项目施工期间的参与方，上虚线上方所列为工程开工前的参与方，下虚线下方所列为工程完工后的参与方。

工程项目的复杂性决定了参与方的多样性，在工程项目建设全过程中所需的保险保障的种类也是十分多样的。如在工程施工建造之前，中国企业面临巨

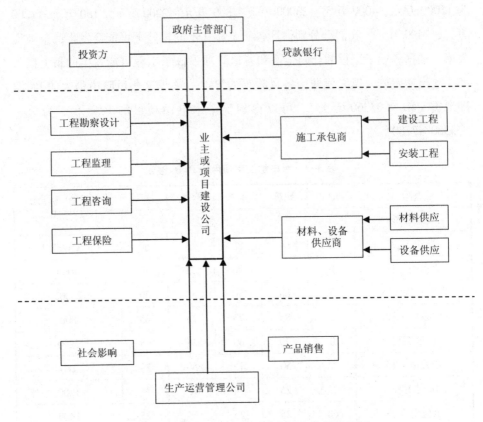

图 3-9 重大项目工程建设各参与主体关系解析

大的投资风险。据统计，2005 年至 2014 年十年间，中国企业在"一带一路"沿线国家投资失败或受阻的案例有 33 起，涉及国家多达 20 个，损失金额 565.2 亿美元，中国企业对于海外投资保险保障的需求是十分迫切的。[①] 在工程施工建造期间，工程保险是承包商必须要购买的保险险种，货物运输保险也是材料供应商转移风险的良好手段等；而贯穿工程项目始终的是对人身安全的保障，针对"一带一路"出境员工的意外医疗保障计划和其他人身保险能为出境员工提供完善的健康与安全保障，除了为"一带一路"出境员工提供保障，为工程所在当地的就业员工投保相应的人身保险也是十分必要的。

"一带一路"重大工程项目的体量十分庞大，项目工期长，资金规模大，在项目周期中存在着许多不确定的风险因素，如外部投资的风险、工程项目本身存在的风险等，这些风险的存在可能会给中国企业造成难以估量的巨大损失。中国企业"走出去"的步伐越来越快，对外投资的规模越来越大，对保险的需求也越来越迫切。工程保险、责任保险、货物运输保险、信用保险、海外投资保险、船舶保险、能源保险、重大技术装备保险等险种将广泛运用于"一带一路"工程项目的建设当中。"一带一路"的工程项目建设加强了沿线国家之间交流与往来，为保护跨境人员的财产和人身安全的保险保障尤为重要，保险机构需要结合当地实际，向跨境人员提供意外伤害保险、财产保险、职业责任保险等相应保险产品和服务。

一、"一带一路"工程项目现有的保险保障情况

（一）工程保险

1. 工程保险的保障情况

据相关研究预测，2015 年至 2030 年，"一带一路"沿线国家的基础设施建设投资缺口将达到 20 万亿美元。截至 2017 年，"一带一路"拟建设和正在建设的基础设施项目规模超过一万亿美元，相关建设项目主要以铁路、公路、港口、机场、水利等基础设施为主，随着"一带一路"的不断铺进，针对资源能源、跨国通道等项目的建设也不断取得新进展。[①]

工程保险是能为工程项目的施工建设提供较为全面的风险保障，保障对象为工程项目中的物质损失、施工器具、第三者赔偿责任等进行赔付，可以按照适用范围分为建筑工程一切险和安装工程一切险。当一项工程的建筑工程所占比例超过 75% 时，即被称为建筑工程，适用建筑工程一切险保单进行承保；当安装工程所占比例超过 75% 时，即被称为安装工程，适用安装工程一切险保单进行承保；除以上两种情况以外的，则分别用安装工程一切险和建筑工程一切险保单对安装工程和建筑工程进行承保。

"一带一路"的工程建设种类繁多，除了对传统工程建设提供如建筑工程和安装工程方面的保障外，还需要对一些特殊工程提供保险保障，如核能工程、建造拆除船舶或各种海上装置等。"一带一路"的建设项目中工程保险需求主要有安装工程险、建筑工程险、机器损坏险、船舶工程保险和科技工程保险五大

---

① 王和．"一带一路"保险服务与管理［J］．中国金融，2017（09）：46-48.

类，为不同工程建设提供全面的保险保障。①

2. 海外工程保险的承保流程

根据不同国家的政治环境和监管规定，不同国家对当地建设的工程保险投保要求也不同，结合实际情况，海外工程保险的承保大致可以分为以下三种模式：②

第一，直接向我国国内保险机构投保。这一投保方式所要求的客观条件较为苛刻，主要因为工程所在国家没有任何相关的保险方面的法律或监管规定，并且由于国家间的法律环境不同、语言不通、操作步骤过于复杂等情况导致承保成本过高，且若国内的保险机构在"一带一路"沿线国家大量设立子公司，会造成一定的人力成本和经营成本的负担。

第二，当地的保险机构自留少量风险份额，其余部分由国内的保险机构进行承保。由于一些国家制定了保护其本国保险机构的相关政策，不仅要求工程保险需要在当地出单，还要求当地的保险机构需要自留部分份额，其余的风险往往通过保险经纪公司通过再保险的方式继续分保给国内的保险机构。

第三，在当地出单，并通过再保险全部分保回国的形式。这一承保方式是最符合实际情况，且普遍被大家认可接受。如图 3-10 所示，这一形式既能符合项目所在国家的监管规则，也能合理地简化承保步骤和成本。

（二）长期责任险

有些国家强制要求承包商或分包商在承建房屋、公共建筑物、工业厂房及烟囱、桥梁工程的时候必须就其承建的工程主体部分投保时间责任险，如果承包商未在工程临验收前向指定的国内保险机构投保，工程将无法被验收。③ 例如十年责任险的保险责任包括：在工程正式验收前，对主体工程或建筑的全部或部分倒塌所造成的损失负赔偿责任；在工程验收后，承担工程自最后验收之日起，十年内工程本身的物质或非物质损失的赔偿责任和灾后清理费用。十年责任险具有强制性，不允许承包商重复投保。导致我国大部分"一带一路"海外项目对这一险种的需求都十分强烈，但十年责任险由业主国向指定保险公司

① "一带一路"倡议下的保险业发展研究课题组."一带一路"倡议下的保险业发展研究 [EB/OL]. 中国保险学会网，2018-7-27.

② 刘硕，曲进，魏经明. 海外工程的保险问题 [J]. 电站系统工程，2017，33（02）：81-82.

③ 雷胜强. 国际工程风险管理与保险 [M]. 北京：中国建筑工业出版社，2012：119-135.

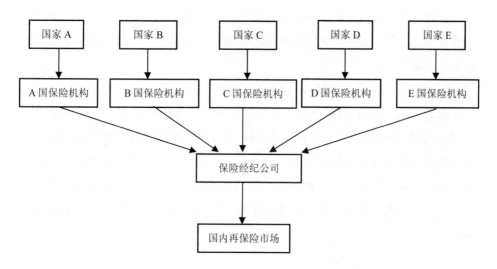

图3-10 海外工程保险承保途径示意

投保，导致我国保险企业在拓展该险种业务时将较为被动。

（三）雇主责任保险

我国承包商在承建海外工程项目时具有双重身份。对于业主而言，承包商是工程卖方，负责工程的建造，并最终对其生产的产品（所负责的工程项目和生产的产品）负有质量和工期责任；对于员工而言，承包商是他们的雇主，对他们在工程施工建造期间的安全和健康问题负有责任。因此雇主责任保险对于承包商而言是必须购买的保险之一，能对合同员工在工作期间遭受的意外事故所致死亡或伤残以及业务相关职业病给付医疗费、工伤休假工资、死亡给付、部分诉讼费等赔偿金，使得企业在工程施工建造时能免受因意外事故带来的巨额雇员伤残赔偿责任。

（四）人身风险保障

"一带一路"的保险保障除了为工程项目建设财产损失提供保障外，对工程相关人员的人身风险保障也是必不可少的。人身风险的保障主要包括当地务工人员及我国派出参与"一带一路"建设相关管理人员、技术人员等出境员工的安全和健康。

1. 务工人员意外伤害险

我国对外投资的工程项目建设参与的员工中绝大部分是当地招聘的务工人员，从国内派出的管理人员和技术人员毕竟只占少数。企业在购买雇主责任险之余，为沿线国家当地员工购买意外伤害险也是必要的，这不仅能为当地务工人员提供最基本的保障，也能间接地彰显我国"走出去"企业所具有的担当精神和大国情怀。

2. 出境员工意外医疗保险

随着我国"一带一路"的不断发展，越来越多的国内员工需要被派遣至"一带一路"沿线国家参与工程项目建设，国内保险机构应当为我国出境员工提供有针对性的意外医疗保险保障。例如，人保健康联合史带财产保险公司和爱思卡救援公司，推出了"一带一路"出境员工团体意外医疗保障计划，该计划以出境员工的意外伤害医疗为主险，保障范围全面涵盖了因意外身故或伤残等保险责任。

3. 特约意外伤害保险

"一带一路"沿线国家数量较多，且不同国家的国情不同，对应的政治环境和社会环境也不同，国别风险可能会对工程建设造成影响和损失，甚至可能会对从事工程建设相关工作人员造成人身伤害。战争、恐怖活动、宗教冲突、种族斗争等事件在部分"一带一路"沿线国家中是真实存在的，但这些事件所造成的人身伤亡往往被设为意外伤害保险的除外责任。因此，对于政治风险、社会风险较为突出的国家，我国建工企业需要为员工特约投保意外伤害保险，防止企业员工在以上责任事件发生时，得不到充分的保险给付。

二、"一带一路"工程项目保险保障的不足与优化

目前我国保险企业对于海外投资项目的探索依然处于起步阶段，对于"一带一路"的海外项目提供保障的水平和能力依旧不足，保险产品的覆盖面较窄，特别是对目前"一带一路"海外工程项目所急需的海外投资风险、政治风险、特殊人身意外伤害风险、企业跨境并购风险等保险产品的供给不足或保障性缺失。数据显示，我国海外项目2016年的财产险和工程保险的保障需求为10万亿元人民币，而国内主要保险企业实际为我国企业提供的相关保险保障仅为6500亿元人民币，实际供给仅为总需求的6.5%，① 为海外项目提供的保险产品供需严重不匹配，且国内保险机构对于外资保险经纪机构、外资保险机构在这一方面的保险产品设计、产品定价、条款设计以及风险管理方面的技术过分依赖。

---

① 袁临江. 保险业服务"一带一路"的战略思考［J］. 中国金融，2018（16）：12-14.

这样的现状和环境将在一定程度上影响我国保险企业的成长性，对我国的保险市场提出了新的挑战，同时也影响着"一带一路"建设项目风险保障的有效性和针对性。

中国再保险集团研究发现，我国保险企业需要进一步加强保险产品设计和服务创新，对于"一带一路"所需的政治风险、战争风险、海外投资风险、海外人员人身风险等保险保障加快研发脚步和服务投入，提升对"一带一路"的风险的保障能力和保障水平。

（一）大力发展海外投资保险

"一带一路"沿线涉及亚、欧、非三大洲，沿线国家和地区多达 60 多个，很多国家仍饱受恐怖主义、宗教极端主义、内战等因素的困扰，这些情形也给我国的海外贸易和投资带来了巨大的挑战和威胁。除此之外，大部分"一带一路"沿线国家鉴于其发展阶段和发展水平，当前还处于政治动荡、社会转型、政策调整等阶段，使得"一带一路"的海外投资的收益和安全具有很大的不确定性。

沿线国家的政治风险、社会风险、法律风险、经济风险等国别风险是构成我国海外投资风险的主要风险源，极易使中国建工企业在不知情的情况下蒙受巨大的经济损失。基于此，我国应当把握好"一带一路"倡议这一机会，加快完善海外投资保险的法律立法，加强顶层设计，一步一步地引导国内保险机构开发提供海外投资保险产品，如投资保险、汇率保险等，合理完善的转移我国"走出去"企业因项目所在国政治风险、汇率风险、社会风险等不确定因素而蒙受损失的风险。

（二）探索承保环境污染责任保险

环境污染责任给"一带一路"企业"走出去"带来的损失是不可忽视的。第一，"一带一路"的投资项目主要集中于第二产业，截至 2017 年底，中国的 468 家"走出去"的样本企业中有 75% 投资第二产业，投资项目以能源、矿业、制造业、基础设施建设等产业为主，而这些产业在投资发展时易带来环境污染问题；① 第二，由于"一带一路"所投资的工程项目集中在发展中国家或经济欠发达国家，这些国家往往环境问题突出，且缺乏有效的监督管理，导致我国

---

① 孙宏涛."走出去"企业的环境污染责任风险及其转移［N］. 中国保险报，2018-01-18
（07）.

企业海外投资蒙受巨大的环境污染责任风险；第三，政治因素对环境污染责任的嫁祸和夸大也是不可忽视的，部分企业对外投资的工程项目意外造成了环境污染，事后未及时处理，就极易被政治势力所利用，刻意地制造"中国污染转移"等极度胡诌舆论。曾有声音提出"一带一路"可能会给当地造成碳排放超标等污染问题，解振华（中国气候变化事务特使）曾于 2018 年 11 月 26 日作出官方回应："'一带一路'所有建设项目应该是绿色的、低碳的，实施的各种项目都将采用最先进的技术，尽可能地节约资源、节约能源，实现最好的节能减排效果。"① 尽管如此，环境污染责任依旧有可能给我国带来巨大的赔偿损失。

环境污染责任会给中国投资企业造成直接损失，如中国在秘鲁投资的特罗莫克铜矿项目曾于 2014 年 3 月因环境问题被当地政府叫停，若正常开工建设，该项目是我国在秘鲁最大的投资项目，中方不仅需要蒙受停工损失，还需要向当地赔偿由于环境污染所造成的损失，因此造成的赔付高达 3 亿元。环境污染责任会给企业带来因项目中止或延误营业造成的损失，以及对当地环境污染赔偿责任，如何合理规避或转移这一风险，也是企业"走出去"应当考虑的重点之一。

环境污染责任也会造成间接损失，间接损失的影响范围不同于直接损失，主要表现为"走出去"企业所造成的环境污染，会对企业本身甚至国家在业主国造成不好的影响，企业和国家的声誉均会受损，进而对我国长远投资的发展造成损害。

国内的环境污染责任险尚处于探索发展阶段，针对海外项目的保险产品更是少之又少。"一带一路"的发展是具有可持续性的，我国保险企业应当聚焦环境污染责任险的探索与发展，结合国内试点情况，有针对性地为中国"走出去"企业提供高匹配度的保险产品，为"一带一路"提供更加全面的保险保障。

---

① 中国"一带一路"."一带一路"带来污染？中方：全部项目绿色低碳［EB/OL］.新浪新闻网，2018-11-26.

本章小结

本章对"一带一路"重大工程项目建设中可能存在的风险及保险应对方式进行了介绍。随着"一带一路"倡议的不断推进，越来越多的中资企业直接或间接地参与到"一带一路"沿线国家的基础设施建设中。图3-11列示了我国企业在"一带一路"沿线国家承包工程项目的新签合同总额，2015—2020年间，我国企业在"一带一路"沿线国家新承包工程合同额除2015年为926.4亿美元外，其余年份均已超过了1200亿美元，但期间增速波动较大，2018年和2020年出现了负增长。

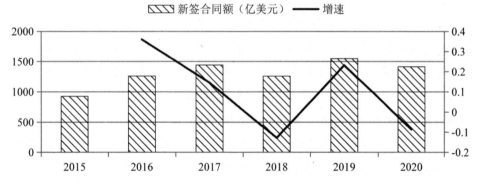

图 3-11　我国企业在"一带一路"沿线国家承包工程新签合同额（2015—2020）

数据来源：商务部官网。

中资企业对外的重大工程项目建设能促进巨大的保险需求。2016年，海外投资保险已为29个沿线国家中的263个"一带一路"项目提供保障，年度保费收入达到307.3亿美元。①"一带一路"工程项目的相关保险仍具有广阔的市场，服务"一带一路"将成为中国保险业发展海外业务、提升保险规模和品质的良好机会。

"一带一路"国际工程项目往往工程浩大，合同金额大、工程建设过程复杂且需要多方参与，对我国保险企业海外业务拓展能力以及保险服务的专业化水

---

① 和讯保险. 投身"一带一路"保险业大有可为［EB/OL］. 和讯网，2017-5-14.

平提出了更高的要求，保险公司为"走出去"企业设计合适的、因地制宜的保险产品也是十分重要的。按照保障的主体，可以将"走出去"企业的保险需求分成工程项目风险保障和人身风险保障。

第一，针对工程项目的保险保障是"走出去"企业必不可少的保险需求。这一部分的保险保障包括工程保险、企业财产保险、货物运输保险、各类责任保险（如：十年期责任保险、雇主责任保险）、海外投资保险等，这些险种能为企业在工程项目建设过程中可能遭遇的各类风险提供保障，不仅能减少企业因为自然灾害、工艺缺陷、责任赔付、国别风险等因素造成的经济损失，还能减轻"走出去"企业的忧虑成本及政府负担。

第二，为出境人员的人身风险提供保险保障也是十分必要的。境外团体意外伤害险、境外健康医疗保险、恐怖袭击特约保险等，能在出境员工遭遇意外伤害或发生健康问题时为其提供充分及时的保险保障。

第三，为"走出去"企业提供风险咨询服务。保险企业是专业的风险管理公司，对风险具有敏锐的洞察力，而"走出去"企业往往受限于企业本身的业务范围，无法对东道国以及相关招标项目的风险进行完整全面的分析判断。所以保险企业也能为"走出去"企业提供风险咨询服务，帮助中企在参与国际工程项目建设过程中能更好地把控风险并进行合理管控。

"一带一路"建设仍存在巨大的保险需求缺口，且我国保险业所能提供的保险服务仍无法覆盖实际的保险需求，如海外投资保险、环境污染责任保险、出境员工的人身风险保障计划等。保险企业可以结合国内相关试点经验，借此机会大力研发，拓展海外市场，提升国际地位，针对"一带一路"倡议提供更加全面的保险产品。

第四章

"一带一路"出口信用风险及信用风险管理体系建设

我国与"一带一路"沿线国家的贸易额逐步上升,贸易结构逐步优化。本章首先对我国与"一带一路"沿线主要国家近年来的贸易情况进行梳理;其次,对"一带一路"贸易的结算方式及由此产生的贸易信用风险进行分析;接着,通过典型案例分析,就我国"一带一路"贸易中的信用风险及其信用保险状况进行分析;然后,围绕可能影响"一带一路"贸易的沿线国家主权信用风险进行评估;最后,在信用风险分析基础上,就如何构建我国"一带一路"信用风险管理体系提出对策。

第一节 我国与"一带一路"沿线国家的贸易情况

一、我国与"一带一路"沿线国家贸易数据统计

(一)我国与"一带一路"沿线国家整体贸易情况

2013—2020 年间,在全球贸易大环境的影响下,我国与"一带一路"国家的贸易额经历了一个明显的波动过程(见图 4-1)。从进出口对比角度看,2013—2020 年间我国与"一带一路"沿线国家的进出口贸易差额发生了巨大改变,从最初 2013 年的贸易逆差转变为贸易顺差,且顺差不断扩大,到 2017 年有所收窄,但到 2020 年又出现扩大趋势。从时间角度看,我国与"一带一路"国家的进口额与出口额在这 8 年间都经历了较大幅度的波动。在经历了 2013—2014 年的贸易额增长后,进口额与出口额自 2015 年以来连续两年下降,至 2017 年明显回升,但受新冠肺炎疫情影响,2020 年又出现下降。

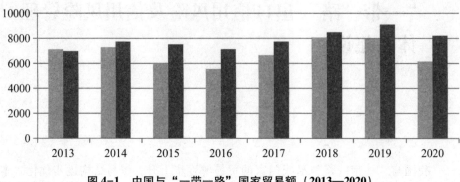

图 4-1　中国与"一带一路"国家贸易额（2013—2020）

数据来源：《"一带一路"贸易合作大数据全书 2018》《中国"一带一路"贸易投资发展报告 2021》，国家统计局数据库。

主要原因如下：

1. 全球贸易环境低迷

受经济危机影响，2015—2016 年间各国贸易需求量大幅下滑，大部分发展中国家的贸易增速放缓，双边贸易受到明显影响。例如，2015、2016 年间亚洲大洋洲地区的进出口贸易额同比分别下降 11.45%、2.25%，① 南亚地区同比分别下降 14.52%、4.84%②。我国作为该地区绝大部分国家的第一或第二大贸易伙伴，必然会受到影响，致使双边贸易额下滑。此外，作为加工制造业大国，我国从"一带一路"沿线国家进口的商品中很大一部分是向世界发达国家出口

---

① 国家区域划分标准来源于《"一带一路"贸易合作大数据全书 2018》。亚洲大洋洲地区：含 14 个国家，包括蒙古国、韩国、新西兰、东帝汶和东盟 10 国。中亚地区：含 5 个国家，包括哈萨克斯坦、乌兹别克斯坦、土库曼斯坦、塔吉克斯坦和吉尔吉斯斯坦。西亚地区：含 18 个国家，包括格鲁吉亚、阿塞拜疆、亚美尼亚、伊朗、伊拉克、土耳其、叙利亚、约旦、黎巴嫩、以色列、巴勒斯坦、沙特阿拉伯、也门、阿曼、阿拉伯联合酋长国、卡塔尔、科威特和巴林。南亚地区：含 8 个国家，包括印度、巴基斯坦、孟加拉国、阿富汗、斯里兰卡、马尔代夫、尼泊尔和不丹。东欧地区：含 20 个国家，包括俄罗斯、乌克兰、白俄罗斯、摩尔多瓦、波兰、立陶宛、爱沙尼亚、拉脱维亚、捷克、斯洛伐克、匈牙利、斯洛文尼亚、克罗地亚、波黑、黑山、塞尔维亚、阿尔巴尼亚、罗马尼亚、保加利亚和其顿。非洲及拉美地区：含 6 个国家，包括南非、摩洛哥、埃塞俄比亚、马达斯加、巴拿马和埃及。

② 数据来源：由联合国商品贸易统计数据库整理。

的产成品所需要的原料及中间品。因此，在经济低迷的大环境下，发达国家产品市场需求量下降，也对我国从"一带一路"国家的进口贸易额产生影响。

2. 大宗商品价格波动

"一带一路"沿线国家对外出口贸易主要以大宗商品为主，我国为各国的主要出口国。因此，大宗商品的价格波动会对我国的进口贸易额产生直接影响。从国际货币基金组织公布的数据来看，2015、2016年全球商品价格指数同比分别下降35.28%、10.05%，对我国该年度进口贸易额产生较大影响。同时，原材料价格下降影响传导至我国产成品的出口，导致年度出口额也呈现下降趋势。自2017年，全球大宗商品价格逐步回升，我国与"一带一路"沿线国家进出口贸易额也随之呈现出上升趋势，特别是进口额，2017年增速首次超过出口。如图4-1、4-2、4-3所示，2015—2020年我国"一带一路"进出口贸易额变化趋势基本与标准普尔高盛商品期货指数、大宗商品价格指数保持一致。

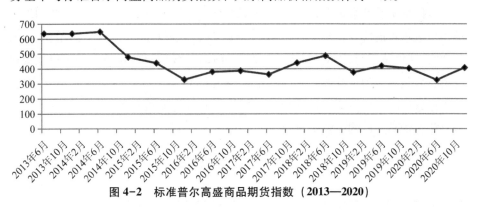

图4-2 标准普尔高盛商品期货指数（2013—2020）

数据来源：环亚经济数据有限公司（CEIC）数据库。

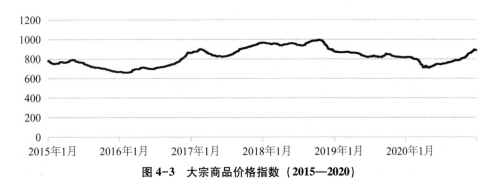

图4-3 大宗商品价格指数（2015—2020）

数据来源：万德（Wind）数据库。

3. 我国经济结构深度调整

我国经济进入新常态以来，工业产业结构发生调整，传统制造业优化升级，原有的高耗能、高污染产业增速放缓，导致能源资源类商品进口量下降。2013—2017 年间，我国矿物燃料类商品进口额下降了 20.8%，初级产品进口额下降了 12.92%。[1]由于"一带一路"沿线国家是该类产品的主要供货国，我国的经济转型势必会对相关进出口贸易产生影响。

（二）"一带一路"沿线分区域贸易情况

从区域贸易额总量上看，我国对亚洲大洋洲地区的进出口额均为最高，且与其他地区差距较大，2020 年进出口贸易总额占中国与"一带一路"国家进出口总额的 54.0%。由于韩国、新加坡、马来西亚等亚洲大洋洲地区的国家政治、经济发展相对稳定，与我国地理位置临近，交往密切，且对外贸易依赖性较高，导致我国与"一带一路"沿线亚洲大洋洲地区国家的贸易额常年居于高位。

从区域贸易额增速上看，2020 年我国对"一带一路"沿线亚洲大洋洲地区的出口额增长最快，较 2013 年增长了 47.5%，对东欧地区的进口额增长最快，较 2013 年增长了 60.3%（见表 4-1 和表 4-2）。我国对西亚地区的出口主要以鞋靴、服装等劳动密集型产品为主，哈萨克斯坦是该类产品出口的主要市场。对南亚地区的进口主要以珍珠宝石、铜类、矿砂类及棉花等初级产品为主，印度是相关产品进口的主要来源国。

表 4-1　中国对"一带一路"国家分区域出口额（2013—2020）

（单位：亿美元）

"一带一路"各区域	2013	2014	2015	2016	2017	2018	2019	2020
亚洲大洋洲地区	3418.2	3794.0	3851.8	3594.6	3900.6	4353.1	4781.9	5042.7
西亚地区	1167.8	1386.3	1302.7	1153.5	1183.8	1157.6	1258.4	1323.4
南亚地区	752.5	858.3	942.4	966.6	1078.0	1177.7	1148.5	1024.5
东欧地区	989.5	1037.2	812.6	867.8	986.3	1154.2	1219.7	1328.1
非洲及拉美地区	419.7	421.0	435.4	371.9	379.3	424.0	441.2	409.0
中亚地区	232.4	240.5	175.6	179.7	214.7	226.0	260.6	211.8

数据来源：联合国商品贸易统计数据库。

---

[1]　数据来源：国泰安（CSMAR）数据库

表 4-2　中国对"一带一路"国家分区域进口额（2013—2020）

（单位：亿美元）

"一带一路"各区域	2013	2014	2015	2016	2017	2018	2019	2020
亚洲大洋洲地区	3944.4	4129.7	3793.5	3661.9	4278.0	4906.8	4746.6	4907.0
西亚地区	1603.5	1654.4	1049.6	887.4	1148.6	1593.5	1603.7	1289.8
东欧地区	581.6	623.5	519.2	500.4	625.3	854.3	907.6	932.4
非洲及拉美地区	512.9	469.9	324.6	242.9	269.4	304.6	285.8	224.2
南亚地区	210.4	201.9	169.6	148.3	193.8	223.6	213.2	241.2
中亚地区	270.3	209.5	150.6	120.7	145.3	191.0	202.9	173.7

数据来源：联合国商品贸易统计数据库。

国家层面上，2020 年"一带一路"沿线国家与我国贸易额最高的国家是越南，其次是马来西亚、俄罗斯、泰国等国家，大多位于亚洲地区（见图 4-4）。

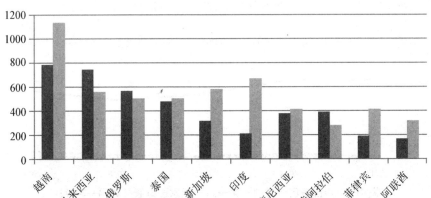

图 4-4　"一带一路"国家与中国贸易额前 10 位国家（2020）

数据来源：联合国商品贸易统计数据库。

（三）国内各地区参与"一带一路"贸易情况

从贸易额总量上看，东部地区成为"一带一路"的绝对主导。当前我国的经济发展呈现二元化结构，东西部地区差异显著，在对外贸易方面十分明显。由于便捷的地理位置、较高的生产水平和经济发展速度，东部地区对"一带一路"沿线国家的进出口额均远超其他地区，且在2017年呈现继续增长趋势。此外，东部地区的进口额波动较为明显，在贸易形势严峻的年份表现出明显的下降趋势（见图4-5和图4-6）。

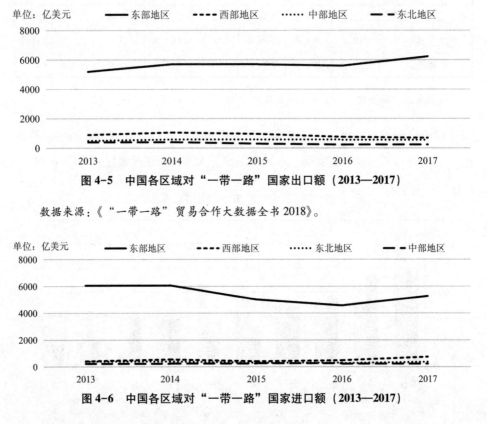

图4-5　中国各区域对"一带一路"国家出口额（2013—2017）

数据来源：《"一带一路"贸易合作大数据全书2018》。

图4-6　中国各区域对"一带一路"国家进口额（2013—2017）

数据来源：《"一带一路"贸易合作大数据全书2018》。

但从"一带一路"沿线国家出口额占本地区对外出口的比重上看，西部地区与"一带一路"沿线国家的进口额与出口额分别为746.3亿美元、687.9亿美元，分别占该地区总体对外贸易比重的51.9%、44.5%，① 为各地区中最高。

_____

① 数据来源：《"一带一路"贸易合作大数据全书2018》。

西部地区常年受制于其偏僻不便的地理位置，缺少对外交流，导致市场发展不足，经济相对封闭，但由于众多"一带一路"沿线贸易国家与我国西部地区接壤，原有的区位劣势实现转换，西部成为对外开放的前线，实现了贸易额的显著提升。

（四）"一带一路"贸易主体结构

从出口上看，我国民营企业由于对市场环境更加敏感，能够充分发挥创新意愿和能力，与"一带一路"国家的贸易往来最多，远超其他类型企业，且在2017年的出口额增速也最快，较2016年增长了8.9%。从进口上看，外资企业受企业生产与经营需求影响，大量进口国外产品，自"一带一路"国家的进口额位于各类企业之首。民营企业与国有企业基本持平，但国有企业2017年进口额增速最快，较2016年增长35.4%（见图4-7和图4-8）。

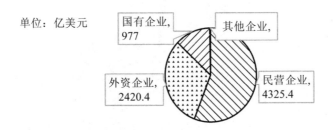

图4-7 中国各类贸易主体对"一带一路"国家出口额（2017）

数据来源：《"一带一路"贸易合作大数据全书2018》。

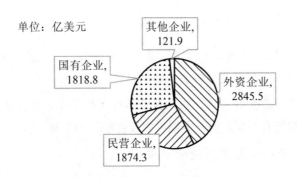

图4-8 中国各类贸易主体对"一带一路"国家进口额（2017）

数据来源：《"一带一路"贸易合作大数据全书2018》。

2017年后，我国各类贸易主体对"一带一路"沿线国家进出口额数据缺失，而我国各类贸易主体对所有国家进出口额数据，在变动趋势方面与对"一带一路"沿线国家进出口额之间存在较多共性，因此，选取 2020 年我国各类贸易主体对所有国家进出口额数据进行补充说明。

由图 4-9 可知，从出口上看，同对"一带一路"沿线国家出口情况类似，2020 年我国私营企业对所有贸易国家的出口额位于各类企业之首，约占 54%。此外，通过借助"一带一路"倡议及区域综合成本比较优势，我国私营企业在对"一带一路"沿线国家出口方面的优势预计会长期延续。

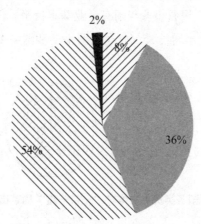

国有企业 ■ 外商投资企业 ﹨ 私营企业 ■ 其他

图 4-9 中国各类贸易主体对所有国家出口额占比（2020）

数据来源：中华人民共和国海关总署官网。

由图 4-10 可知，从进口上看，同对"一带一路"国家进口情况类似，外资企业受企业生产与经营需求的影响，对国外产品的进口需求明显较大，在 2020 年达到了我国进口总额的 42%，明显高于其他贸易主体。而私营企业与国有企业之间的进口额仍有一定差距，分别占进口总额的 34%和 22%。

（五）"一带一路"贸易运输方式

我国企业与"一带一路"沿线国家进行进出口贸易主要是通过水路运输，水路运输因其运能大、运输成本低等适宜远程国际贸易的特点，在各类运输方式中占据主导地位。随着我国"一带一路"铁路线与航空网的布局加快，我国铁路运输与航空运输方式以优于水路的运输速度逐渐成为外贸企业的首选。2017 年，中国对"一带一路"沿线国家的出口中，水路运输的出口额最大。

（见图4-11）；而航空运输的进口额仅次于水路运输，位居第二（见图4-12）。

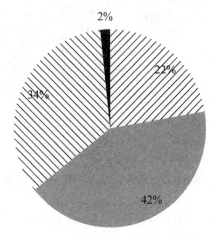

图4-10　中国各类贸易主体对所有国家进口额占比（2020）

数据来源：中华人民共和国海关总署官网。

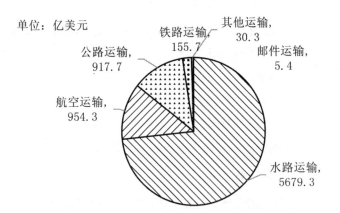

图4-11　中国各类运输方式对"一带一路"国家出口额（2017）

数据来源：《"一带一路"贸易合作大数据全书2018》。

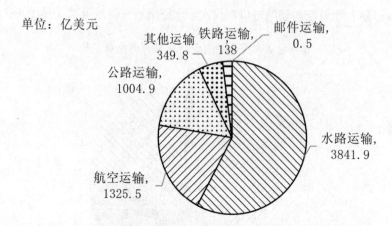

图 4-12　中国各类运输方式对"一带一路"国家进口额（2017）

数据来源：《"一带一路"贸易合作大数据全书 2018》。

二、当前我国与"一带一路"沿线国家贸易特点

（一）贸易逆差向贸易顺差转变

"一带一路"倡议实施以来，我国与"一带一路"沿线国家贸易额逐步提升，从最初的贸易逆差转变为贸易顺差，且进出口差额不断扩大。当前，我国成为韩国、新加坡、马来西亚、俄罗斯等"一带一路"沿线大部分国家的最大贸易国，随着"一带一路"建设的不断深入和我国对外开放程度的不断增强，未来我国与"一带一路"沿线国家的贸易水平将继续攀升，我国对外贸易企业特别是出口贸易企业面临的贸易环境也会更加复杂。

（二）进出口贸易互补性强

"一带一路"沿线国家大部分是发展中国家，初级产品及矿物燃料等工业原料的出口额占出口总额的比重较大。如中亚地区矿产资源丰富，是我国矿物燃料的主要进口地区；西亚地区以原油贸易为主，是我国最大的原油进口地区。我国作为制造大国，主要向中亚、西亚等地出口轻工业产品及制造加工设备，双方在贸易商品的类型上形成了较强的互补性。在这一贸易形势下，我国与"一带一路"沿线国家形成了较大的贸易依赖，未来发展趋势也相对稳定。

（三）民营企业表现突出

在当前"一带一路"贸易形势下，民营企业是我国进出口贸易的重要支柱，

且在各类企业中的贸易额占比仍在增加。民营企业因具有市场化程度高、经营灵活等优势，在对外贸易过程中更容易与国际市场接轨，具有极大的发展潜力。但在内外部诸多因素的影响下，我国民营企业在对外贸易中的竞争力还不强，进出口贸易经验不足，风险防范意识不够，在复杂的对外贸易环境下，还需要不断完善自身，进而加深与"一带一路"沿线国家合作水平。

第二节 "一带一路"贸易的结算模式

一、贸易价格条件

（一）FOB、FCA

1. 贸易模式

FOB（Free On Board）模式见图4-13。从费用上看，在FOB模式下，出口商不承担海上运输及保险费用，仅承担仓库至海港的运输费用及办理出关手续的关税和其他费用。从风险上看，FOB以买方指定货船为风险转移点，卖方将货物运到买方所指定的船只上之后，风险即由进口商承担。

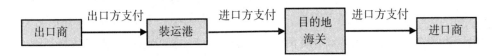

图4-13 FOB价格条件的贸易模式

在我国出口导向型经济政策的背景下，当前"一带一路"海运贸易中，我国外贸企业，特别是中小型民营企业和集中度较低的大宗商品外贸企业，大多选择采用成本较低、手续简单的FOB贸易术语，以低成本优势吸引进口商，扩大对外贸易额。

但随着贸易规模及"一带一路"沿线内陆贸易的不断发展，FOB贸易价格对于集装箱运输和内陆运输条件的局限性也凸显出来。对于集装箱运输而言，货物在运输至港口后往往在集装箱堆积场与承运商进行交接，货物从堆积到装船的期间实际已经脱离了出口商的控制，但全部货物风险仍由出口商承担，因此《2010年国际贸易术语解释通则》中明确说明FOB不适用于货物通过集装箱运输，并通常在目的地交付的情形。对于内陆贸易而言，FOB 的风险转移点以船舷为界限，并不适用其他运输工具或多式联运的运输形式。

在这一限制下，FOB 价格条件的升级形式 FCA 开始获得内陆外贸企业的认可。FCA（Free Carrier）指卖方于其所在地或其他指定地点将货物交付给承运人或买方指定人。即进出口双方当事人尽可能清楚说明具体的交货处，明确风险转移点，该价格条件可以适用于各种单一运输方式，也可以适用于多种运输方式同时使用的情况。

2. 风险分析

对于我国出口企业而言，由于 FOB、FCA 贸易价格条件下不需要承担货物的航运及保险费用，因此提供的报价相对较低，更具有价格竞争力。例如，在外贸企业中占大多数的民营中小企业在对外贸易中没有足够的话语权，产品议价能力弱，如果选择承担货物的航运费用及保险费，极可能因为企业规模较小而产生比进口方支付条件下更多的费用，导致进口商拒绝合作。因此，足够低的 FOB、FCA 报价能够帮助其提高贸易量，在海外市场站稳脚跟。

以在实务中采用最多的 FOB 为例，此类贸易价格条件也为出口企业带来了潜在风险。第一，由于 FOB 规定"卖方将货物交至买方指定的船只上"，因此如果进口方安排的承运人未如期抵达，出口方只能被动等待，期间产生的仓储费用也只能由出口方自行承担；第二，由于负责运输的承运人由进口方雇佣，出口方对承运人信用信息不对称，极有可能出现承运人与进口方达成私下协商进行无单放货，导致出口商钱货两空。对于"一带一路"沿线进出口贸易而言，我国企业的大部分出口国家为经济条件较差的发展中国家，信用风险较高，还有部分国家存在较高的政治风险，因此在"一带一路"出口贸易中选择该类贸易价格条件所面临的风险将更大。

（二）CIF、CIP

1. 贸易模式

CIF（Cost, Insurance and Freight）贸易模式见图 4-14。从该模式费用上看，出口方承担包括运输、保险及出口关税等相关费用在内的各类费用。从该模式风险上看，CIF 以卖方将货物装上船为风险转移点，当风险转移给进口方后，货物因发生保险事故而产生的索赔权也应由出口方背书转让给进口方。

对于希望规避风险的出口商而言，可以在买卖双方议价过程中凭借其较强的话语权选择 CIF 贸易价格条件。如市场集中度较高的出口品行业内的大型企

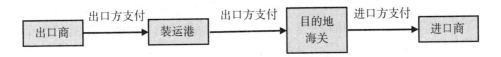

图 4-14 CIF 价格条件的贸易模式

业、进口国依赖度较高的出口品行业企业等,可以凭借其强大的议价能力为进口方提供 CIF 报价,通过自主选择承运人及保险公司来降低费用,当班轮运费看跌时,出口方还可从 CIF 报价中赚取额外的运费差价。

与 FOB 价格条件相同,CIF 只适用于特定航运条件,对于集装箱运输及"一带一路"内陆出口商的多式联运方式并不适用。《2010 年国际贸易术语解释通则》明确指出,CIF 仅适用于海运和内河运输且并不适用于货物在装上船以前就转交给承运人的情况,例如通常运到终点站交货的集装箱货物。在这样的情况下,应当适用 CIP 价格条件。

CIP(Carriage and Insurance Paid to)即为 CIF 在任何运输方式下的升级形式,指在约定的地方(如果该地在双方间达成一致)卖方向承运人或是卖方指定的另一个人发货,以及卖方必须签订合同和支付将货物运至目的地的运费、保险费。在 CIP 条件下,卖方将货物交给指定承运人即视为风险转移,相比于CIF 转移了货物在装运前积压时出口方所承担的风险。此外,由于 CIP 条件定义为"在约定的地方发货",表明其不仅适用于传统海运,还适用于内陆运输或内陆航运均采用的多式联运方式,更加适用于"一带一路"沿线贸易。

2. 风险分析

CIF、CIP 贸易价格条件下,由出口方选择承运人及保险公司签订运输及保险合同,因此出口方在交易过程中占主导地位,便于进行风险控制。第一,CIF、CIP 价格条件相对于 FOB、FCA 更好地降低了船货衔接的风险,出口商可以充分掌握装货、通关的时间及环节,同时还降低了承运人与进口商私下商议进行无单放货的道德风险;第二,CIF、CIP 价格条件下,货物运输保险由出口方购买,因此,如遇货物在运输过程中损毁,进口方以此为由拒绝支付货款的情况,出口方可以获得保险公司的赔偿,避免钱货两空。

但在"一带一路"沿线贸易中,CIF、CIP 贸易模式仍占比较少。主要原因是 CIF 报价含有相关运输、保险费用,导致价格偏高,而我国当前的出口企业竞争力不足,容易因为报价过高失去客户。此外,由于"一带一路"沿线部分国家政治、经济风险高，保险费、运输费用相比于美国、欧盟等成熟经济体贸易而言波动较大，我国出口企业一旦对海运费价格预估不合理，遭遇运费、保险费突变的情况，极易因报价较低产生亏损。

二、贸易结算模式

（一）信用证（L/C）

1. 结算模式

信用证是指进口企业委托的开证行以自身的银行信用担保，保证承担支付货款责任的书面凭证。由于信用证以开证行信用为担保，当进口商发生信用问题未支付货款时，出口企业仍可以获得开证行代为支付的货款，极大程度降低了出口企业的结算风险，是我国企业对外出口最常用的结算方式。中国进出口银行信用证业务流程见图4-15。

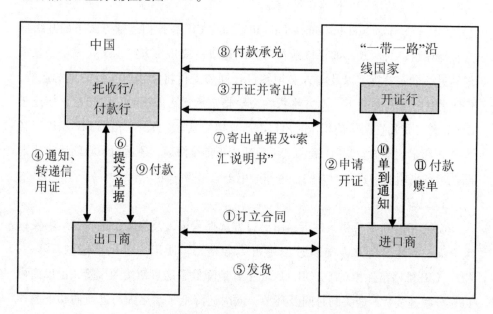

图4-15 中国进出口银行信用证业务流程示意图

2. 风险分析

在各类国际贸易结算方式中，信用证方式作为常用结算方式之一，较其他传统结算方式有明显的优点。第一，信用证结算以银行信用代替商业信用，贸易风险较小，收汇相对安全；第二，在信用证方式下，出口商只要交单相符就可以取得相应货款，无须等待进口商付款赎单，加快了出口方资金回笼速度；第三，由信用证结算交易下产生的费用一般由进口商承担，为出口企业节约了成本。

但在信用证结算方式下，出口企业仍面临各类风险，而且在与"一带一路"沿线企业的贸易中风险更为显著。

第一，伪造信用证风险。不良进口商向我国出口企业提供由"资信良好的银行"担保的虚假信用证，以此骗取出口商的信任并发出货物，最终造成出口企业钱货两空的局面。由于"一带一路"沿线诸多国家经济发展落后，法律制度不健全，企业信用意识不强，导致该类风险上升。例如，我国某渔业公司收到从尼日利亚客商寄来的信用证，价值66万美金，其开证银行为著名的渣打银行，通知行为国民西敏寺银行。然而，该公司相关人员的仔细核查分析后认为，该信用证存在诸多疑点。如信用证签名十分模糊，无法核对客户签名及信息真实性，而且信用证采用的仍然是渣打银行已过期的签章与银行标志。由于以往也有尼日利亚进口商以虚假信用证骗取我国出口商货物的情况，该公司在与渣打银行及国民西敏寺银行取得联系，结果证明该信用证为伪造。①

第二，信用证"软条款"风险。"软条款"是指在开立信用证时故意规定的一些隐蔽性条款，使开证申请人或开证银行可以单方面随时解除付款责任。常见"软条款"包括规定信用证生效的特定条件、提交特定单据、装船等待进口方通知等，使进口方掌握交易的主动权。由于UCP600中明确规定跟单信用证为不可撤销信用证，"软条款"的设立使得开证行可以以此为由拒绝付款，即实质上的"撤销信用证"行为，使出口企业陷入不利地位。我国"一带一路"沿线贸易的主要企业为中小型民营企业，贸易风险意识差，在出口贸易中缺乏贸易规范标准，容易忽视其中蕴含的不利条款，导致贸易风险增加。例如，某市中国银行分行收到新加坡某银行电开信用证一份以购铸铁井盖，目的港为巴基斯坦卡拉奇，证中有下述条款："检验证书于货物装运前开立并由开证申请人授权的签字人签字，该签字必须由开证行检验"。经调查，该开证申请人为一家实际资本极低的公司。该条款规定必须由进口方指定专人验货并出具检验证书才可装运，使得进口方控制了整笔交易。由于进口商或其指定人的行为无法预测、

①　康建军. 浅谈国际贸易中信用证结算风险及防范对策［J］. 现代经济信息，2018（07）：182.

指定人签章的有效性无法掌握，使中国出口企业处于不利的地位。

第三，开证行失信风险。即由于开证行资信差或遭遇区域性金融危机导致银行无力偿付货款，使出口企业遭受损失的风险。在"一带一路"沿线众多国家中，存在部分经济、政治局势紧张的国家，在这一国家社会背景下，我国出口企业如果在没有事先做好调查准备的前提下贸然与当地企业进行贸易往来，即使采用了风险较低的信用证方式，也很可能面临开证行破产倒闭的情况。如"一带一路"东欧地区的合作国家乌克兰，截至 2018 年 6 月 21 日，已有 59 家银行宣布破产清算。与此类国家进行货物贸易，我国出口企业面临的开证行失信风险将显著增加。

（二）汇付

1. 结算流程

汇付指付款人通过银行，把款项汇给收款人的一种支付方式，包括信汇（T/T）、电汇（M/T）、票汇（D/D）三种，当前电汇为汇付结算的常用方式。在与"一带一路"国家的货物贸易中，传统的信用证业务所占比重正在下降，汇付结算方式所占比重正在上升。① 由于信用证结算费用较高且主要由进口方承担，因此当贸易双方长期保持良好合作关系时，往往倾向于选择结算成本较低的汇付方式。中国进出口银行汇入汇款业务流程见图4-16。

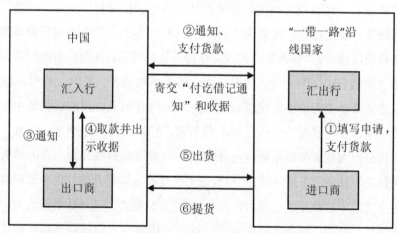

图 4-16　中国进出口银行汇入汇款业务流程示意图

---

① 吴迪. "一带一路"建设中国际贸易融资的发展趋势及建议［J］. 甘肃金融，2016（11）：42-44.

2. 风险分析

汇付作为进出口贸易中较为常见的一种结算方式,相较于其他结算方式有以下优点。第一,由于汇付通过汇入行与汇出行直接进行货款转账交易,速度最快,有利于收款人及时收汇;第二,相比于信用证与托收模式,汇付条件下所需费用较低,有利于进出口企业节约成本;第三,在汇付过程中出口方无须制单,整体结算操作流程最为简单方便。

但相比于安全性较高的信用证结算方式,由于汇付只以进口企业的商业信用为担保,导致我国出口商面临的贸易风险更大。

第一,进口商资信风险。由于汇付模式下银行只作为双方企业收付款的服务平台,并不提供信用保证,因此,进口商的信用风险就成了汇付模式下我国出口企业面临的最大风险。特别是对于货到付款条件而言,出口商先行发货,能否收到货款完全取决于进口商的信用。如果进口企业资信情况不佳,在收货之后以各种理由拒绝付款或要求延期付款,则可能导致出口企业无法在预计时间内实现资金回笼,甚至钱货两空。"一带一路"沿线部分国家营商环境较差,经济管理观念落后,法律法规政策不健全,信用等级评价及管理体系薄弱,导致进口方信用水平较低或我国出口企业对其信用评估存在偏差,最终致使出口企业蒙受损失。以中西亚地区为例,根据世界银行发布的《2019世界营商环境报告》排名显示,中西亚地区国家的排名普遍偏低,如伊朗排名第128位、塔吉克斯坦排名第126位,这表明当地企业营商环境及贸易监管力度较差,使得我国出口企业在与该地区企业进行贸易时面临的信用风险更高。

第二,外汇风险。主要是指如果贸易双方以外币进行交易,在货到付款的结算方式下,出口方可能会由于本币升值遭受损失的风险。我国企业进行"一带一路"沿线贸易时主要仍采用美元结算,人民币结算较少,因此人民币汇率的波动情况会直接影响企业收益。近年来,受美联储利率变动、中美贸易摩擦等因素影响,人民币对美元汇率波动显著(见图4-17),特别在货到付款的结算方式下,收汇时间无法确定,出口企业不仅难以凭借汇率方向变动获取利益,还极容易面临巨大损失。面对汇率波动的风险,已经有越来越多的国内出口企业选择采用套期保值的方式对风险进行规避。

（单位：元）

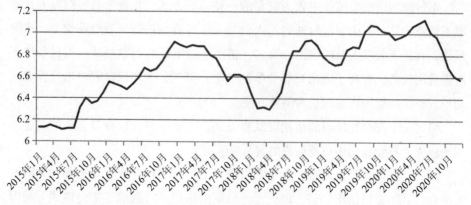

图4-17　中国人民银行公布的美元兑人民币汇率波动图（2015.1—2020.12）

数据来源：环亚经济数据有限公司（CEIC）数据库。

（三）托收

1. 结算模式

在进出口贸易中，出口方开具以进口方为付款人的汇票，随附或不附货运单据，委托出口方银行通过其在进口方的分行或代理行向进口方收取货款的一种结算方式。根据付款条件的不同，跟单托收分为付款交单（D/P）与承兑交单（D/A）两种。在跟单托收服务中，出口方银行一般不审核单据，只清点单据份数是否与客户托收委托书上所列相符，货款是否能按期收回全凭境外进口商资信情况，银行不承担责任。因此，在"一带一路"沿线贸易中，部分进口商没有使用信用证的习惯，只有在进口商信用良好的情况下，双方才会更倾向选择托收，特别是承兑交单的贸易方式。

此外，跟单托收随附的主要为海运提单或国际多式联运单据，即有物权的运输单据，代表了货物的所有权，进口商在与承运人交易时，需要出示运输单据才可以取得货物。对于铁路、航空及公路运输而言，由于此类运输方式下产生的运单没有物权，进口商只需凭借承运人发出的到货通知提取货物，并不会起到降低结算风险的作用。随着"一带一路"贸易规模不断扩大，中欧班列成了为外贸企业降低成本的极佳运输通道，截至2022年1月底，中欧班列累计开行突破5万列，共运送货物超455万标箱、货值达2400亿美元，通达欧洲23个国家的 180 个城市。① 铁路运输在"一带一路"贸易中所占比例逐步上升。在此贸易背景下，出于对贸易风险的考虑，托收方式并不会被使用铁路贸易的企业所采用。中国进出口银行出口跟单托收业务流程见图 4-18。

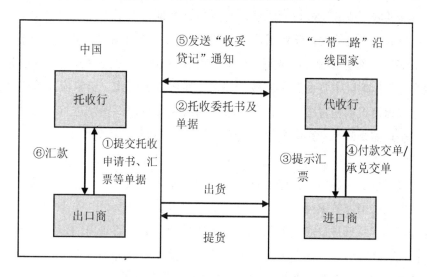

图 4-18 中国进出口银行出口跟单托收业务流程示意图

2. 风险分析

托收在对外贸易中主要存在以下优点：第一，成本较低。由于贸易双方选择的托收行与代收行并不承担单据的审核与信用的担保作用，因此在交易时所需费用较低，有利于出口商控制贸易成本；第二，操作简便。对于中小型民营企业而言，托收相较于信用证的操作手续更为简便快捷，有利于扩大出口规模，节约交易时间。

但托收也存在较大贸易风险，需要出口商在贸易过程中谨慎评估和选择。

第一，进口商资信风险。与汇付相同，在托收的结算方式下，进口商仅以自身商业信用作为担保，因此，当进口商资金周转不灵或者当地产品市场行情出现恶化，价格大幅下跌时，进口商可能以此为由不付款赎单，造成货物在进口国积压，出口企业只得自行支付运费将商品运往其他出口国或返回本国，造成出口企业的亏损。与汇付条件下面临的风险类似，"一带一路"沿线部分国家营商环境较差，产品价格易随全球市场产生较大波动，加之信用体系不完善，

---

① 国际在线. 中欧班列开行 11 年 为高质量共建"一带一路"持续增添动能［EB/OL］. 国际在线官网，2022-03-21.

极易发生进口商违约的情况，使得我国出口企业面临较大的贸易风险。

第二，进口国政治、经济风险。即当国内政治、经济形势发生变化时，可能使进口商无法支付货款。如进口国调整其进口政策，运输商品遭到进口数额、关税方面的限制或致使进口商无法取得进口许可证，以至于无法付款赎单，最终由出口商承担货物的运输费用及损失。《"一带一路"沿线国家主权信用风险展望2017》评级数据显示，欧洲、中亚、东南亚地区国家的主权信用级别相对比较高，其他地区主要受到国家政治局势、经济发展模式、资本流向等因素影响，主权信用级别相对较低。在与主权信用级别相对较低国家进行贸易时，我国出口企业需要谨慎考察该国信用风险及政策波动风险，避免产生贸易损失。

第三，进口国银行操作风险。在远期付款交单业务中，按照国际惯例，进口国代收行应要求进口商立即承兑远期汇票，并在到期日付款后向进口商转交单据。但某些国家的银行在进口商承兑汇票时即将单据交付，使出口企业面临的风险增加，一旦进口商在汇票到期时无法付款，出口商将面临钱货两空的局面。因此，在"一带一路"贸易中，我国出口企业应当仔细审查进口方所选择的托收行的资信程度及专业程度，避免托收行的操作风险。

第三节 "一带一路"贸易中的出口信用保险及典型案例分析

一、"一带一路"沿线出口信用保险现状

（一）"一带一路"沿线出口信用保险常见类型

根据信用期限长度的不同，出口信用保险可以分为短期出口信用保险和中长期出口信用保险。短期出口信用保险主要承保各种结算方式下信用期限在一年以内的外贸业务，中长期出口信用保险主要面对机电产品、成套设备及对外工程承包项目等信用期限在一年以上的业务。当前我国参与"一带一路"沿线一般出口贸易的企业所面临的多为短期收汇风险，因此本章主要探讨我国的短期出口信用保险的发展情况。

1. 短期出口信用综合保险

综合保险为以信用证或非信用证支付方式从中国出口的应收账款提供收汇

风险保障，该保险补偿出口企业按照合同或信用证规定出口货物或提交单据后，因政治风险或商业风险而导致的出口收汇损失。短期出口信用综合保险业务模式见图4-19。

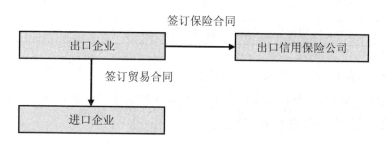

图4-19 短期出口信用综合保险业务模式

在承保风险方面，短期出口信用综合保险主要承保进口企业或银行因自身信用问题不能按时支付卖方货款的商业风险和进口国政治或政府行为导致进口方不能按时付款的政治风险，并根据导致损失发生的不同风险类型设置不同的最高赔付比例。此外，为了更好地协助中小企业积极开展出口业务，帮助其有效降低收汇风险，中小企业综合保险下的最高赔偿比例为90%（见表4-3）。

表4-3 出口信用综合保险承保范围及赔偿比例①

承保风险	商业风险	买方破产或无力偿付债务；
		买方拖欠货款；
		买方拒绝接收货物；
		开证行破产、停业或被接管；
		单证相符、单单相符时开证行拖欠或在远期信用项下拒绝承兑。
	政治风险	指买方或开证行所在国家、地区禁止或限制买方或开证行向被保险人支付货款或信用证款项；
		禁止买方购买的货物进口或撤销已颁布发给买方的进口许可证；
		发生战争、内战或者暴动，导致买方无法履行合同或开证行不能履行信用证项下的付款义务；
		买方或开证行付款须经过第三国颁布延期付款令。

① 数据来源：中国出口信用保险公司官网。

损失赔偿比例	政治风险所造成损失的最高赔偿比例为90%。
	破产、无力偿付债务、拖欠等其他商业风险所造成损失的最高赔偿比例为90%。
	买方拒收货物所造成损失的最高赔偿比例为80%。

由于该险种承保范围较宽，赔偿比例较高，且对中小企业有更高的赔付优惠，使得短期出口信用综合保险成为我国出口企业与"一带一路"国家进口商进行贸易往来时选择的主要险种。

2. 买方违约保险

买方违约保险是向中国出口企业提供的、承担因政治风险和商业风险导致的以分期付款方式签订的商务合同项下收汇损失的短期出口信用保险产品，主要适用于机电产品、成套设备、工程承包、船舶等行业。买家违约保险业务模式见图4-20。

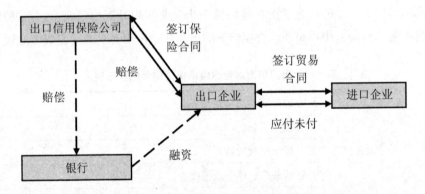

图4-20　买家违约保险业务模式

由于买方违约保险所保障的出口标的物的合同金额较大，对于中小型出口企业而言可能会存在前期生产资金紧张的情况，致使部分企业无法接受大批量订单。买方违约保险可以帮助出口企业提高融资能力，扩大订单接受能力，进一步实现出口量的提升。此外，2013—2017年间，我国对"一带一路"沿线国家的出口额最高的商品均为电机、电气设备类商品，2017年该类商品出口额达到1798.8万美元。① 随着机电类商品在"一带一路"沿线国家的出口额不断上

① 数据来源：《"一带一路"贸易合作大数据全书2018》。

升，买方违约保险逐渐成为我国相关出口企业进行收汇风险管理时考虑选择的保险产品。

3. 特定合同保险

特定合同保险为中国出口企业承担某一特定出口商务合同项下因政治风险和商业风险导致的应收账款损失，商务合同项下的出口标的物通常为机电产品、成套设备、高新技术产品等资本性或准资本性货物、大宗贸易商品及承包工程，以及与之相关的服务。一般特定合同保险主要针对某一大型出口项目进行特定的保险费率调整与承保金额核定，主要面向大型民营企业或国有企业开展业务。随着我国机电产品、大宗商品的出口额逐步提升，特定合同保险也将在我国企业的"一带一路"沿线大额出口贸易过程中起到重要作用。

（二）"一带一路"沿线出口信用保险发展现状

1. 业务规模迅速扩大

随着我国对外贸易水平的不断加深和中国出口信用保险公司（简称"中国信保"）的保险服务不断提升，出口信用保险作为我国的政策性保险业务，在近年来业务规模迅速扩大，取得了显著进步。从承保金额上看，中国信保的短期出口信用保险承保金额呈现出逐年上升的趋势，从2010年的1543.3亿美元增长至2020年的5692亿美元，年均增长26.88%。短期出口信用保险的覆盖面进一步扩大，渗透率从2010年的2.54%上升至2020年的3.87%（见图4-21）。2013年"一带一路"倡议实施以来，尽管在此期间我国出口总额在整体的增长趋势下存在一定波动，但短期出口信用保险的承保金额与渗透率却始终稳步上升，体现出我国出口企业的风险防范意识逐渐提升。

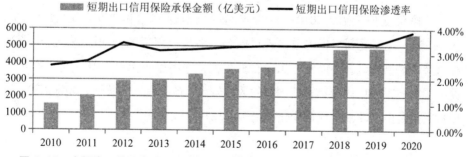

图4-21 中国出口信用保险公司短期出口信用保险承保金额及渗透率（2010—2020）

数据来源：中国出口信用保险公司官网、国家统计局。

从保费收入上看，中国信保的保费收入呈现波动趋势。2013—2014 年间，出口信用保险保费收入大幅上升，2015 年显著下降，随后两年间始终保持平稳上升趋势。出口信用保险的承保金额逐年上升趋势，但保费收入却在近年来产生显著波动，主要是费率的政策性调整所致。2014 年 12 月，国务院常务会议部署三项措施以加大金融支持企业"走出去"力度，强调稳步开放短期出口信用保险市场，合理降低保险费率，扩大政策性保险覆盖面。2016 年 5 月，国务院常务会议通过了《关于促进外贸回稳向好的若干意见》，要求进一步降低短期出口信用保险费率，对大型成套设备出口融资应保尽保。在政府的多次保险费率下调要求和出口信用保险公司的主动调整下，在 2015—2018 年期间出口信用保险保费收入呈现稳步上升，但在 2019 年显著下降，2020 年略有回升（见图 4-22）。

单位：百万元

图 4-22　中国出口信用保险公司出口信用保险保费收入（2010—2020）

数据来源：《中国保险年鉴》、中国出口信用保险公司年度报告（2020）。

从赔付支出上看，2010—2020 年间中国信保的赔付支出波动较大（见图 4-23），主要受到当年的政策性风险与金融风险因素的变动影响，其中政策性风险影响更为显著。以汽车出口行业为例，中国整车出口主要面向"一带一路"沿线的发展中国家，这些国家的风险较高，政策缺乏连续性，50%—70% 的赔付案件是由于政治、政策变化类的国别风险导致的。[1]

---

[1]　数据来源：2018 "一带一路"汽车产业发展国际论坛暨《中国汽车零部件产业发展研究》公布数据。

单位：百万元

图 4-23 中国出口信用保险公司出口信用保险赔付支出（2010—2020）

数据来源：《中国保险年鉴》、中国出口信用保险公司年度报告（2020）。

此外，随着"一带一路"倡议实施的步伐逐步加快，出口信用保险也充分发挥了对外贸易的促进和引导作用，帮助出口企业提高抵御国际市场风险的能力。2020 年中国信保积极推动"一带一路"国际合作高峰论坛的成果落地，加强与第三方市场的合作，全年用于支持"一带一路"沿线国家出口和投资，超过了 1500 亿美元。小微企业客户数量多、新兴市场业务量大成为"一带一路"沿线出口信用保险的主要特征，中国信保作为我国的政策性保险公司，在国家政策支持下将短期出口信用保险的小微企业与新兴市场业务作为工作重点。2020 年中国信保服务的小微客户突破了 10 万家，小微出口企业的覆盖率突破了三分之一，达到了 36%。全年支持小微企业出口近 1000 亿美元，增长了 41%，支付赔款了 1.2 亿美元，增长了 28%。另外，小微企业平均费率下降了 35%，让小微企业得到了更多的实惠。①

2. 地区差异显著

在我国东部地区出口贸易额占绝对地位的背景下，中国信保保费收入前五名的分公司均位于东部沿海地区，后五名主要为中西部地区的分公司或营业管理部（见表 4-4 和表 4-5）。除经济发展速度快、对外开放程度高等原因外，东部地区中小民营企业众多，为了扩大自身业务量往往采用风险更高、但更为灵

---

① 宋曙光. 中国信保 2020 年支持"一带一路"沿线国家出口和投资超 1500 亿美元［EB/OL］. 国新办网，2021-03-04.

活的贸易结算方式，越来越多的外贸企业选择主动投保出口信用保险以规避较高的收汇风险。此外，东部各地区政府对出口企业的保费补贴力度较中西部地区更大。例如，山东省政府对面向"一带一路"沿线国家及新兴市场出口投保的出口信用保险保费按50%比例予以补贴，对小微企业在全省出口信用保险统保平台项下投保的出口信用保险保费予以全额支持。广东省对出口企业实际已缴纳出口信用保险保费的50%给予资助，单家企业年度资助金额最高不超过3000万元。

表4-4　中国出口信用保险公司出口信用保险保费收入前五名（2016—2019）

（单位：万元）

2016 年		2017 年		2018 年		2019 年	
地区	保费收入	地区	保费收入	地区	保费收入	地区	保费收入
山东	1341.46	广东	2383.15	山东	1852.58	江苏	1614.05
广东	1306.43	浙江	1423.81	广东	1468.58	广东	1499.66
浙江	1291.27	江苏	1241.17	浙江	1408.38	深圳	1493.60
深圳	1210.87	深圳	1148.17	江苏	1386.92	浙江	1357.87
江苏	1079.56	天津	798.92	深圳	1315.59	上海	861.75

数据来源：《中国保险年鉴》。

表4-5　中国出口信用保险公司出口信用保险保费收入后五名（2016—2019）

（单位：万元）

2016 年		2017 年		2018 年		2019 年	
地区	保费收入	地区	保费收入	地区	保费收入	地区	保费收入
湖北	114.65	重庆	112.30	重庆	127.66	陕西	89.80
重庆	98.69	湖北	96.85	陕西	99.77	山西	71.89
山西	56.73	广西	94.76	湖北	98.71	黑龙江	22.81
广西	39.55	山西	59.19	山西	62.85	新疆	18.22
黑龙江	16.69	黑龙江	20.06	黑龙江	22.32	天津	-156.70

数据来源：《中国保险年鉴》。

3. 以政策性为主导的"政商共营"

2001年，国务院批准成立专门的国家信用保险机构——中国出口信用保险公司，由中国人民保险公司和中国进出口银行各自代办的信用保险业务合并而成，是我国唯一一家为出口企业办理出口信用保险业务的保险公司。出口信用保险承保金额高，承保风险波动性强，对商业保险公司而言经营压力较大，专业的出口信用保险公司在政府支持下能够填补商业机构留下的市场缺口，在全球性金融危机的大背景下更好地发挥其政策性作用。

随着我国对外贸易程度的不断加深，为了进一步健全出口信用风险保障机制，扩大保险覆盖面，出口信用保险业务开始逐步市场化。2013年，中国人民财产保险股份有限公司获批从事保障信用期限一般在1年以内、最长不超过2年的出口信用保险业务。2014年中国平安财产保险股份有限公司、中国太平洋财产保险股份有限公司、中国大地财产保险股份有限公司也获批经营。但由于该险种风险程度高、产品设计难度大，各商业保险公司目前对出口信用保险的承保金额仍相对较低，并未对中国信保的垄断地位产生明显影响。

二、"一带一路"沿线出口信用保险案例分析

"一带一路"沿线出口贸易过程中，由于部分国家的国别风险较高，进口市场信用不佳，加之我国大部分中小型出口企业风险识别能力不足，导致几类出口信用保险赔付情况屡屡发生，以下将列举部分案例进行分析。①

（一）国别风险提升影响开证行付款

1. 基本案情

2013年，乌克兰买方向山东省滨州市鑫丰源商贸采购大批彩钢板，双方以远期120天信用证的结算方式达成了交易。7月，鑫丰源商贸顺利收到买方通过乌克兰银行开来的365万美元的远期信用证。同年8月和9月，鑫丰源商贸分四批出运了货物，交单议付后顺利获得了开证行的承兑。然而在当年年末，乌克兰政局发生动荡，政治局势混乱，经济萎靡不振，乌克兰国家财政破产、主权信用违约的风险显著升高。2013年12月26日、2014年1月8日和24日货款陆续到期，但议付行均未收到开证行支付的货款，多次致电催收货款，也未得到开证行的任何回复。

---

① 石宪亮. 中国信保助鲁企化解收汇风险［N］. 中国经济导报，2014-04-23（08）.

2014 年 1 月 17 日，鑫丰源商贸向此前投保的中国信保报损。中国信保立即向开证行进行追讨，并于 2 月 25 日在北京与买方就还款事宜进行磋商谈判，督促买方向被保险人出具了本息还款承诺。同时，中国信保迅速启动了定损核赔程序，并于 4 月 18 日向鑫丰源商贸支付赔款 270 万美元。

2. 案例启示

"一带一路"沿线以发展中国家为主，许多国家的政治局势不稳定、经济发展失衡，国别风险较高。据世界银行组织公布的世界治理指数（World Governance Indicators，简称：WGI）显示（见表 4-6），在 2020 年我国出口贸易额前 10 位的"一带一路"沿线国家中，除新加坡外，其余国家均处在较低水平。我国作为"一带一路"沿线国家重要的贸易对象，在与沿线各国进行贸易时更要注意对贸易国的国家政治、经济风险的防范。

表 4-6 2020 年"一带一路"国家与中国出口贸易额前 10 位国家 WGI 指数①

国家	WGI 治理指数
越南	−0.31
印度	−0.12
俄罗斯	−0.65
新加坡	1.64
泰国	−0.21
印度尼西亚	−0.11
马来西亚	0.44
阿拉伯联合酋长国	0.65
波兰	0.61
捷克	0.96

数据来源：世界银行组织。

对我国中小型出口企业而言，由于缺乏经验、人手不足、抗风险能力弱等现实情况，往往不敢接受部分来自国别风险较高的国家的订单或无力向进口方提出较为安全的交易条件，导致企业在国际竞争中失去贸易机会。即使双方选

———————————

① WGI 指数范围位于−2.5 至 2.5 之间，数值越大，国家政治稳定性越高。

择了信用证等相对安全的结算方式，也会面临因国家经济政治环境突变造成损失的风险。因此，通过投保出口信用保险，我国出口企业能够在保险公司的指导下充分评判风险，提高自身贸易实力，灵活选择交易方式，积极开拓国际市场，对提升"一带一路"沿线贸易水平有较大的促进作用。

（二）特殊海关政策导致货物全损

1. 基本案情

2015年5月，河北省一家出口企业A公司向土耳其买方B公司出运1票货物（橡胶管），交易金额为5.2万美元。双方约定支付方式为20%预付款，剩余货款见提单复印件支付。A公司收到预付款1.04万美元后出运货物，但货物到港后买方未能按约定付款赎单，在与B公司多次沟通无果后，A公司向其投保的中国信保报损。

中国信保在与B公司会谈及施压后，B公司承认债务金额，但声称由于资金周转困难，暂无能力支付货款，B公司申请先行支付五千美元后A公司放单，提货后每月支付五千美元直至货款支付完毕。A公司同意了买方还款计划后，B公司却仍迟迟不付款。综合以上情况，中国信保建议被保险人A公司可考虑将货物退运或转卖第三方。但按照土耳其海关政策规定，如需出口商转卖或退运货物，需提供原买方授权。在中国信保律师的要求下，B公司提供了书面"货物拒收声明"，与此同时，A公司也联系到了新买方，最终货物被成功转卖。

2. 案例启示

"一带一路"沿线许多国家仍未形成完善的进出口贸易政策规定，加之政治、文化影响及本国贸易保护主义的存在，部分国家的海关政策与国际惯例存在差异，且时常产生变动，对出口企业要求更为严苛。以货物自运输至进口国港口后的滞留时限政策为例（见表4-7），我国及我国当前的主要出口国美国的滞留时限相对宽松，逾期拍卖政策公平公正，相比之下印度、土耳其、越南、沙特阿拉伯等国的滞留时限较短，如遇进口商拒绝提货的情况，我国出口企业在联络买家、转运货物时会受到更多的时间限制。

表 4-7 中美及"一带一路"沿线部分国家滞留时限相关政策对比

国家	滞留时限相关政策
中国	进口货物的收货人自运输工具申报进境之日起超过三个月未向海关申报的，其进口货物由海关提取依法变卖处理，所得价款在扣除运输、装卸、储存等费用和税款后，尚有余款的，自货物依法变卖之日起一年内，经收货人申请，予以发还；其中属于国家对进口有限制性规定，应当提交许可证件而不能提供的，不予发还。逾期无人申请或者不予发还的，上缴国库。
美国	已办理报关或未办理报关手续的货物，从进口之日起存放在保税仓库内超过 6 个月，如果未缴纳全部关税及其他税费、利息、仓储费或其他费用，应被视为放弃货物，所有权转归美国政府，由海关按财政部部长行政规章规定以公开拍卖形式予以估价并拍卖。
印度	货物到港后可在海关仓库存放 30 天。满 30 天后海关将向进口商发出提货通知。如进口商因某种原因不能按时提货，可根据需要向海关提出延长申请。如印度买家不做延长申请的话，出口商的货物在海关存放 30 天后会被拍卖。
土耳其	进入土耳其的货物没有进口商的同意不得转售给第三方，也不得退运，如果进口商在 45 天内不提货（如进口商配合，可以申请延期），海关有权拍卖，且一般原进口商有优先购买权。进口商可两次申请无理由延期，每次 30 天，未申请则被视为自动放弃；货物退运时，出口商不仅要支付清关费、码头费等，还要出示原收货人同意放弃货物的声明。
越南	对于酒类、卷烟及属于暂进再出的其他商品自抵达越南口岸始，滞留期不超过 45 天。若需延期，则只能延期一次，时间不超过 15 天。若不能再出口，则被没收并按规定处理。
沙特阿拉伯	收货人须在船舶到港后 14 天内提货，否则将予以拍卖。

资料来源：由中华人民共和国海关总署官网信息整理。

由于此类特殊海关政策的存在，一些信用不良的买方可能会借机利用本国特殊的海关政策，在海关没收货物后再低价拍得，特别是在土耳其海关政策下，原进口商还具有优先购买权。在与上述国家企业进行贸易之初，我国许多出口企业往往容易忽视该国的海关政策，可能会丧失处理货物的权利最终导致货物全损，对中小型出口企业造成巨大影响。中国信保作为我国的专业性进出口保险机构，在投保出口信用保险后，我国出口企业如果遇到买方拒收的情况，中国信保能够通过专业追偿渠道介入，为其提供货物处理意见和建议，帮助出口企业有效止损减损，为"一带一路"沿线贸易提供充分保障。

三、"一带一路"沿线出口信用保险存在的问题解析

(一)承保方式单一

当前出口信用保险市场仍主要由中国信保垄断,出口信用保险的政策供给主要通过其执行,市场竞争缺乏致使其保险产品创新不足。除特定合同保险外,出口信用保险大多采用统保的方式为企业提供风险保障,即拟投保的出口企业需要将其适保范围内的所有出口业务按统一标准全部投保,保险公司按统一费率收取保费并承担相同保险责任。但由于不同出口国企业面临的风险不同,特别是与"一带一路"沿线国家的贸易往来中,国家间发展极不平衡,存在新加坡、韩国等风险较低的国家,也存在众多政治经济形势极不稳定的南亚、东欧国家,致使不同出口国下所面临的收汇风险差异较大。此外,不同行业间的差异也较为显著,如在"一带一路"出口贸易中占比最高的机电制造业由于单笔贸易金额及质量检测标准等因素,更易产生质量争议和贸易争端,比其他行业贸易风险更高。在此情况下,低风险企业可能会因为较高的保险费率而放弃投保。

(二)中西部供给失衡

中国信保在中西部地区的保费收入较少,保险覆盖率低,与东部地区差距显著。外贸经济发展差异、保费补贴政策差异等原因导致出口信用保险公司对中西部地区的保险资源供给不足,无法满足当地出口企业的需求。从中国信保的机构设置上看,截至2017年,东部地区有13家分公司,并在对外贸易较发达的浙江省、广东省单独设立了宁波分公司、深圳分公司,而中部地区有6家分公司,西部地区仅有4家分公司和一家营业管理部。① 由此可见,中国信保的主要业务集中在东部地区,专门针对中西部地区的出口信用保险供给较少。我国中西部地区在"一带一路"方针的指引下,贸易开放程度不断加深,出口额逐年提升,但由于当前出口信用保险供给失衡且缺乏其他出口风险管理手段,致使中西部地区中小企业无力接受订单,极大地限制了中西部出口贸易的增长。

(三)缺乏金融机构间的整体联动性

出口信用保险不仅能够为出口企业提供收汇风险保障,还能够帮助中小企

---

① 数据来源:中国出口信用保险公司官网。

业降低融资难度，提升企业信用评级。但出口信用保险公司与各商业银行等金融机构尚未建立起完善的合作体系，出口信用保险保障下的民营企业还未获得较大的信贷便利，致使企业对外贸易发展受到限制。此外，由于当前"一带一路"倡议下金融机构间的合作主要采取了制度松散的、软约束、低标准的合作模式，当前出口信用保险公司正逐步与包括南非、韩国、白俄罗斯在内的各国商业银行、保险公司之间签订合作框架协议，但各类国际金融机构紧密合作并强有力服务"一带一路"建设的模式尚未形成，在一定程度上也制约了信用保险功能的发挥。①

四、"一带一路"沿线出口信用保险优化建议

（一）充分发挥出口信用保险公司的多重职能

1. 加强出口信用保险的政策性功能

目前我国出口信用保险仍属于政策性保险业务阶段，中国信保作为我国唯一的政策性出口信用保险公司，遵循"保本经营"的原则为出口企业提供保险业务。因此，信用保险公司应当以国家政策为导向，推动我国参与"一带一路"出口贸易的重点行业，加快转型升级。充分发挥出口信用保险公司在国别研究、风险评估领域独特的非公开信息优势，帮助中国企业特别是中小型企业识别、量化国别、行业及买家风险，梳理外贸过程中的风险点，帮助出口企业提升风险防范意识与防控能力。

2. 建立"一带一路"沿线金融合作体系

中国信保作为中国出口信用保险机构，应当积极与境外各类金融机构开展双边或多边业务合作，通过签订各类协议形成完善的金融合作体系，发掘广泛的项目机会建立风险信息交流机制，为我国出口企业探索"一带一路"沿线新的贸易方向。通过加强与各国商业银行、保险机构的信息交流与合作，及时了解各国银行的信用情况及进口企业的资信状况，降低我国企业所面临的收汇风险，为中小出口企业提供关于出口贸易方式选择及风险防范措施得更为详细、专业的建议，最终促进"一带一路"沿线出口贸易的进一步发展。

---

① 中国出口信用保险公司福建分公司课题组. 出口信保服务福建企业出口"一带一路"市场研究 [J]. 福建金融，2018（03）：58-63.

（二）优化"一带一路"出口信用保险产品及服务

1. 扩大"一带一路"出口信用保险的保障范围

"一带一路"沿线出口贸易具有贸易风险复杂、民营企业数量庞大、出口行业及地区多样化等特点，为促进"一带一路"沿线出口贸易的持续增长，出口信用保险不应局限于已有险种及保障范围，应加大对"一带一路"沿线各类风险的识别。不仅要关注我国企业在贸易过程中因操作不当带来的自身风险和进口商所在国的风险因素，还需要将第三方竞争和地缘政治等风险因素纳入其中，针对不同国家、行业对信用限额及费率进行适度调控，放松结算条件限制，扩大承保责任，推动我国企业开拓和占领"一带一路"沿线风险较高但潜力巨大的市场。

2. 延伸"一带一路"沿线保险服务网络

当前，中国信保在国外仅设有一家伦敦代表处，"一带一路"沿线国家中仅在阿拉伯联合酋长国、南非、俄罗斯、印度及埃及派驻了境外工作组，其他地区服务网络尚未建立。随着我国与"一带一路"国家合作的不断加深，中国信保应加强对重要战略市场的开发，着眼于国家的长期利益和战略目标，在"一带一路"沿线的重点贸易国家及出险率较高国家增设必要的分支机构或驻派工作组，延伸信用保险的服务网络和触角，充分发挥其政策性作用，为出口企业提供更高效的风险评估、信息反馈及应收账款追偿服务。

第四节 "一带一路"沿线主要国家的主权信用风险

主权信用风险是指主权国家或政府机构出于自身利益的考虑拒绝履行对外偿债义务或拒绝承担担保责任的风险。在企业海外投资的过程中，可能需要以东道国政府提供主权信用担保，因此研究沿线各国主权信用风险至关重要。

由于地缘、政治人文因素的多重影响，贸易双方企业在最初进行贸易往来时对彼此国家的经济发展、信用状况、对外贸易习惯很难全面了解，存在较大信息不对称，极易造成一方对另一方贸易过程的风险低估，防范措施不够，导致企业大量亏损。"一带一路"沿线多为发展中国家，政治局势不稳定、经济体制不健全、国家综合实力较弱，因此在国家主权风险评级中，多数国家等级集中在 BB 至 A 之间，AA 及 AAA 级国家数目较少（见图4-24），这说明当前在与

"一带一路"沿线国家进行贸易过程中，仍面临较大国家主权风险。

国家个数

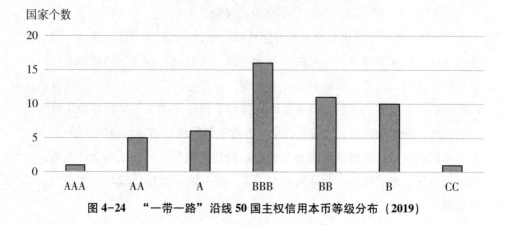

图 4-24　"一带一路"沿线 50 国主权信用本币等级分布（2019）

数据来源：《"一带一路"沿线国家主权信用风险展望（2019）》

一、东南亚及蒙俄地区等级两极分化明显

在《"一带一路"贸易合作大数据报告》的区域划分下，参与信用风险评级的东南亚地区国家包括新加坡、马来西亚、柬埔寨、印度尼西亚、老挝、缅甸、菲律宾、泰国和越南 9 国。由于国家间发展水平及经济结构差距较大，导致该地区风险等级两极分化明显（见图 4-25）。新加坡作为该地区参与评级的国家中唯一的发达国家，以其稳定、蓬勃的全球贸易与加工制造业形成了较为稳定的贸易环境，信用风险较低，因此评级在所有参评国家最高。马来西亚、印尼、菲律宾等国家的社会秩序和经济发展环境较好，近年来在吸引投资、扩大内需、提高贸易水平等方面都取得极大进步，国家主权信用风险评级较高。但该地区的老挝、越南、柬埔寨等国家的经济发展水平相对落后，经济结构单一且政治环境不稳定，因此等级偏低。蒙古国近年来经济低迷，作为经济支柱的矿业不振，政府财政赤字较高，因此认为其具有较高的主权信用风险。俄罗斯近年来由于受到欧美国家制裁和油价下跌影响，经济出现萎缩，但政治局势相对稳定且政府债务较轻，因此认定其具有较强的债务偿还能力。

国家个数

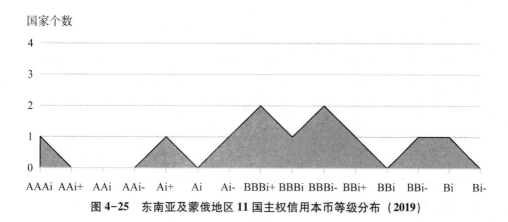

图4-25 东南亚及蒙俄地区11国主权信用本币等级分布（2019）

数据来源:《"一带一路"沿线国家主权信用风险展望（2019）》

二、中亚地区等级整体偏低

中亚地区包括了哈萨克斯坦、乌兹别克斯坦、吉尔吉斯斯坦、土库曼斯坦及塔吉克斯坦。其主权信用风险等级除哈萨克斯坦、土库曼斯坦、乌兹别克斯坦相对较低外，其他两国均为 B 类等级（见图4-26）。主要因为中亚地区国家的政治、经济变革历程相似，国内资源及经济结构单一且受俄罗斯经济贸易环境影响较大，随着近年来俄罗斯经济增长放缓、能源价格下跌等因素影响，中亚各国经济发展速度减缓，金融水平较低，项目逆差问题较为严重，因此该地区具有较高的主权信用风险。

国家个数

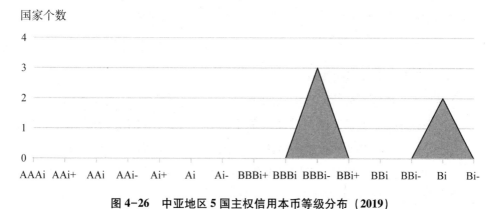

图4-26 中亚地区5国主权信用本币等级分布（2019）

数据来源:《"一带一路"沿线国家主权信用风险展望（2019）》

三、西亚地区地缘差异显著

在《"一带一路"贸易合作大数据报告》的区域划分下，西亚地区包括了阿拉伯联合酋长国、阿拉伯、以色列、巴林等中东国家及格鲁吉亚、阿塞拜疆等西亚地区国家，该地区国家的风险等级也与地缘有较大关联（见图4-27）。西亚地区参与评级的国家主要都是石油输出国组织成员国，其依靠原油出口所积累的财富为国家债务偿还及经济稳定提供了保证。虽然近年来受到石油价格下跌的影响，西亚地区石油输出国家由于经济结构单一表现出经济的脆弱性，但其常年积累的石油财富及外汇储备足以为其提供风险保障，因此西亚地区的国家主权信用风险较低。但格鲁吉亚等其他西亚国家由于地缘政治风险较大，经济结构性问题突出，政府赤字严重等原因，在等级评定中处于较低水平。

国家个数

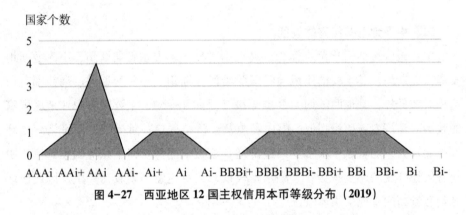

图4-27 西亚地区12国主权信用本币等级分布（2019）

数据来源：《"一带一路"沿线国家主权信用风险展望（2019）》

四、南亚地区等级整体偏下

南亚地区参与评级的国家包括印度、尼泊尔、斯里兰卡、巴基斯坦及孟加拉国。除经济高速增长、国内政局基本稳定、财政赤字水平较低的印度之外，其他四国的经济发展水平都相对落后，宏观经济发展结构不均衡，金融实力不强，且国家政治风险较大，恐怖组织及宗教极端组织风险突出，导致整体主权信用风险偏高（见图4-28）。

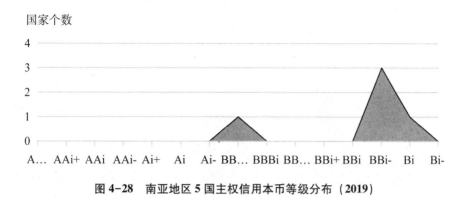

图4-28 南亚地区5国主权信用本币等级分布（2019）

数据来源：《"一带一路"沿线国家主权信用风险展望（2019）》

五、中东欧地区信用风险环境复杂

按照《"一带一路"贸易合作大数据全书2018》的区域划分，中东欧地区包括波兰、匈牙利、捷克、斯洛伐克、斯洛文尼亚、爱沙尼亚、拉脱维亚、立陶宛、保加利亚、罗马尼亚、克罗地亚、马其顿、波黑、黑山共和国、塞尔维亚和阿尔巴尼亚16个国家及白俄罗斯、乌克兰、摩尔多瓦3国。在苏联解体后，东欧地区大多数国家均经历了较成功的经济、政治转型，国家政局相对稳定，经济发展水平较高。且大部分国家作为欧盟成员国，其外部融资渠道较为通畅，融资成本低，有利于降低国家的主权信用风险。因此，东欧地区欧盟成员国的等级评价相对较高，候选国紧随其后。以俄罗斯为主要贸易合作伙伴的白俄罗斯、摩尔多瓦受其经济影响，评定等级较低。乌克兰主要由于其紧张的政治、经济局势导致了国家主权信用风险极高，被认定为此次参评的50个"一带一路"沿线国家中的最低等级国家（见图4-29）。

国家个数

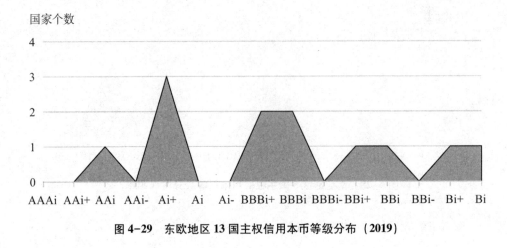

图 4-29　东欧地区 13 国主权信用本币等级分布（2019）

数据来源：《"一带一路"沿线国家主权信用风险展望（2019）》

第五节　"一带一路"贸易中的信用风险管理体系构建

　　"一带一路"沿线国家众多，很多国家法律不够健全、政局动荡不安，地方保护主义严重，政治动荡、行业波动、法律变革等宏观信息及贸易合作企业真实运营状况、市场占有率水平等微观信息难以充分获取。此外，"一带一路"区域尚未建立起真正的全球化授信体系，缺乏公认的对"一带一路"沿线外贸企业的信用风险评判标准，导致我国出口企业缺乏对贸易企业信用风险的识别与管理。因此，随着"一带一路"贸易政策的不断推进，我国应从国家及出口企业层面建立完善的外贸企业信用风险预警机制。

一、国家层面的信用风险管理

（一）构建"一带一路"外贸企业信用评级系统

1. 外贸企业信用管理现状

　　目前，我国为构建外贸企业征信系统主要采取了以下措施。2018 年 1 月，发展和改革委员会、商务部等 28 部门联合发布了《关于加强对外经济合作领域信用体系建设的指导意见》，建立对外贸易主体的信用记录，并定期将采集到的对外经济合作失信主体的相关信用信息推送给全国信用信息共享平台，不断扩大信用信息的公众知晓度，为外贸企业提供信用信息参考。2018 年 3 月，中华人民共和国海关总署公布了《中华人民共和国海关企业信用管理办法》，要求各海关注册登记企业每年提交《企业信用信息年度报告》，根据企业信用状况将其分为高级认证企业、一般认证企业、一般信用企业及失信企业四个等级，其中，高级认证企业为中国海关认证的经营者（Authorized Economic Operator，简称：AEO），在与 AEO 互认国家的认证企业的贸易过程中，有更低的信用风险。截至 2021 年 8 月底，中国海关已经与新加坡、韩国、欧盟等 20 个经济体的 46 个国家或地区签署了 AEO 互认安排（协定），互认国家或地区数量居世界首位。其中，包括 19 个"一带一路"沿线国家，5 个 RCEP（区域全面经济伙伴关系协定）成员国和 13 个中东欧国家。中国 AEO 企业（高级认证企业）对 AEO 互认国家或地区进出口额约占到其进出口总额的 60%。①

　　尽管近年来我国更加重视外贸企业信用信息的整合，降低货物进出口所面临的信用风险，更好地服务于"一带一路"相关企业，但当前政策下仍存在很多不足。一方面，我国大多数外贸企业，特别是中小型民营企业，并无法从中享受与合作国家的贸易信用便利；另一方面，当前对外经济合作领域的信用记录主要是对失信信息的整合，缺乏对外贸企业综合信用风险的评估与等级评定，可参考程度较低。总体来看，我国目前仍没有建立完善的外贸企业信用评级机制，缺乏具有权威性的征信体系及专业信用评价机构，无法为外贸企业特别是中小型民营企业提供有利的外部信用环境。

　　2. "一带一路"外贸企业信用评级系统的构建

　　为了给我国外贸企业提供更有效、全面的贸易国及交易方企业的信用信息支持，我国政府作为主导方，采用招标等形式选择我国的信用评级机构作为执行方，构建"一带一路"外贸企业信用评级系统，通过整合中国进出口银行等商业银行、出口信用保险公司、各商品行业协会及我国驻各国领事馆的多方信息资源，对外贸企业信用等级进行评定，为我国外贸企业与"一带一路"沿线国家进行贸易往来时提供更真实、有效的信用风险参考依据。"一带一路"外贸企业信用评级系统的构建框架见图 4-30。

　　在对各国外贸企业进行信用评级时，可以采取定性加定量的方式，通过评

---

　　①　数据来源：中国海关总署官网。

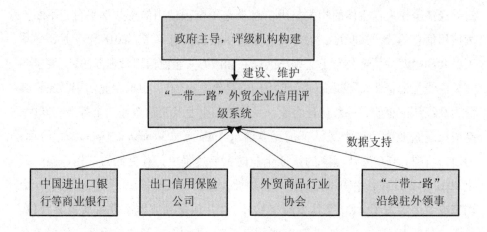

图4-30 "一带一路"外贸企业信用评级系统的构建

估外贸企业所在国的风险、商品行业信息及企业经营信息三方面的多项指标对企业信用等级进行评定，衡量在宏观形势、商品行业波动情况及企业自身经营状况的影响下的信用风险。同时，在设定各指标的评分占比时，还应考虑"一带一路"沿线绝大多数发展中国家的经济发展状况，侧重国家未来发展趋势，得出更符合发展中国家外贸企业特点的信用等级评价。"一带一路"外贸企业信用评级系统信息框架见图4-31。

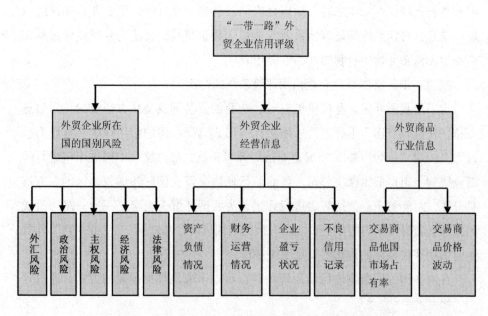

图4-31 "一带一路"外贸企业信用评级系统信息框架

（二）加强"一带一路"沿线国家间信息沟通

随着"一带一路"政策的不断实施，我国与沿线各国往来日益密切，国家间的信息交流逐渐增多。从政府层面看，由于"一带一路"沿线多国法律制度不完善、政策波动性强，为了更好地服务"一带一路"沿线商品贸易，降低进出口贸易政策变动带来的摩擦性风险，我国海关等有关部门应与各国对应政府部门加强信息沟通，提高各国贸易政策的透明度，为我国出口企业提供实时的贸易政策变动情况。从贸易中介机构层面看，我国国际贸易促进委员会及各类社团组织应加强与"一带一路"沿线国家中介机构的信息交流，获取国内外相关信息，促进我国与"一带一路"沿线国家的信息交流，降低贸易风险。

（三）完善出口信用风险管理的相关法律规定

目前，我国对出口信用风险还缺乏严格、规范的管理政策与法律法规。由于出口信用风险涉及我国企业与他国企业双方利益，极易产生因双方国家法律政策差异导致的利益纠纷，甚至存在不良企业利用这一法律真空地带谋取利益。为充分保障我国出口企业的经济利益，激励"一带一路"沿线贸易额持续增长，我国应当尽快完善进出口信用风险管理的相关政策和法律法规。

二、出口企业层面的信用风险管理

（一）完善企业信用风险动态预警机制

目前我国大多数外贸企业对客户信息的管理并不完善，客户信息不全，且缺乏信息的动态更新及风险评估。以商务部主办的中小企业外贸软件（ERP）云服务平台为例，该平台主要为中小型外贸企业提供包括客户管理、外贸流程、出口信用险在内的多项信息管理服务。该平台对于贸易客户及潜在客户的信息管理中主要记录了客户国家、地址、联系方式、合同编号、交易历史等信息，客户等级评价由信息录入者自行选择，并无客户运营情况、财务状况以及所在国国别风险及汇率变动情况的记录。由此可见，当前我国大多数外贸企业，特别是中小型企业为拓展业务，实现出口量的快速增长的同时，往往会忽视进口企业的信用风险及变动情况，导致贸易过程中货款拖延、合同违约、逾期应收账款不能及时到账等问题频繁发生。

随着"一带一路"沿线贸易的不断增多，我国出口企业的贸易量也将继续增长。因此，在对贸易客户进行信息管理时，应通过业务人员与企业风险监控部门的对接，建立客户动态风险监测系统。除记录客户的基础信息外，还应有对客户的企业规模、运营情况、违法违规历史及所在国经济景气度、政策环境的变化趋势等信息进行记录，实现动态调整、及时更新。通过对企业及国家信息的全面监测实现风险预警，帮助出口企业在贸易过程中及时做出风险防范。

（二）拓宽进口商及所在国信息收集渠道

目前我国大多数出口企业对客户等级的调查评估主要依据客户方所提供的信息，并未进行全面调查。而"一带一路"沿线大多数国家经济、法律体系不完善，进口商提供的企业信息可能存在虚假、夸大或与国际通用标准不符的情况，极易造成对进口商的信用风险评估不足。因此，我国出口企业在与"一带一路"沿线进口商进行首次贸易之前，应拓宽信息收集渠道，获取商务部、海关、我国驻外领事馆以及进口商所在国海关等多方面信息，并在投保出口信用保险时依靠保险公司的限额审批过程中对进口商资信情况进行调查，通过多种方式对进口方进行评估，在首次贸易前就尽可能实现信用风险的综合评估，降低未来贸易过程中可能面临的信用风险。

本章小结

本章第一节主要对2013—2020年间我国与"一带一路"国家的各项贸易数据进行了梳理。本章先统计了"一带一路"倡议发起以来我国与沿线国家的整体贸易额变动趋势，并对其背后的主要原因进行了分析。其次依据贸易国及其所处地理区域、贸易地区、贸易主体、贸易运输方式对贸易额进行分类统计，结果表明：当前我国与韩国、新加坡、马来西亚等亚洲、大洋洲地区的贸易额常年居于高位，我国与中亚地区的出口贸易额、与南亚地区的进口贸易额增长最快；从国内地区来看，东部地区成为"一带一路"倡议的绝对主导，西部地区成为"一带一路"倡议的最大受益者，且我国的私营企业、外资企业占"一带一路"沿线贸易的主导地位；"一带一路"贸易运输方式主要是水路运输，而铁路运输也有显著发展。

本章第二节主要分析了"一带一路"沿线贸易常见的贸易价格条件及结算模式下我国出口企业主要面临的风险。贸易价格条件方面，我国出口企业为开拓海外市场，主要采用更具价格优势的 FOB 报价，但也使我国企业与信用风险较高的"一带一路"沿线国家进行贸易时所面临的各类潜在风险加大。结算模式方面，我国出口企业主要采用安全度较高的信用证模式与结算效率较高的汇付模式，但在这两类结算模式下，由于大多数"一带一路"沿线国家政治、经济发展不稳定，我国企业仍面临信用证"软条款"风险、银行资信风险、企业信用风险等各类结算风险。

本章第三节主要探讨我国"一带一路"贸易中的出口信用保险发展现状及其优化对策。出口信用保险作为出口企业转移对外贸易中面临的信用风险的主要手段，其发展状况对"一带一路"沿线贸易有较大的促进作用。首先，本章对"一带一路"沿线贸易中常见的出口信用保险类型及发展现状进行了介绍，认为当前我国短期出口信用保险存在业务规模迅速扩大、地区差异显著、政策性主导的特点，并通过分析我国企业与"一带一路"沿线国家进行贸易的真实理赔案例论证了出口信用保险在"一带一路"沿线贸易中的必要性及其重要作用。最后，本节提出了当前我国短期出口信用保险在服务"一带一路"的过程中仍存在的问题，并从出口信用保险公司企业职能、保险产品及相关服务设计两个方面对我国短期出口信用保险提出了优化建议。

本章第四节分析"一带一路"贸易中，我国企业可能面临的"一带一路"沿线国家的主权信用风险问题。在对"一带一路"沿线主要国家的主权信用风险进行梳理后发现，东南亚及蒙俄地区的主权信用等级两极分化明显；新加坡、俄罗斯等国主权信用较低；中亚地区各国整体主权信用等级偏低；西亚地区地缘差异显著，南亚地区主权信用等级整体偏下，中东欧地区各国主权信用风险环境复杂。

本章第五节从国家和出口企业两个层面提出了"一带一路"出口信用风险和主权信用风险管理体系的构建。针对当前我国出口企业在"一带一路"沿线贸易过程中所面临的问题，在国家角度下，提出了构建"一带一路"外贸企业信用评级系统，整合多方信息资源，为我国外贸企业提供更有效、全面的贸易国及交易方企业的信用信息支持。此外，还应从国家层面加强"一带一路"沿线国家间信息沟通、完善出口信用风险管理的相关法律规定。在出口企业角度下，鼓励企业完善自身信用风险动态预警机制，通过业务人员与企业风险监控部门的对接，建立客户动态风险监测系统，在贸易过程中及时采取风险防范措施，同时建议企业在贸易开展前拓宽对进口商及所在国信息的收集渠道，全面评估贸易风险。

第五章

"一带一路"相关货物运输风险及保险保障

货物运输是"一带一路"贸易实现的重要环节,本章首先对"一带一路"倡议实施以来,公路、铁路和海上运输所取得的成就进行梳理。其次,分析了"一带一路"相关货物运输的发展历程,重点介绍了中欧班列及海运的发展;接着,对"一带一路"货物运输的典型案例进行分析;然后,就"一带一路"货物运输所可能面临的各类自然灾害和意外事故风险进行详细解析。最后,针对"一带一路"货物运输风险提出保险优化对策。

第一节 "一带一路"货物运输的主体框架

"一带一路"货物运输的主体框架是"六廊六路多国多港"。

按照货物运输的类型,可将"一带一路"的运输分为陆上运输与海上运输两部分。

一、陆上运输——以六大经济走廊为核心①

(一) 新亚欧大陆桥经济走廊

新亚欧大陆桥经济走廊以中国东部沿海地区和中东欧为两端,途径中国西北地区和中亚、俄罗斯。其发展是以中欧班列为依托,通过经贸和产能合作,拓展能源资源合作空间,构建畅通高效的区域大市场。

---

① "六大经济走廊"指的是新亚欧大陆桥、中蒙俄、中国—中亚—西亚、中国—中南半岛、中巴和孟中印缅六大国际经济合作走廊。

（二）中蒙俄经济走廊

中蒙俄经济走廊由中国国家主席习近平在中国、俄罗斯、蒙古国三国元首会晤时提出。三国首先签署了《关于编制建设中蒙俄经济走廊规划纲要的谅解备忘录》，随后三国元首共同签署了"一带一路"框架下的首个多边合作规划纲要《建设中蒙俄经济走廊规划纲要》。规划纲要现已进入具体实施阶段。

（三）中国—中亚—西亚经济走廊

中国—中亚—西亚经济走廊连接了中国西北地区、中亚、波斯湾、阿拉伯半岛和地中海沿岸地区。具体来说，中国与阿拉伯国家就能源合作、基础设施建设、贸易和投资便利化、核能、航天卫星、新能源等领域达成合作；与哈萨克斯坦签署了《中哈丝绸之路经济带建设和"光明之路"新经济政策对接合作规划》；与塔吉克斯坦、乌兹别克斯坦、吉尔吉斯斯坦等国签署了共建丝绸之路经济带的合作文件；与土耳其、卡塔尔、伊朗、沙特、科威特等国签署了共建"一带一路"合作备忘录。同时，中土双方就开展土耳其东西高铁项目合作取得重要共识，现已进入实质性谈判阶段。

（四）中国—中南半岛经济走廊

中国—中南半岛经济走廊连接了中国西南和中南半岛各国，是中国与东盟合作的深化。该经济走廊的核心文件是《中国—中南半岛经济走廊倡议书》。中国与老挝、柬埔寨等国签署共建"一带一路"合作备忘录，将达成双边合作规划纲要。中越两国将加大陆上基础设施合作，开始澜沧江—湄公河航道二期整治工程的前期工作，建设中老铁路，启动中泰铁路，促进基础设施互联互通。通过设立中老磨憨—磨丁经济合作区，探索边境经济融合发展的新模式。

（五）中巴经济走廊

连接中巴两国的中巴经济走廊是共建"一带一路"的旗舰项目。两国已达成巴基斯坦喀喇昆仑公路升级改造二期、白沙瓦至卡拉奇高速公路开工建设、瓜达尔港自由区起步区建设、走廊沿线地区能源电力项目建设等诸多成就。

（六）孟中印缅经济走廊

孟中印缅经济走廊连通了东亚、南亚、东南亚三大区域以及太平洋、印度洋两大海域。2013年12月，孟中印缅经济走廊联合工作组第一次会议在中国昆明召开，各方签署了会议纪要和联合研究计划，正式启动孟中印缅经济走廊建设政府间合作。2014 年 12 月，孟中印缅经济走廊联合工作组第二次会议召开，广泛讨论并展望了孟中印缅经济走廊建设的前景、优先次序和发展方向。①

可以看到，六大国际经济走廊沿线是诸多参与"一带一路"计划的国家。我国政府一贯主张公平且没有限制地发展新的参与国，因此现在的陆上经济走廊以及参与国家并不是最终的格局，新的参与国仍将不断地加入"一带一路"家庭中，享受"一带一路"合作带来的红利。而在各个国家参与"一带一路"经济走廊的过程中，因地制宜地发展经济合作关系对每个国家都是最重要的。

二、海上运输——"21 世纪海上丝绸之路"

海上丝绸之路通过海路连接着东亚经济圈与欧洲经济区，带动着东亚、东南亚、南亚、中东与北非地区的发展。"21 世纪海上丝绸之路"重点方向有两条：第一条是从中国沿海港口出发，经过南海到达印度洋，然后延伸至欧洲；另一条是从中国沿海港口出发，途径南海到达南太平洋。这两条线路辐射到东亚、太平洋、南亚、中东、北非以及欧盟的沿海国家，是构成海上丝绸之路建设发展的主要框架。

"21 世纪海上丝绸之路"沿线涉及 60 多个国家和地区，人口众多，经济总量大，发展潜力大。2013 年，海上丝绸之路沿线国家和地区人口约 44 亿，占世界总人口的 63%，国民生产总值约 32 万亿美元，占世界生产总值的 43.59%。②

下面本书将总结"21 世纪海上丝绸之路"沿线国家和地区的发展情况。

（一）中国

作为海上丝绸之路的倡导国及起点，我国不仅是世界上最大的发展中国家，还是世界第二大经济体。作为亚洲新兴市场国家，中国是亚洲地区乃至是世界经济增长的重要推动力。从 2013 至 2020 年来看，我国的货物进出口总额、货物进口额、货物出口额和货物进出口差额总体上是在逐年上升的（见图 5-1），我国已成为世界经济增长的重要稳定器。

---

① 资料来源："一带一路"官网。
② 数据来源："一带一路"官网。

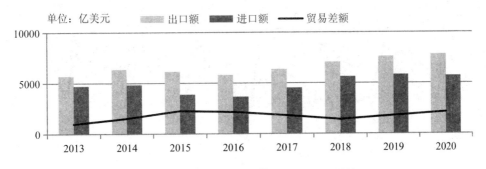

图 5-1 中国货物进出口情况（2013—2020）

数据来源：《中国"一带一路"贸易投资发展报告 2021》。

图 5-2 和图 5-3 显示了"一带一路"贸易指数及海上丝绸之路航贸指数。

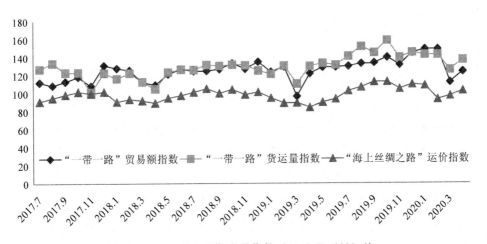

图 5-2 "一带一路"贸易指数（2017.7—2020.4）

数据来源："一带一路"官网。

总体来看，我国经济与贸易的发展，在体量和速度方面都领先于区域内的其他国家或地区，我国所在的东亚与太平洋地区是世界经济最具活力的地区。作为"21 世纪海上丝绸之路"发起国，我国与海上丝绸之路沿海经济带国家或地区经济与贸易发展是相辅相成、相互促进的，我国经济与贸易的繁荣必将带动整个区域经济与贸易的发展。

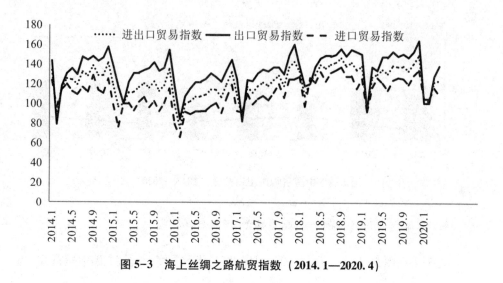

图 5-3　海上丝绸之路航贸指数（2014.1—2020.4）

数据来源："一带一路"官网。

（二）南太平洋岛国

南太平洋岛国位于太平洋的中心位置，是亚太各国实现南北互通、东西交往的重要通道，也是全球货物运输网络中非常重要的海上要道和交通枢纽，具有十分重要的战略地位。在自然条件方面，南太平洋岛国拥有众多天然良港，资源丰富；在政治环境方面，南太平洋地区先后成立了十几个主权国家，这些国家多为发展中国家，国家人口较少，经济发展比较落后。

表 5-1 展示了南太平洋岛国部分国家和地区进出口贸易的相关情况。

表 5-1　南太平洋岛国部分国家和地区进出口贸易额及增长率（2019）

（单位：亿美元）

	货物进口			货物出口		
	2018	2019	增长率	2018	2019	增长率
斐济	23.62	24.15	2.24%	10.12	10.31	1.88%
巴布亚新几内亚	—	—	—	—	—	—
汤加	2.17	2.21	1.84%	0.143	0.157	9.79%
瓦努阿图	3.03	3.21	5.94%	0.630	0.455	-27.78%
萨摩亚	—	—	—	—	—	—

	货物进口			货物出口		
	2018	2019	增长率	2018	2019	增长率
基里巴斯	1.01	1.06	4.95%	0.084	0.123	46.43%-
新喀里多尼亚	—	—	—	—	—	—
法属波利尼西亚	—	—	—	—	—	—
所罗门群岛	5.30	4.97	-6.23%	5.36	4.61	-13.99%
总计	35.13	35.6	8.74%	16.337	15.655	16.33%

数据来源：世界银行

从2018与2019两个年度的数据来看，较多南太平洋岛国面临货物进口总额大于出口总额的状况。这是由于该地区国家尽管拥有丰富的水产、矿产等资源，但出口贸易水平比较落后。由此可见，南太平洋岛国的经济难以独立发展，对外依存度较高。该地区贸易的进一步发展亟待加强与外界其他区域的经济合作与联系，而海上丝绸之路恰好符合这一需求，因此海上丝绸之路对南太平洋诸岛国来说是重要的发展机遇。

（三）东南亚地区

东南亚地区包括新加坡、缅甸、越南、马来西亚、老挝、印度尼西亚、文莱、柬埔寨和菲律宾等国家，是两洲两洋的"十字路口"，战略地位十分重要。同时东盟作为东南亚地区的区域性组织，在世界上，其人口仅次于中国、印度；经济总量仅次于欧盟、美国、中国、日本；进出口贸易额仅次于美国、中国和德国。东南亚是发展中国家吸收外国直接投资的主要地区之一，是经济发展最具活力和潜力的地区之一。

由于东南亚地区国家的经济发展多依赖于海路实现对外贸易，因此习近平总书记提出的建设中国—东盟命运共同体与共同建设"21世纪海上丝绸之路"对其发展具有重要影响。东南亚地区在海上丝绸之路的建设、投资中具有重要地位。

（四）南亚地区

南亚地区主要包括印度、巴基斯坦、孟加拉国、马尔代夫、斯里兰卡等国家。虽然南亚地区经济总量不大，但这是由于其国家数量较少的限制。该地区的国家整体的经济发展十分迅速，而且该地区由于临近印度洋，航线比较密集，货物运输比较频繁，所以成为海上丝绸之路建设的重点发展地区。

（五）中东与北非地区

中东与北非地区地处欧、亚、非三洲的交通枢纽，在战略上有连接印度洋与大西洋的苏伊士运河，储藏世界最大的石油量，石油贸易运输频繁。但是由于该地区长期战乱，政治环境复杂恶劣，严重影响了该区域经济与贸易的健康发展。

从 GDP 来看，中东地区的总体经济发展不容乐观。比如在 2013 年除了土耳其、以色列、沙特阿拉伯、卡塔尔、也门、巴林、阿拉伯联合酋长国等国家保持着 3.25%—6.32% 的经济增长率，该区域内其他国家的经济增速较为缓慢；伊朗、巴勒斯坦、塞浦路斯的经济严重倒退，这些国家经济发展的停滞或倒退，制约了整个中东经济的发展。2013 年海上丝绸之路的整个中东沿海地区国家的平均增长率为 0.15%，远低于世界经济平均增长率 2.19%。

北非地区的经济发展较慢，除了摩洛哥和吉布提保持较高的增长率，其他地区的经济发展较为平缓，利比亚和苏丹甚至出现了经济负增长。但整个北非地区沿海国家 2.82% 的经济增长率还是略高于世界经济的平均增长率。

整体来看，中东和北非地区的经济和贸易波动性较大，发展不稳定。在进行海上丝绸之路建设的时候应充分考虑这些国家特殊的政治、经济背景，制定相对应的发展策略。

（六）地中海欧洲沿岸地区

地中海作为海上丝绸之路西向延伸的终点，是沟通大西洋、印度洋的重要通道，具有重要的战略地位。同时欧盟也是我国重要的贸易伙伴，是我国重要的外资来源地。地中海是亚欧航线的必经之路，我国与欧盟之间经贸往来的不断发展，为地中海沿线港口发展带来了巨大的发展机遇。地中海欧洲沿岸国家主要包括葡萄牙、西班牙、法国、意大利、克罗地亚、希腊、马耳他。

欧债危机爆发以来，欧洲经济发展经受巨大挫折，多国经济水平下滑。从生产总值来看，地中海地区国家普遍经济形势下行，其中又以法国、希腊、意大利的经济衰退情况最为严重，而马耳他经济总体向好发展，如表 5-2 所示。

表5-2 地中海地区国家的GDP情况（2014—2020） （单位：亿美元）

年份 国家	2014	2015	2016	2017	2018	2019	2020
西班牙	13710	11960	12330	13130	14220	13930	12810
葡萄牙	2299.02	1993.94	2064.26	2213.58	2423.13	2395.11	2312.56
法国	28560	24390	24730	25950	27880	27160	26030
希腊	2356.09	1953.97	1928.63	2001.25	2122.50	2053.07	1894.10
克罗地亚	576.4	495.26	516.01	554.82	613.75	607.53	559.67
意大利	21620	18370	18770	19620	20920	20050	18860
马耳他	116.26	110.91	117.22	132.21	148.65	152.16	146.47

数据来源：世界银行。

在不景气的经济状况下，地中海地区国家的货物进出口额并没能如愿实现增加。各个国家在不同年份的不同经济状况的波折也导致了其货物进出口额的变化不定。

从货物进出口数据（见表5-3、5-4）来看，地中海地区大部分国家均处于贸易逆差的地位，只有意大利实现了贸易顺差，其中希腊与克罗地亚的货物出口额更是明显小于货物进口额，处于巨大的贸易逆差地位。但从整体来看，位于欧洲的地中海地区仍占据着巨大的贸易比重，虽然深陷欧债危机的泥潭，但其经济体量、传统的经济优势以及连接西欧内陆的地理优势仍然使其成为海上丝绸之路重要的组成部分。

表5-3 地中海地区国家货物进口额（2014—2020） （单位：亿美元）

年份 国家	2014	2015	2016	2017	2018	2019	2020
西班牙	3497.51	3034.44	3028.5	3425.16	3789.66	3586.96	3131.44
葡萄牙	756.33	650.82	654.19	753.29	848.24	831.14	735.58
法国	6370.38	5540.26	5569.13	6112.49	6738.38	6497.15	5722.95
希腊	651.27	471.21	470.88	540.92	647.41	618.81	541.71
克罗地亚	213.69	192.23	200.72	227.52	258.55	258.96	236.04
意大利	4495.45	3906.13	3849.99	4293.79	4787.99	4465.38	3933.19

续表

年份 国家	2014	2015	2016	2017	2018	2019	2020
马耳他	49.66	51.77	50.91	51.24	55.24	56.46	48.08

数据来源：世界银行。

表5-4　地中海地区国家货物出口额（2014—2020）　（单位：亿美元）

年份 国家	2014	2015	2016	2017	2018	2019	2020
西班牙	3214.91	2805.04	2871.16	3174.96	3440.07	3290.45	3028.78
葡萄牙	628.27	542.79	543.56	602.27	664.1	648.86	596.97
法国	5805.49	5219.64	5211.66	5597.08	6164.27	5971.46	5010.15
希腊	355.78	275.18	272.3	317.03	382.08	363.08	330.36
克罗地亚	125.26	113.13	116.35	132.35	144.49	143.71	138.24
意大利	5146.72	4490.87	4507.58	4911.77	5329.48	5138.43	4706.34
马耳他	33.57	29.85	28.9	34.63	37.78	38.82	32.02

数据来源：世界银行。

第二节　"一带一路"相关货物运输发展历程

一、铁路运输——中欧班列①

中欧班列通道连通欧洲、东亚、东南亚及其他地区，既是铁路通道，也是多式联运走廊。

自2011年开始运行以来，中欧班列的开行数量快速增长，在"一带一路"

---

① 中欧班列是中国铁路总公司以固定车次、线路、班期和全程运行时刻运行于中国与欧洲以及"一带一路"沿线国家间的铁路国际联运列车，是我国与沿线国家经贸合作的重要载体，"一带一路"建设的重要抓手。

建设的激励下，曾经疲软的铁路运输又呈现出蓬勃生机。① 中欧班列发展势头迅猛，辐射范围快速扩大，货物品类逐步拓展，开行质量大幅提高。2020 年中欧班列开行 12400 列、发送 113.5 万标箱，同比分别增长 50%、56%，综合重箱率达 98.4%（见图 5-4）。在开行数量持续增长的同时，开行质量也有很大提升。通关时间、物流时长进一步缩短，返程空箱率不断下降，货值呈增长趋势。②

（单位：列）

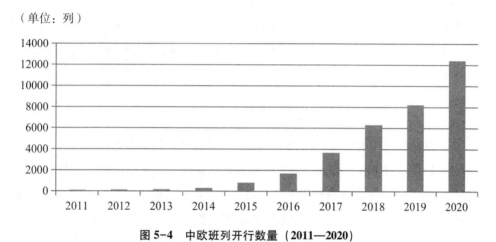

图 5-4　中欧班列开行数量（2011—2020）

数据来源："一带一路"官网。

（一）中欧铁路运输通道

（1）西通道。第一条是新疆阿拉山口（霍尔果斯）——哈萨克斯坦——俄罗斯西伯利亚铁路——白俄罗斯——波兰——德国——欧洲其他各国。第二条是霍尔果斯（阿拉山口）——哈萨克斯坦——土库曼斯坦——伊朗——土耳其——欧洲各国；哈萨克斯坦——里海——阿塞拜疆——格鲁吉亚——保加利亚——欧洲各国。第三条是吐尔尕特（伊尔克什坦）——中吉乌铁路——吉尔吉斯斯坦——乌兹别克斯坦——土库曼斯坦——伊朗——土耳其——欧洲各国。

（2）中通道。内蒙古二连浩特口岸——蒙古国——俄罗斯西伯利亚铁路——欧洲各国。

---

①　中欧班列自 2011 年 3 月 19 日开始运行，首列中欧班列由重庆开往德国杜伊斯堡，当时称作"渝新欧"国际铁路。2016 年 6 月 8 日，中国铁路正式启用"中欧班列"品牌。

②　数据来源："一带一路"官网。

（3）东通道。主要自内蒙古满洲里（黑龙江绥芬河）口岸——俄罗斯西伯利亚铁路——欧洲各国。

中欧铁路的三条通道覆盖了我国大部分地区，按照各个通道的货源地，可以归纳出中欧铁路三大通道的主要货源吸引区，如表5-5所示。

表5-5 三大通道主要货源吸引区

通道	主要货源吸引区
西通道	西北、西南、华中、华南等地区，经陇海、兰新等铁路干线运输。
中通道	华北、华中、华南等地区，经京广、集二等铁路干线运输。
东通道	东北、华东、华中等地区，经京沪、哈大等铁路干线运输。

（二）中欧班列枢纽节点

中欧班列枢纽节点包括：（1）内陆主要货源节点。具备稳定货源，每周开行2列以上点对点直达班列，具有回程班列组织能力，承担中欧班列货源集结直达功能。（2）主要铁路枢纽节点。在国家综合交通网络中具有重要地位，具备较强的集结编组能力，承担中欧班列集零成整、中转集散的功能。（3）沿海重要港口节点。在过境运输中具有重要地位，具备完善的铁水联运条件，每周开行3列以上点对点直达班列，承担中欧班列国际海铁联运功能。（4）沿边陆路口岸节点。中欧班列通道上的重要铁路国境口岸，承担出入境检验检疫、通关便利化、货物换装等功能。①

此外，国家鼓励其他城市或地区积极组织货源到枢纽节点集结，以提高整体效率和效益；依据境外货源集散点及铁路枢纽情况，合理地在境外设置中欧班列节点。

（三）中欧班列运行线②

既有中欧铁路直达班列线和规划中欧铁路直达班列线如表5-6和表5-7所示。

---

① 资料来源：《中欧班列建设发展规划（2016—2020年）》。

② 中欧班列运行线分为中欧班列直达线和中欧班列中转线。中欧班列直达线是指内陆主要货源地节点、沿海重要港口节点与国外城市之间开行的点对点班列线；中欧班列中转线是指经主要铁路枢纽节点集结本地区及其他城市零散货源开行的班列线。

表 5-6 既有中欧铁路直达班列线（2016—2020）

序号	国内发/到城市	边境口岸	境外发/到城市	方向
1	重庆	阿拉山口（霍尔果斯）	杜伊斯堡［德］	双向
2	重庆	满洲里	伊尔克斯克［俄］	去程
3	郑州	阿拉山口（霍尔果斯）	汉堡［德］	双向
4	郑州	二连浩特	汉堡［德］	双向
5	成都	阿拉山口（霍尔果斯）	罗兹［波］	双向
6	武汉	阿拉山口（霍尔果斯）	帕尔杜比采［捷］	双向
7	武汉	阿拉山口（霍尔果斯）	汉堡［德］	双向
8	武汉	满洲里	托木斯克［俄］	回程
9	苏州	满洲里	华沙［波］	去程
10	苏州	满洲里	布列斯特［白］	回程
11	义乌	阿拉山口（霍尔果斯）	马德里［西］	双向
12	沈阳	满洲里	汉堡［德］	双向
13	长沙	满洲里	汉堡［德］	去程
14	兰州	阿拉山口（霍尔果斯）	汉堡［德］	双向
15	北京—天津	二连浩特	乌兰巴托［蒙］	双向
16	连云港	阿拉山口（霍尔果斯）	阿拉木图［哈］	双向
17	营口	满洲里	后贝加尔［俄］	双向
18	青岛	阿拉山口（霍尔果斯）	阿拉木图［哈］	去程
19	乌鲁木齐	阿拉山口（霍尔果斯）	阿拉木图［哈］	去程
20	西安	阿拉山口（霍尔果斯）	阿拉木图［哈］	双向
21	合肥	阿拉山口（霍尔果斯）	阿拉木图［哈］	去程
22	济南	阿拉山口（霍尔果斯）	阿拉木图［哈］	去程
23	东莞	阿拉山口（霍尔果斯）	阿拉木图［哈］	去程

数据来源：《中欧班列建设发展规划（2016—2020 年）》。

表 5-7 规划中欧铁路直达班列线

序号	国内发/到城市	边境口岸	境外发/到城市	方向
1	石家庄-保定	阿拉山口、二连浩特	明斯克	双向

续表

序号	国内发/到城市	边境口岸	境外发/到城市	方向
2	昆明	阿拉山口、二连浩特	鹿特丹	双向
3	贵阳	阿拉山口、二连浩特	杜伊斯堡	双向
4	厦门	阿拉山口、满洲里	罗兹	双向
5	库尔勒	阿拉山口（霍尔果斯）	杜伊斯堡	双向
6	太原	阿拉山口、二连浩特	阿拉木图、莫斯科	双向
7	南昌	阿拉山口、二连浩特	阿拉木图、莫斯科	双向
8	南京	阿拉山口、满洲里	阿拉木图、莫斯科	双向
9	南宁	二连浩特、满洲里	乌兰巴托、莫斯科	双向
10	哈尔滨	满洲里	比克良	双向
11	长春	满洲里	施瓦茨海德	双向
12	大连	满洲里	汉堡	双向
13	银川	阿拉山口（霍尔果斯）	德黑兰	双向
14	西宁	阿拉山口（霍尔果斯）	阿拉木图、杜伊斯堡	双向
15	包头	阿拉山口、二连浩特	德黑兰、乌兰巴托	双向
16	临沂	阿拉山口、二连浩特	阿拉木图、乌兰巴托	双向
17	武威	阿拉山口（霍尔果斯）	阿拉木图	双向
18	义乌	阿拉山口（霍尔果斯）	德黑兰	双向
19	连云港	阿拉山口（霍尔果斯）	伊斯坦布尔	双向
20	天津	阿拉山口、满洲里	莫斯科	双向

数据来源：《中欧班列建设发展规划（2016—2020年）》。

（四）中欧班列发展规划①

1. 完善国际贸易通道

中欧班列的通道建设主要分为境内通道建设和境外通道建设两部分。对于境内通道，主要考虑的是提升三大通道在境内段的路网功能，加快库尔勒—格尔木、兰渝等铁路建设，推进集宁—二连浩特等铁路扩能改造，同时对阿克苏—喀什段扩能、和田—若羌—罗布泊、喀什—红其拉甫等铁路项目进行前期

---

① 资料来源：《中欧班列建设发展规划（2016—2020年）》

研究；对于境外通道，主要考虑的是推动与中欧班列沿线国家共同制定欧亚铁路规划，进而推进境外铁路建设、其中既包括对中吉乌、中巴等未来铁路项目进行前期研究，也包括对已有的蒙古国和俄罗斯铁路的陈旧线路进行升级改造，改善沿线国境站、换装站的场站布局和配套设施设备，促进中俄蒙三方铁路点线能力的匹配衔接。

2. 加强物流枢纽设施建设

围绕中欧班列枢纽节点打造一批具有多式联运功能的大型综合物流基地，完善冷链物流基地、城市配送中心布局，支持在物流基地建设具有海关、检验检疫等功能的铁路口岸，加强与港口、机场、公路货运站以及产业园区的统筹布局和联动发展，形成水铁、空铁、公铁国际多式联运体系，实现无缝高效衔接；鼓励国内企业在国外重要节点城市和与我国产能合作密切城市，通过收购、合资、合作等方式，加强物流基地、分拨集散中心、海外仓等建设，提升物流辐射和服务能力。

3. 加大资源整合力度

第一，优化运输组织。强化中欧班列组织力度，在保持既有直达班列稳定的基础上，发展中转班列。加强调度指挥和监督考核，完善过程组织，实现全程盯控，强化应急处理，提高班列正点率。在加强自身的基础上，根据市场的需求增加班列线，结合中欧通道实际运输能力，组织制订中欧班列开行及优化调整方案。加强与国外铁路协作，建立班列运行信息交换机制，强化班列全程监控，联合铺画全程运行图，压缩班列全程运行时间，最终达到日均运行 1300 千米左右的运输组织水平。

第二，强化货源支撑。将中欧班列作为物流配套方式，与对外投资、物流园区建设同步规划、建设、推进。以国际产能和装备制造合作为契机，推动中欧班列向我国在沿线国家建设的境外经贸合作区、有关国家工业园区、自由港区延伸，吸引更多货源通过中欧班列运输。地方政府应当支持区域内企业扩大与中欧班列沿线国家的产能合作、贸易往来，增加中欧班列货源。铁路部门要加强与国内外大型物流企业、港口企业、货代公司合作，发挥集货作用，促进优势互补。鼓励我国企业在境外重点区域设立办事机构，推进合资建立经营网点，提高境外物流经营能力。

4. 创新运输服务模式

第一，提供全程物流服务。强化物流链的运输、仓储、配送、检验检疫、通关、结算等环节高效对接，提供一站式综合服务。鼓励公路、水运、航空等运输方式与中欧班列有效衔接，打造全程化物流服务链条。建立中欧班列客户服务中心，为客户提供业务受理、单证制作、报关报检、货物追踪、应急处置等服务。

第二，拓展国际邮件运输。参照货物监管方式，结合国际邮件特性，推行国际邮件"属地查验、口岸验放"模式；大力推进电子化通关，加强与国外邮政、海关、检验检疫、铁路部门合作，推进邮递物品海关监管互认；设立若干国际邮件铁路口岸重点交换站，加快推进中欧班列进出口国际邮件相关工作，实现国际邮件常态化运输；进一步优化国际铁路运邮作业组织、通关和换装流程，提升邮件运输时效，改善数据反馈的及时性和准确性。中欧班列邮件运输线路规划如表5-8所示。

表5-8 中欧班列邮件运输线路规划

始发站	集散范围	国境站	到站
郑州	华中、华北	阿拉山口/二连浩特	莫斯科/杜伊斯堡/汉堡
重庆	华南、西南	阿拉山口	莫斯科/杜伊斯堡/汉堡
乌鲁木齐	西北	阿拉山口	阿拉木图/莫斯科
苏州	华东	满洲里	莫斯科/杜伊斯堡/汉堡
哈尔滨	东北	满洲里	莫斯科

资料来源：《中欧班列建设发展规划（2016—2020年）》。

第三，推行电子货物清单。根据跨境电商的运输需求，采用拼箱运输方式，协调国外铁路、海关和检验检疫等部门，推行电子快递清单，研究开展中欧班列国际快件运输。

第四，提升物流增值服务。拓展国际代理采购、国际保险理赔、货物质押等增值服务，利用相关口岸节点及综合保税区布局优势，支持跨境货物加工与转口贸易。

第五，推动建立统一的规则体系。积极推动与铁路合作组织、国际铁路联盟、世界海关组织、万国邮政联盟等国际组织的合作，建立统一互认的单证格式、货物安全、保险理赔、通关便利、数据共享等相关规则和技术标准，提高班列运行质量和效率。

5. 建立完善价格机制

遵循市场规则，根据运量变化情况，按照量价捆绑原则，建立灵活的中欧班列全程定价机制。有效集中各地货源，依托常态化、规模化运营能力，统一开展境外价格谈判，提高全程价格主导权，有效降低国际联运全程物流成本。

6. 构建信息服务平台

第一，推进物流公共信息平台发展。整合国内相关行业、部门、企业信息资源，建设中欧班列信息服务平台，逐步实现与沿线国家铁路、海关、检验检疫等信息系统的电子数据交换与共享，打通物流信息链，推行海关、检验检疫、铁路、港口单据电子化，打造"数字化"中欧班列。

第二，强化智能监控监管。引入北斗卫星定位技术实施全程定位，增加集装箱安全智能防盗设施；保持与沿途国家的密切沟通，建立中欧班列安全合作机制，提高班列运行全程监控能力，保障货物运输安全。

7. 推进便利化通关

第一，加强沿线国家海关国际合作。与中欧班列沿线国家海关建立国际合作机制，推进信息互换、监管互认、执法互助的海关合作，扩大海关间监管结果参考互认、商签海关合作协定等，推行中欧"经认证经营者"互认合作，提高通关效率。支持将铁路运输模式纳入中欧安全智能贸易（简称"安智贸"）航行试点计划。

推动全国通关一体化，企业可以选择任何一个海关申报、缴纳税款。加强重要物流节点的多式联运监管中心建设，实现一次申报、指运地（出境地）一次查验，对换装地不改变施封状态的直接放行。海关、检验检疫等口岸查验机构加强协作，力争使班列在口岸停留时间不超过 6 小时。加快推进物流监控信息化建设，提高多式联运管控的信息化、智能化、规范化水平，建立集约、快速、便捷、安全得多式联运监管模式。

第二，推进检验检疫一体化。加强沿线国家检验检疫国际合作，推进疫情区域化管理和互认，在中欧班列沿线区域打造无特定动植物疾病绿色通道，在班列沿线检验检疫机构间实施"通报、通检、通放"，实现沿线"出口直放、进口直通"，对符合条件的中欧班列集装箱货物实施免于开箱查验、口岸换证等政策。打造铁海（水、陆）联运国际中转（过境）物流通道，建立中欧班列检验检疫信息化系统，实现全口径进出境班列数据共享，简化纸质单证，推进检验检疫无纸化，实施"进境口岸检疫、境内全程监控、出境直接核放"的监管模式。

第三，进一步扩大口岸开放。支持有条件的地方建设进境肉类、水产品、粮食、水果、种苗、汽车整车、木材等国家指定口岸，对符合国家要求的，优先审批，优先安排验收。在获得指定口岸正式资质前，对具备相应检验检疫监管条件的，允许其作为相应品类进口口岸，先行先试。

加强与沿线国家（地区）间的口岸交流合作，适时修订和完善双边陆地边境口岸管理协定。加强边境口岸设施建设，提高进出境通关能力。科学布设内陆铁路口岸，满足中欧班列发展需要。推进国际贸易"单一窗口"、口岸管理共享平台建设，简化单证格式，统一数据标准，优化口岸监管、执法、通关流程，提高口岸智能化水平。

二、"一带一路"中的海上货物运输

"21 世纪海上丝绸之路"是"一带一路"中海运的主要构成部分，其重点方向是从中国沿海港口过南海到印度洋，延伸至欧洲；从中国沿海港口过南海到南太平洋。前文所叙述的海上丝绸之路沿岸国家和地区的经济发展状况是海上运输的背景和支撑，而港口与航运中心的建设情况直接影响着海上运输。所以为总结海上运输的发展，该部分将通过介绍海上丝绸之路沿线的港口与航运中心的状况，从而介绍海上丝绸之路的航线网络。

（一）海上丝绸之路主要的航运中心①

海上丝绸之路由诸多国际航运中心连接而成。航运中心可以为航运提供较为完善的服务，具有比较快捷的货物中转效率和货物中转能力，可以显著改善腹地的生产环境。一方面，航运中心的存在对海上丝绸之路的发展非常重要，它支持着海上丝绸之路港口的发展；另一方面，海上丝绸之路的建设也为其经过的航运中心的进一步发展提供了新机遇，航运中心得以借此机会扩展服务范围、服务业务，提高服务水平。

海上丝绸之路途径诸多国际一流的航运中心，不仅包括中国上海这样的以腹地货物集散为主的国际航运中心，还有新加坡和中国香港这样的以中转业务

---

① 国际航运中心是指在国际都市圈或大城市范围内具有完善的航线网络、先进的港口基础设施、发达的航运市场、开放高效的软环境，取得众所公认的国际航运枢纽地位，并以国际航运、物流和服务产业为纽带，带动所在地区和腹地区域经济发展，促进相关产业合理布局，实现航运资源优化配置的国际化港口大都市。

为主的国际航运中心。在2015年全球前十大国际航运中心排名中海上丝绸之路沿线的航运中心占据了五个席位，其中上海与雅典国际航运中心发展非常迅速，服务水平及服务能力都得到了显著提升，另外三个国际航运中心虽不直接分布在海上丝绸之路沿线，但是均位于"一带一路"范围内的欧洲地区，是海上丝绸之路延伸后（航线区域从地中海延伸至整个欧洲区域）可达到的区域，其中的第二大国际航运中心是以市场交易和提供服务为主的伦敦。

《新华—波罗的海国际航运中心发展指数报告（2020）》对世界前十大航运中心进行了分析（见表5-9）。值得关注的是，该报告认为本应疲软的欧洲经济受益于海上丝绸之路的影响，得以保持了相对稳定的排名。

表5-9 世界前十大航运中心及排名情况（2015—2020）

排名	2015年	2016年	2017年	2018年	2019年	2020年
1	新加坡	新加坡	新加坡	新加坡	新加坡	新加坡
2	伦敦	伦敦	伦敦	香港	香港	伦敦
3	香港	香港	香港	伦敦	伦敦	上海
4	鹿特丹	汉堡	汉堡	上海	上海	香港
5	汉堡	鹿特丹	上海	迪拜	迪拜	迪拜
6	上海	上海	迪拜	鹿特丹	鹿特丹	鹿特丹
7	迪拜	纽约—新泽西	纽约—新泽西	汉堡	汉堡	汉堡
8	纽约—新泽西	迪拜	鹿特丹	纽约—新泽西	纽约—新泽西	雅典
9	釜山	东京	东京	东京	休斯敦	纽约—新泽西
10	雅典	雅典	雅典	釜山	雅典	东京

资料来源：《新华—波罗的海国际航运中心发展指数报告（2020）》。

海上丝绸之路沿线航运中心除了表5-9中所列的国际航运中心外，还有众多其他已建成或正在建设中的航运中心，如天津北方国家航运中心、大连东北亚航运中心以及广州国际航运中心等。这些航运中心为海上丝绸之路的发展提供了保障，是海上丝绸之路互联互通的重要载体。

国际航运中心是海上货物运输的重要枢纽节点，本书将重点介绍海上丝绸之路沿线主要的国际航运中心。

1. 新加坡国际航运中心

世界主要的枢纽港口之一的新加坡港主要承担的是货物中转作业任务，是世界上最繁忙的港口之一。新加坡国际航运中心是以中转业务为主的国际航运中心。

新加坡实施自由港政策：第一，自由通航、贸易，允许境外货物自由进出，对大部分货物免征关税。这有助于改善货物中转效率，降低贸易、物流成本，推动国际中转业务的发展；第二，税收、融资等优惠，促进船舶登记、融资、法律保险发展。这有助于新加坡航运中心向高端航运服务转型；第三，税收激励计划。如向航运企业提供税收优惠，向海外贷款的船旗转换提供优惠，向船舶投资公司、船舶管理公司提供海事金融优惠，向外来企业实施双重减税计划。

新加坡地处欧亚海运的中点，由于亚太经济的增长，亚洲与世界其他地区的货物流动加速，奠定了新加坡的中转枢纽港的地位。新加坡国际航运中心承担着海上丝绸之路的航线网络中重要的货物中转任务。

2. 香港国际航运中心

地处亚太地区中心的中国香港，既是全球第三大金融中心，也是国际重要的中转港，其经济腹地是世界上具有最多人口、最大市场的中国内陆地区。发达的珠三角经济区和厦漳泉经济区给予了中国香港广阔的经济腹地。同时，完善的港口与物流基础设施、高效的物流服务系统、开放高效的政策环境以及涵盖海陆空运输方式的多式联运系统也使中国香港成了重要的国际航运枢纽。

香港是全球重要的自由贸易港之一，具有高效的货物装卸效率、先进的港内基础设施、综合的信息交换平台。香港国际航运中心享受自由贸易政策及自由汇兑制度，其在国际贸易上一般不收取进出口关税、增值税及一般服务费。

随着上海国际航运中心及周边众多航运中心的发展，其在一定程度上面临着竞争。但海上丝绸之路建设也为其发展提供了新的机遇，香港国际航运中心的发展对海上丝绸之路建设也将起到重要的保障作用。

3. 伦敦国际航运中心

伦敦是两大国际金融中心之一、欧洲最大的经济中心，是重要的欧洲门户和国际航运定价中心。但从20世纪70年代开始，伦敦港口吞吐量大幅衰退，其货物吞吐量排在世界30名之后，集装箱吞吐量更是跌出世界100名。然而，凭借发达的租船市场和多样化的航运服务以及完善的航运中心等软环境支撑，伦敦仍然是重要的国际航运中心，对全球航运市场具有重要的影响。

伦敦拥有世界上最大的航运交易所，众多的航运信息收集、处理、研究及咨询机构，发达的航运出版业等，是航运知识的集散地。德鲁里航运咨询公司与克拉克松公司等国际航运咨询知名机构以及国际海事权威机构劳氏船级社等机构总部均设在伦敦。此外，伦敦还是世界海运专业媒体最为集中的城市。

伦敦的高端航运服务业发展成熟，强大的航运服务产业集群给予了伦敦国际航运中心的地位，伦敦借此在国际航运界也具有更多的话语权，从而进一步巩固了伦敦国际航运中心的地位。同时，伦敦还是国际性组织最为集聚的城市，这进一步规范了伦敦的航运市场，提升了伦敦在航运领域的影响力。众多国际航运组织、行业协会总部、海事机构均设在伦敦，如落户伦敦的经合组织海上运输委员会、国际航运公会、国际船检社、劳氏船级社、国际海事组织等行业协会组织和海事组织、这使伦敦成为航运业重要规则的制定地。

4. 迪拜国际航运中心

迪拜国际航运中心是中东及北非地区最大的航运中心，也是世界主要的中转港口之一，其腹地是世界主要的石油产地之一的沙特阿拉伯地区，其区域内的迪拜港也是世界十大集装箱港口之一，承担着大量的原油、成品油等液体散货的装卸工作。

迪拜地理位置优越、配备的基础设施先进、自然资源丰富，这为迪拜国际航运中心的建设奠定了良好的基础。此外，作为中东地区重要的贸易及航运枢纽的迪拜，也是重要的国际货物集散中心，迪拜港经过多年的发展已成为中东地区最大的自由贸易港，其毗邻的区域也发展成为相应的自由贸易区。

作为海上丝绸之路沿线中中东及北非地区最重要的国际航运枢纽，迪拜国际航运中心的发展不仅对当地的经济发展，而且对于海上丝绸之路的建设都具有重要的推动作用。

5. 上海国际航运中心

上海是我国最大的航运中心，是"21世纪海上丝绸之路"建设、发展过程中不可缺少的重要节点，对其具有强大的推动作用，是我国贸易进出口的主要门户，承担着大量货物进出口装卸的任务。

上海港是世界上集装箱吞吐量最大的港口，是世界重要的集装箱枢纽港，也是货物吞吐量仅次于宁波—舟山港、排名世界第二的港口，是世界海运货物贸易的重要节点。

除了具有巨大的货物集散能力外，上海正在不断发展其航运交易、航运金融等功能，力求建设成亚洲乃至全球的国际航运金融中心。上海国际航运服务中心以航运交易为中心，通过吸引国际航运总部进驻，综合航运金融、航运保险、航运办公等多种功能为一体，力争打造成亚洲乃至全球的航运经济中心。上海设有我国唯一的国家级航运交易所——上海航运交易所，其设有中国出口集装箱运价指数，目的是规范航运市场，促进航运市场信息流动，完善航运价格形成机制。此外，2018年原油期货在上海期货交易所挂牌上市交易，进一步提高了上海航运中心的国际地位。

上海是海上丝绸之路发展最重要的区域，上海航运中心的健康发展是海上丝绸之路建设最重要的保障和基础。海上丝绸之路的建立对于上海国际航运中心业务的完善、航运交易及航运金融等功能的推广、其相关服务水平的提升、相关政策的制定都具有十分重要的作用。

（二）海上丝绸之路主要航运市场①

航运市场的发展为海上丝绸之路的建立提供了相应的保障，推动了海上丝绸之路的健康发展，对于如上海航运交易所这样正处于发展阶段的航运市场，其可以以此为契机，不断扩大其业务范围、提升产品种类以增强其市场竞争力。目前全球已设立众多国际航运市场，如英国伦敦的波罗的海航交所、中国的上海航运交易所、挪威的挪威国际海事交易所以及纽约商业交易所、新加坡交易所等众多国际化航运市场。海上丝绸之路沿线涉及上海航运交易所、新加坡商品交易所等，并延伸辐射到伦敦、挪威等地。

上海航运交易所是我国最大的也是唯一一家国家级航运交易所。对于中国航运市场的健康发展具有推动作用。交易所内提供船舶买卖、航运动态信息、发布航运及相关市场报告、协调运价、发布各类运价指数（如中国出口集装箱运价指数、中国沿海散货运价指数、中国沿海煤炭运价指数、中国进口干散货运价指数等以中国为研究对象的运价指数）。

目前，上海航运交易所已经通过试运行"一带一路"货运贸易指数以及"海上丝绸之路运价指数"等方式关注海上丝绸之路的建设及发展，并以此为重点来加大对相关业务的开展力度，这对于上海航运交易所及海上丝绸之路的健

---

① 航运市场又称海运市场，其有广义航运市场与狭义航运市场之分。航运市场具有规范航运市场行为、沟通航运市场信息、发挥价格发现功能、调节航运市场价格、降低交易成本、规避交易风险等功能，有助于形成有效的风险管理机制，对于相关航线海上货物运输贸易具有推动及保障作用。

康发展具有重要意义。

第三节 "一带一路"货物运输案例分析

货物运输是"一带一路"的重要组成部分，按照其运输方式可以分为铁路运输、陆地运输与海上运输三种方式。由于"一带一路"建设中主要涉及的是铁路运输和海上运输，因此本节将对这两种运输方式以及其联合运输方式分别选取典型案例进行分析。

一、铁路运输——以中欧班列（成都）为例

中欧班列正是"一带一路"建设中的铁路运输实现形式。本节将以中欧班列（成都）为例分析铁路运输。

2013 年 4 月 26 日，中欧班列（成都）从成都青白江始发，而在 2018 年 6 月 28 日，第 2000 列中欧班列从成都国际铁路港驶出，成都成为国内首个实现中欧班列累积开行 2000 列的城市。近年来，中欧班列运行品质稳步提升，综合重箱率由 2016 年的 77.2% 提升至 2021 年的 98.1%；回程班列与去程班列的比例由 2016 年的 50.6% 提升至 2021 年的 81.5%。①

（一）中欧班列（成都）的运输路线

（1）东向。拓展"蓉欧+"铁路班列货运通道，依托长江水道和沿江铁路打通联结长三角、珠三角等的东向通道，辐射日韩、中国的港澳台及美洲地区。

（2）西向。在中欧班列蓉欧快铁稳定运行基础上，加快成都至西宁铁路、川藏铁路等建设，争取成格铁路纳入国家规划，开辟经霍尔果斯出境的第二条西向国际物流通道，形成经阿拉山口至蒂尔堡、经霍尔果斯至伊斯坦布尔的泛欧铁路大通道，打通进出印度洋阿拉伯海最近的铁海联运通道。

（3）南向。着重打造蓉桂陆海通道，稳定运行经广西钦州联通东南亚、澳新、中东的铁海联运班列和经广西凭祥至越南河内的跨境铁路班列，适时开通经云南至东盟国家的泛亚班列，依托泛亚西线连接缅甸皎漂港，打造进出印度

---

① 国际在线. 中欧班列开行 11 年 为高质量共建"一带一路"持续增添动能［EB/OL］. 国际在线官网，2022-03-21。

洋孟加拉湾最近的铁海联运通道，形成东中西三大泛亚铁海联运大通道。

（4）北向。稳定开行经二连浩特直达蒙古、俄罗斯、白俄罗斯的国际铁路运输通道，有效覆盖独联体国家，对接中蒙俄经济走廊。①

（二）中欧班列（成都）的服务优化

成都中欧班列坚持"稳定数量抓质量"的思路，以提升班列开行品质与服务为主导，推出公共班列、精品班列、定制班列三大产品服务体系，努力提升班列服务质量，推行"520"服务模式。坚持敞开五种受理渠道、两个小时反馈、零投诉的服务质量要求。优化线上线下一体化运营机制，组建包括需求受理、方案制订、价格测算、风险控制等功能为一体的客服中心服务团队，提升班列服务水平。建立重点客户、重点项目营销管理办法，建立针对重点客户的快速反应、快速决策机制。从运价政策、运力保障各方面制定针对大客户的支持策略，建立与大客户的长期战略合作伙伴关系。

在成都市区两级政府、中国铁路成都局集团有限公司的支持下，成都组建港投集团，整合铁路港原有班列公司、陆港公司、自贸通公司，建立市场化运营机制，实现班列开行与口岸服务、配套投融资、建设等高效协同，推动班列运营更加高效优质。

（三）中欧班列（成都）的运营模式

成都国际铁路港创新中欧班列多式联运提单金融服务，巩固首张中欧班列提单创新成果，实现国外国内段铁路运输的整合，赋予陆路运输提单物权属性，以提单质押方式开具信用证进行贸易结算，提供配套物流金融支持，货物实现"门到门"运输，"一次委托、一口报价、一单到底、一票结算"。中欧班列实行创新集拼集运组织模式。已在 2018 年 2 月中旬成功完成蓉欧国际快速铁路货运直达班列（简称："蓉欧班列"）在乌鲁木齐去程、回程集拼集运测试。海关监管由"列"变为"节"，内外贸商品集拼集运，有效提升装载量，降低运行成本。推动舱位共享、代码共享、资源共享、通关便利，促进和提升中欧班列（成都）重载率。

中欧班列（成都）逐步从开行数量转向提升班列运营效能，重点围绕本地贸易产业发展需求，结合大宗物资交易和进出口货物贸易需求，为客户提供融

---

① 资料来源："一带一路"官网。

入供应链的物流、贸易、金融一体化服务。今年先后开行俄罗斯至成都木材运贸一体化班列，打通了俄罗斯西伯利亚地区至成都的木材贸易通道，为西南木材交易中心的建设提供了保障。根据莫斯科与成都间商贸的需求，开行成都至莫斯科运贸一体化班列，辐射带动省内攀枝花地区的蔬菜、水果和成都生产的鞋帽、服装等，打开了俄罗斯市场，同时将俄罗斯的糖果、巧克力、纸浆等源源不断运往中国。

（四）中欧班列（成都）的运行成效

蓉欧班列的开通成为提升成都投资环境、增强城市竞争优势的战略选择。蓉欧班列铺划了三条运行线：中线（成都至波兰罗兹）全长 9826 千米，终点延伸至波兰罗兹、德国纽伦堡、荷兰蒂尔堡、比利时根特等欧洲端点城市；南线通过哈萨克斯坦阿拉木图，衍生至土耳其伊斯坦布尔，覆盖中亚、西亚、南亚及南欧地区；北线（成都至俄罗斯莫斯科），覆盖独联体及其他东欧国家。

蓉欧班列铺划的三条线路，正是为了配合其蓉欧+城市、蓉欧+企业、蓉欧+电商的战略实施，如中国台湾的冠捷，经由厦门口岸，搭乘蓉欧班列将其产品运往波兰罗兹；包括 DHL、UPS 在内的多家国际知名物流公司组织华东、华南、华北及成都本地外贸企业及跨境电商企业，通过该班列将 IT 产品、汽车零配件、家电产品、服装鞋帽、工业品、日用品等货物运往欧洲。包括苹果、戴尔、TCL、格力集团、神龙汽车、一汽大众等公司都是该线路的大客户。而通过蓉欧班列的成功开行，成都铁路口岸还先后获得了肉类和水果口岸资质、汽车整车进口指定口岸资质等。

无疑，蓉欧班列为中国西部，为成都外向型经济发展注入快速发展的动力。可以看到，通过蓉欧班列及现有产业的效应，未来将会有更多的企业、产业不断汇聚成都，进而加速带动产业升级。随着成都国际班列开行规模的扩大，这趟国内开行数量最多、开行频次最稳定、运输时效最短的国际班列对产业和贸易的带动效应逐步发挥，四川省近年来与"一带一路"沿线国家贸易额增长79.8%，为西部内陆企业沿着"一带一路"走出去提供了稳定的国际物流通道保障。

二、海上运输——浙江港口联盟

（一）背景介绍

浙江省有货物吞吐量全球排名第一的港口——宁波—舟山港，依托宁波港集团公司组建的省海港投资运营集团有限公司所占有的全省港口岸线资源。作为浙江省参与全球经济竞争与合作的重要资源，在构建通畅便捷的国际物流运输网络，带动浙江及其更深广的经济腹地融入国家"一带一路"倡议，提升区域开放水平等方面具有重大意义。宁波—舟山港是实现"21世纪海上丝绸之路"和"长江经济带"与沿线经济体、区域经济互联互通的关键节点，以我国最具产业经济活力的"长江经济带"为腹地，被视为我国建设"21世纪海上丝绸之路"的桥头堡。

2017年，浙江省发展改革委批准建设宁波"一带一路"建设综合试验区，目的是建设"一带一路"港航物流中心、投资贸易便利化先行区、产业科技合作引领区、金融保险服务示范区和人文交流门户区。

（二）联盟意义

浙江省内港口联盟形成之前，全省五个沿海港口——宁波港、舟山港、嘉兴港、台州港、温州港——基本处于"一城一港一政"状态，相互联系很少，未能实现有效的资源整合。随着全球经济一体化进程日益深化，港口的作用和地位日益凸显。浙江各港口要实现整体可持续发展，建设战略联盟是必由之路。建设港口战略联盟对于浙江的意义非同一般。

1. 加快外向型经济发展

浙江是外向型经济省份，具有"大进大出""两头在外"的典型特征。内贸方面，浙江所需各类能源资源以水路运输为主；外贸方面，90%以上的外贸货物为海洋运输，港口水运对于浙江省社会经济发展的重要性可见一斑。所以，建立港口联盟，优化配置物流、信息流、资金流，将五大港口的业务衔接起来，整合港口、航运、外贸、海关等行业服务和监管，实现货物多式联运与快速集散，对全省外向型经济发展具有重要意义。

2. 提升龙头港口竞争力

宁波港作为浙江龙头港口，在20世纪90年代的港口建设高潮中，成就令人瞩目。伴随着船舶大型化趋势，泊位深水化、大型化逐渐成为港口发展的必要条件，港口深水岸线不足成为其发展瓶颈。宁波港必须获取新的深水岸线资源才能实现其可持续发展。而通过与邻近的舟山港建立港口联盟，就可以共享深水岸线资源。这不仅可以促进宁波港的可持续发展，还可以大幅提升全省港口的竞争力。

3. 促进中小港口发展

浙江南北部的温州、台州、嘉兴等中小港口虽在区位、岸线资源等方面拥有相对优势，但因为投资不足、缺乏统一规划管理等问题，其发展举步维艰，在与邻近的宁波、上海等大港的竞争中，生存空间被越挤越小，发展甚至接近"天花板"。通过港口联盟，实现岸线资源整合，可以给这些中小港口利用自身优势资源创造发展的机会。

4. 避免恶性竞争

浙江省五大港口地理位置邻近，经济腹地交叉重叠，发展环境、机遇类似，使得五大港口功能定位存在同质化问题，这一方面是港口联盟形成的基础，但另一方面又很容易形成恶性竞争，因内耗而导致整体竞争力的下降。故此，通过组建港口联盟可以协调五大港口利益关系，避免同质化的恶性竞争。

（三）浙江港口联盟的发展历程及成就

2003 年，浙江省以"统一规划、有序建设、市场运作、加强协调"为指导思想，整合宁波港和舟山港。2007 年，温州港与宁波港集团签署合资合作协议。2008 年，嘉兴港与宁波港集团合作，共同投资建设码头，联手拓展集装箱业务，开通嘉兴至宁波的集装箱内支线。台州港与宁波港集团签署合资合作框架协议，共同投资建设港口设施，经营支线班轮。

2009 年 3 月，交通运输部和浙江省政府批复《宁波—舟山港总体规划》，并公布实施，12 月，舟山跨海大桥通车。2010 年，舟山金塘港区大浦口集装箱码头建成投产，成为宁波—舟山港进入实质性一体化的重要标志，1 月，宁波港集团、台州海门港外沙港埠公司双方各出资 50%，共同组建台州湾港务有限公司。

2015 年 8 月，浙江省海港投资运营集团有限公司在舟山揭牌。此举标志着浙江海港一体化发展站上新起点，浙江全省五大港口——宁波港、舟山港、嘉兴港、台州港、温州港大整合并入浙江海港集团，统一运营。

历经 10 余年合作发展，浙江省内已基本形成以宁波—舟山港为核心，温州港、台州港与嘉兴港为南北两翼的港口群。通过多种合作形式，构建了现代港口联盟体系，也实现了合作多赢的良好格局，省内各港口货物、集装箱吞吐量获得大幅度提升。

作为浙江港口联盟核心的宁波—舟山港，在与省内港口协同发展的过程中，持续获得来自嘉兴、温州、台州三港的喂给，进一步巩固其在联盟中的核心地位和世界领先地位。2009—2020 年，宁波—舟山港货物吞吐量由 5.7 亿吨增长到11.72亿吨，12年增长一倍多（见表5-10）；2012年，宁波—舟山港货物吞吐量为7.44亿吨，首次超过上海港，排名世界第一，近年来货物吞吐量连年刷新世界纪录。尤其值得注意的是，嘉兴港的货物吞吐量和集装箱中转服务也实现了质的飞跃，货物吞吐方面，由2009年的0.34亿吨增长到2020年的1.17亿吨，12年增长244.12%；集装箱吞吐量方面，2020年完成集装箱吞吐量195.57万标箱，同比增长4.85%，增幅稳居长三角14个港口前列。

表5-10　浙江省沿海港口货物吞吐量（2009—2020）　（单位：亿吨）

年份	宁波—舟山港	嘉兴港	台州港	温州港
2009	5.7	0.34	0.43	0.57
2010	6.3	0.44	0.47	0.64
2011	6.91	0.52	0.51	0.69
2012	7.44	0.6	0.53	0.7
2013	8.09	0.66	0.56	0.73
2014	8.73	0.68	0.6	0.79
2015	8.89	0.62	0.62	0.84
2016	9.22	0.68	0.67	0.85
2017	10.1	0.88	0.7	0.89
2018	10.84	0.97	0.72	0.82
2019	11.2	1.09	0.49	0.75
2020	11.72	1.17	0.51	0.74
12年增长率（%）	105.61	244.12	18.60	29.82

数据来源：《中国港口统计数据》。

第四节　"一带一路"货物运输的风险解析

按照"一带一路"中货物运输的形式，本节将分别探究最核心的海洋运输与铁路运输两种运输形式的运输风险。

一、"一带一路"涉及的海上运输风险①

海洋运输风险既有广义上的一切风险，也有狭义上的自然灾害与意外事故的风险。狭义的海洋运输风险包括自然灾害与意外事故，外来风险包括一般外来风险与特殊外来风险。

（一）海上自然灾害风险

（1）恶劣气候。一般指海上的飓风（八级以上的风）、大浪（三米以上的浪）引起的船体颠簸倾斜，并由此造成船体、船舶机器设备的损坏；或者因此引起的船上所载货物的相互挤压、碰撞所导致货物的破碎、渗漏、凹瘪等损失。

（2）雷电。雷电是一种自然现象，指发生在积雨云中的放电和雷鸣，作为海上风险之一，它是指因货物在海上或陆上运输过程中由于雷电所直接造成的，或者由于雷电引起的火灾造成的货物的灭失和损害。

（3）海啸。海啸是指海底地震、火山活动、海岸地壳变异或特大海洋风暴等引起的海水强烈震动而产生的巨大浪潮，因此导致船舶、货物被淹没、冲击或损毁。

（4）地震。地震是指由于地壳发生急剧的自然变化，使地面发生震动、塌陷、地陷、地裂等造成保险货物的损失。

（5）火山爆发。火山爆发是指由于火山活动产生的地震及喷发的火山岩灰造成的保险货物的损失。

（6）洪水。洪水是指因江河泛滥、山洪暴发、湖水上岸及倒灌，或暴雨积水致使保险货物遭受泡损、淹没、冲散等损失。

（7）其他人力不可抗拒的灾害。通常包括浪击落海和海水、湖水、河水进入船舶、驳船、运输工具、集装箱、大型海运箱或储存处所。

（二）海上意外事故风险

（1）搁浅。搁浅是指船舶在航行中由于意外与水下障碍物，包括海滩、礁石等紧密接触，持续一段时间失去进退能力的状态。构成海上保险中的搁浅必须具备两个条件：第一，搁浅必须是意外发生的；第二，搁浅必须造成船底紧密搁置在障碍物上，持续一段时间处于静止状态，不能一擦而过。

① 栗丽. 国际货物运输与保险［M］. 北京：中国人民大学出版社，2017：302-307.

（2）触礁。触礁是指船体触及水中的岩礁或其他障碍物而造成的意外事故。

（3）沉没。沉没是指船舶在航行中或停泊时，船体全部进入水中而失去航行能力的状态。

（4）碰撞。碰撞是指载货船舶同水以外的物体，如码头、船舶、灯塔、流冰等发生猛力接触，因此造成船上货物的损失。如果发生碰撞的是两艘船舶，则碰撞不仅会带来船体及货物的损失，还会产生碰撞的责任认定。

（5）失踪。失踪是指船舶在海上航行，失去联络超过合理期限的一种情况。所谓"合理期限"是一个事实问题，各个国家根据各自的情况分别制定了一定的期限为合理期限。在我国，这一期限为两个月。被保险船舶一旦宣告失踪，除非能够证明失踪是因战争等风险导致的，否则均由保险人当作海上风险损失负责赔偿。

（6）倾覆。倾覆是指船舶在航行中，遭受自然灾害或意外事故导致船体翻倒或倾斜，失去正常状态，非经施救不能继续航行，由此造成的保险货物的损失。

（7）火灾。火灾是指由于意外、偶然发生的燃烧失去控制，蔓延扩大而造成的船、货的损失。海上货物运输保险无论是直接被火烧毁、烧焦、烧裂，还是间接被火熏黑、灼热或为救火而致损失，均属火灾风险。造成火灾的原因有很多，可能是自然界的原因，如雷电、地震引起船货火灾，也可能是货物受海水浸湿温热而致起火，还可能是船长、船员在航行中的过失引起火灾，此外还可能是由于工作人员操作不当引起火灾，如电焊引起火灾。由上述原因及其他不明原因所致的火灾损失，保险人均负责赔偿。但是由于货物固有瑕疵或在不适当情况下运送引起的货物自燃，则不属于保险人的承保责任范围。

（8）爆炸。爆炸是指物体内部发生急剧的分解或燃烧，迸发出大量气体和热力，致使物体本身及其周围的物体遭受猛烈破坏的现象。在海上运输过程中，船上设备，如锅炉可能发生爆炸致使船货损失；货物自身因气候温度变化的影响产生化学作用引起爆炸而受损。

（9）投弃。投弃也称抛货，是指当船舶及其承载的货物均处于紧急危险性情况下，船长为了保全船舶与货物的共同安全，故意将船上部分货物或设备投弃海中所造成的损失。按照伦敦保险协会 1963 年协会货物条款规定，投弃仅指共同海损行为的投弃，不包括非共同海损行为的投弃。但是 1982 年协会货物条款已经取消了这一限制，规定凡因投弃造成的损失，保险人都予以赔偿，而不论其是否为共同海损的行为所致。

（10）船长和船员的恶意行为。是指船长或船员背着船东或货主故意损害船东或货主利益的一种行为，如丢弃船舶、纵火焚烧、凿漏船体、违法走私造成船舶被扣押或没收等。

（11）陆上运输工具倾覆。陆上运输工具倾覆主要是指在陆地上行驶的汽车、卡车等运输工具因发生意外而翻倒、倾斜所导致的车祸损失事故。

（三）一般外来风险

（1）偷窃。偷窃一般指整件货物或包装内一部分货物被人暗中窃取，不包括公开的攻击性的劫夺。

（2）提货不着。提货不着是指货物在运输途中由于不明原因被遗失，造成货物未能运抵目的地，或运抵目的地发现整件短少，未能交付给收货人的损失。

（3）渗漏。渗漏是指流质或半流质的物质容器破漏引起的损失，以及用液体储存的货物，如湿肠衣，液体渗漏而使肠衣发生质腐等损失。

（4）短量。短量是指被保险货物在运输途中或货物到达目的地发现包装内货物数量短少或散装货物重量短缺。

（5）碰损。碰损是指金属和金属制品等货物在运输途中因受震动、颠簸、碰撞、受压等造成的凹瘪、变形。

（6）破碎。破碎主要是指易碎物品在运输途中因搬运、装卸不慎以及受到震动、颠簸、碰撞、受压等造成的货物本身破碎和破裂。

（7）钩损。钩损主要是指袋装、捆装货物在装卸、搬运过程中因使用手钩、吊钩操作不当而致货物损失。

（8）淡水雨淋。淡水雨淋是指直接由于淡水、雨水以及冰雪融化造成货物的水渍损失。

（9）生锈。生锈是金属或金属制品的一种氧化过程，海上货物运输保险中承保的生锈，是指货物在装运时无生锈现象，在保险期内生锈造成的货物损失。

（10）沾污。沾污是指货物同其他物质接触而受污染，如布匹、纸张、食物、服装等被油类或带色的物质污染造成的损失。

（11）受潮受热。指由于气温骤变或船舱上的通信设备失灵，使船舱内水汽凝结，引起发潮发热导致货物的损失。

（12）串味。串味是指被保险货物受到其他带异味货物的影响，引起串味，失去了原味。例如，茶叶和樟脑丸放在一起，导致茶叶吸收樟脑丸的气味而失去饮用价值。

（四）特殊外来风险

主要是指除一般外来风险以外的其他外来原因导致的风险，往往是与政治、军事、社会动荡、国家政策法令以及行政措施等有关的风险。常见的特殊外来风险主要有战争风险、罢工风险、交货不到风险、拒收风险等。

二、"一带一路"中的海洋运输风险和陆上运输风险

可喜的是，从总体来看，世界海运损失正在呈现下降的趋势。按照国际海上保险联盟（International Union of Marine Insurance，简称 IUMI）公布的数据显示，航运损失占世界航运的比例正在逐年减少，如图 5-5 所示。

同时 IUMI 也公布了发生损失的船舶类型比例，可以看到，尽管总体的损失比重呈现下降的趋势，但对于一些类型的船舶，其损失变化具有较强的波动性。如图 5-6 所示。

可以看到，不同类型的船舶其损失占比相差较大。总体而言，由于集装箱类型船舶的体量较大，其损失占比一般也是最大的。此外，散货型船舶的损失也占据了相当大的比重。在单独比较同一种类型的船舶历年来损失占比的变化时，很容易发现虽然其波动性较大，但总是围绕着一个大致的水平。而由于油轮的价值较大，容易被海盗等武装组织劫船，因此其损失较其他自然因素导致的波动而言更为明显。

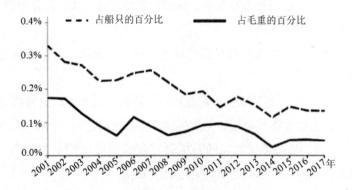

图 5-5　世界航运损失占比情况（2001—2017）

数据来源：国际海上保险联盟 2018 年世界商船队与世界贸易会议报告。

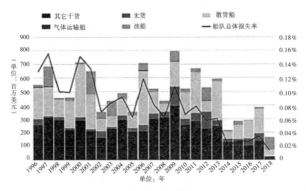

图 5-6 世界行业市场不同类型船舶损失占比（1996—2018）

数据来源：国际海上保险联盟 2018 年世界商船队与世界贸易会议报告。

（一）海洋运输风险总体情况

1. 船体损失率

此处主要以我国所在的亚洲为例。IUMI 公布的亚洲地区船体损失数据主要是统计了中国大陆、中国香港以及日本。图 5-7 展示 IUMI 从总保费、赔付额以及赔付率三个数据得出的 2007—2017 年亚洲的船体总损失率。

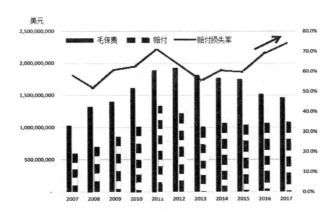

图 5-7 亚洲地区保费、赔付额与赔付率统计（2007—2017）

数据来源：国际海上保险联盟 2018 年世界商船队与世界贸易会议报告。

从赔付率的角度来看，亚洲地区的赔付率在 2011 年达到阶段性高峰后，于 2013 年又开始了新一轮上升，并且从 2013 年至 2017 年这段时间，赔付率一直呈现上升趋势。从保费收入来看，2012 年达到了整个时间段的高峰，然后开始持续下降，但与之相反的是，从 2013 年开始，赔付额几乎稳定在 10 亿美元。

这说明，亚洲地区的赔付率上升的主要原因是保费收入的下降。IUMI 认为，保费收入的下降可能与投资组合收益的变化有一定的关系。当然，也存在亚洲地区航运出险概率提高的可能性。在保费收入下降的情况下，根据收支平衡准则，赔付本应该相应下降，但事实上，几乎保持不变的赔付相对于下降的保费收入是上升的。也即可以认为亚洲地区航运出险的概率有所提升的可能性是存在的。

2. 自然损失

亚洲地区有诸多港口分布在海上丝绸之路上，其规模与巨灾损失潜力之间没有很强的相关性。以 IUMI 公布的数据为例，不仅大型的集装箱枢纽存在较大的损失风险，较小的港口由于受到货物类型和自然灾害的影响，也会存在较大的损失风险，见图 5-8。

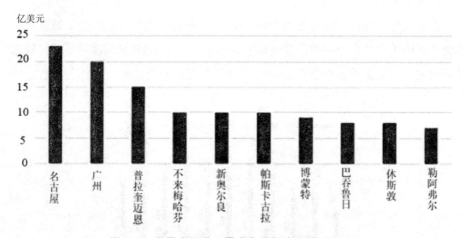

图 5-8　世界主要港口最大自然损失风险（2018）

数据来源：国际海上保险联盟 2018 年世界商船队与世界贸易会议报告。

在对自然风险进行研究的过程中，可以发现港口的规模并非决定因素，港口所在区域的气候、礁石等航海条件才是造成自然损失的决定因素。因此，在考虑自然灾害造成风险的时候，应当着重于对特定危险区域进行研究。由于"21 世纪海上丝绸之路"并非新航线的开辟，所以以往的航行经验以及气象科技的应用是避免自然灾害的有效手段，对自然灾害的研究本书不再赘述。

（二）陆上运输风险分析

海上丝绸之路是具有跨国性质的海上贸易通道，其风险来自两方面：天灾与人祸。一方面，由于海上丝绸之路辐射范围极广，航线极长，因此不可避免地会穿越各种气候环境与水文条件的海域，这些自然因素将会导致海上丝绸之路的建立面临着更多更复杂的自然风险；另一方面，由于海上丝绸之路沿线国家很多，各个国家的政治环境又不同，难免途经海盗活动猖獗的海域。此外，各国家提供的港口设施质量存在差距，低质量的港口设施与港口服务可能会导致更高的出险概率。

1. 陆上运输风险与海洋运输风险的比较

与海上运输可能遭受的风险不同，陆上货物运输的风险有其自身的特点。较常见的铁路运输风险有出轨、铁路坍塌、桥梁折断以及火灾、爆炸等意外事故或者雷电、洪水、暴风雨、地震、火山爆发、霜雪冰雹等自然灾害。此外，海上运输时可能产生的偷窃、短量、破损、渗漏、战争、罢工等外来原因所造成的风险，陆上运输时也同样存在。但是，陆上运输一般不涉及海上运输时可能产生的共同海损问题，而且按照保险业的习惯，陆上运输货物保险业务只要因发生承保责任内风险所致的损失，一般都予以补偿，不再区分全部损失和部分损失。

陆上运输主要有铁路运输和公路运输两种，但是在"一带一路"中，尤其是以中欧班列为典型代表的国际运输中，铁路运输占据绝对主导地位。因此，以下主要以铁路运输为对象研究陆上运输部分。

2. 陆运险与陆运一切险

陆运险的承保责任范围与海洋运输货物保险条款中的"水渍险"或协会货物保险 B 条款相似。保险人负责赔偿被保险货物在运输途中遭受暴风、雷电、洪水、地震等自然灾害造成的损失；或由于运输工具损坏遭受碰撞、倾覆、出轨；或在驳运过程中因驳运工具遭受搁浅、触礁、沉没、碰撞；或由于隧道坍塌、崖崩或失火、爆炸等意外事故造成的全部或部分损失。此外，被保险人对遭受承保责任内危险的货物采取抢救、防止或减少货损的措施而支付的合理费用也由保险人负责赔偿，但以不超过该批被救货物的保险金额为限。

陆地运输一切险的承包责任范围与海上运输货物保险条款中的"一切险"或协会货物保险 A 条款相似，保险人除承担上述陆运险的赔付责任外，还负责赔偿被保险货物在运输途中由于外来风险（如偷窃、短量、渗漏、碰损等）所造成的全部或部分损失。

3. 陆上运输货物战争险

陆上运输货物战争险，是陆上运输货物险的一种附加险。对于这种陆运战争险，国外私营保险公司大都是不保的，我国为适应外贸业需要，保险公司接受加保，但仅限于货车运输。加保陆上运输货物战争险需另缴付一定的保险费。加保陆上运输货物战争险后，保险人负责赔偿在火车运输途中由于战争、类似战争行为或敌对行为、武装冲突所致的损失，以及各种常规武器包括地雷、炸弹所致的损失。但是，由于敌对行为使用原子或热核武器所致的损失和费用，以及根据执政者、当权者或其他武装集团的扣押、拘留引起的承保运程的丧失和挫折而造成的损失除外。

陆上运输货物战争险虽然是附加险，但对于中欧铁路的建设具有十分重要的保障作用，使得漫长的、需要穿越战乱区的铁路线得到安全保障，也是对国际关系的一种回应。

"一带一路"沿线途径战乱及国际恐怖主义等危险地区，也即是说在这些地区货物运输需要通过一些类似战争险的险种进行保障，但是战争险多为除外责任，同时保费也不容易测算，所以在发展"一带一路"的过程中，保险业应当对战争险加以重视。

（三）"一带一路"货物运输面临的其他风险

1. 地缘政治风险

美国的"新丝绸之路"计划、俄罗斯的"欧亚经济联盟"计划等都与中国的"一带一路"倡议存在区域的重合。此外，"一带一路"途经的中亚地区一直以来就是俄罗斯的势力范围，美国也借助反恐战争插足其间，美俄形成争斗之势。中国的"一带一路"倡议必须通过中亚地区，这势必与美、俄发生碰撞，面对美、俄两大势力的压力。而在南亚地区又有着印度这个地区大国，中印之间的领土争端使印度对于中国的"一带一路"倡议保持高度警惕，中国在南亚地区的经营拓展面临着印度的强大压力。作为中国之后具有潜力的发展中国家，印度在南亚的客观存在是"一带一路"难以回避的地缘政治压力。而东南亚地区的局势由于美国和日本的介入而变得格外复杂，美国"亚太再平衡"战略就是以东南亚为突破口，力图遏制中国在该地区的影响力，日本更是把东南亚当成与中国角力的重要战场，在美日的影响下，中国"一带一路"倡议势必受到严重的影响。

2. 政治、经济和法律风险

"一带一路"沿线国家和地区大多是新兴经济体和发展中国家,由于政治、文化不同,民族、宗教复杂,又是大国利益交汇区,经贸合作面临一定的政治、经济、法律风险。部分国家存在政局不稳、经济状况不佳、法律制度不健全等问题。有些国家国内通货膨胀严重、经济结构单一,金融体系不完善。此外,三股势力(宗教极端势力、民族分裂势力、暴力恐怖势力)中很重要的一部分源自中亚和中东一些地区,而这些地区中有些是"丝绸之路经济带"的必经之地。在"一带一路"倡议实施过程中,如何确保投资安全性是保险行业面临的首要问题。从中国信保对600多位企业风险管理者的问卷调查中看出,对中国企业影响最大的十大海外风险,如表5-11所示。从区域和国别来看,"一带一路"沿线主要国家的风险评级大多为5~9级,其中国家风险水平处于中等及以上的国家有48个,占比为76%,"一带一路"的相关区域绝对风险水平相对处于高位。在21个相关国家中,国家风险水平在中等及以上的国家有14个,占比为66.7%。

表5-11 对中国企业影响最大的十大海外风险

风险	损失可能性	损失严重程度
战争与内乱	4.9	4.7
国有化与征收	4.1	4.4
汇兑限制	4.2	4.3
国际制裁	3.5	4.0
汇率大幅波动	4.2	3.9
法律缺少保护	3.8	3.9
利润汇出限制	3.7	3.8
法律变更风险	3.9	3.8
退出成本高	3.2	3.4
银行系统性风险	3.2	3.4

数据来源:中国出口信用保险公司。

第五节　"一带一路"货物运输相关保险实践

一、"一带一路"保险发展状况

"一带一路"沿线国家和地区往往处在重要的战略位置，是大国角力的重点区域，地缘关系相对紧张，因此参与"一带一路"建设的企业需要面对所在国的政治风险和经济风险。从风险特性看，内陆国家和沿海国家的自然风险迥异，前者主要包括旱灾、霜冻、雷击等，后者则包括地震、水灾、台风、风暴潮、海啸等。

针对众多风险，2014年发布的《国务院关于加快发展现代保险服务业的若干意见》提出，要"加大保险业支持企业走出去的力度，鼓励中资保险公司尝试多形式、多渠道走出去，为我国海外企业提供风险保障"；2017年，原保监会下发的《关于保险业服务"一带一路"建设的指导意见》提出，要"提升保险业服务'一带一路'建设的渗透度和覆盖面"；而后，原保监会在《关于保险业支持实体经济发展的指导意见》中专门指出，要支持保险资金通过各种方式服务"一带一路"资金建设。

目前，中资保险公司已基本可以覆盖"一带一路"常规险种，并在产品和服务创新上进行积极探索。人保财险就在大量的常规险种（如工程险、企财险、货运险等）基础上，根据客户提出的保障需求，判断一国在特定地区的自然风险或政治风险，并结合被保险人自身的风险防控能力等多种因素，拟定相应的免赔条件、附加条款。

在2018年年初召开的《"一带一路"早期项目动态评估报告》研讨会上，"一带一路"百人论坛顾问委员周延礼表示，目前工程保险、货物运输保险、运输工具保险、法律责任保险、出口信用保险相关的险种需求较大，为"五星级"或"四星级"；而海外投资风险保险、特种保险需求为"三星级"。总体来看，"一带一路"对保险保障需求较大。

保险业从产品不同量级的需求入手，为各类公司提供不同需求导向的创新产品。目前，"一带一路"建设主要是基础工程项目以及收购投资项目，主要保险产品也是以针对基础设施建设项目为主，包括工程险、货运险、人身意外保险等。

二、"一带一路"保险发展的改进建议

（一）服务国际化

由于"一带一路"倡议中货物运输往往是国际运输，因此面对外国客户以及外国的法律环境是难免的。为了能够面向更多的服务对象，保险业必须努力促进服务的本土化。无论是直接进入国外的保险市场还是选择合资等方式，其核心任务都是适应保险服务的社会环境。

从企业看，加强专业人才储备和队伍建设，加大力度研究"一带一路"沿线国家政策法规、人文宗教等相关知识；加强对国家地缘政治风险、经济金融风险、资金运用风险、宗教文化风险等全方位的分析研究；加大与海外机构的合作，统筹信息、人员、技术等方面的共享与互通，以解决保险机构参与"一带一路"建设中可能会遇到的重大项目对接难、专业平台缺失、沟通协调难度大等困难，通过合作实现共赢。同时，重视再保险的发展，构建"一带一路"区域的国际再保险中心。

（二）海运保险有待创新

虽然有多家保险公司开展了海上航运保险业务，但专业的航运保险公司尤其是海洋航运保险公司我国目前只有 1 家，这与我国在国际上是航运大国的地位并不相称。为服务海上丝绸之路，我国亟需组建专业航运保险公司。同时，大力构建专属的航运互联网保险模式：一是 B2C，包括保险公司网站、第三方保险超市网站和互联网金融超市；二是 B2B，包括互联网风险市场和风险拍卖市场；三是 P2P 保险模式，其具有防止骗赔、节约销售和管理费用及方便小额索赔等优势。另外，为了做好与"一带一路"倡议的衔接，航运保险企业还需在条款制定、费率厘定、信息平台建设、数据分析处理等方面提升技术水平，这将有利于带动国内保险整体管控水平与技术能力的提高。

（三）加强与国际组织合作

政府引导保险机构与世界银行、亚洲基础设施投资银行、金砖国家新开发银行、丝路基金等多边国际机构加强沟通与协调，建立沟通合作机制。合作包括监管机构间的合作、保险公司间的合作以及保险公司与多边金融机构间的合作三个方面。同时，积极组织国内保险机构与"一带一路"沿线国家保险机构开展合作，举办双边、多边的监管论坛和行业研讨，重点在市场准入、监管政

策、信息交流等方面加强协调与共享，形成金融支持和风险管控的合力。

（四）强化风险测算与险种创新

保险公司在制定"一带一路"运输保险之前除了需要关注数据库的统计数据外，还必须组建研究团队在"一带一路"沿途经过的地方调研当地运输从业人员。通过客观风险测算与主观风险评估相结合，做好保险、运输、统计、气象等多学科交叉研究工作，在航运业等运输业自身已有的风险研究基础上对保险产品进行优化、创新和精准定价。

本章小结

本章主要介绍了我国"一带一路"货物运输的组成框架，总结了沿线地区经济发展、国际贸易及货物运输的情况。在此基础上分别介绍了"丝绸之路经济带"和"21世纪海上丝绸之路"发展过程中的典型案例。然后按照货物运输形式的不同，对"一带一路"过程中的运输风险进行了分类介绍。最后从保险的角度对这些运输风险的管理提出了一些建议。本章研究发现：

第一，"一带一路"倡议的实施饱受国际经济恶化的威胁。通过本章中对"一带一路"沿线国家的经济形势的分析不难发现，随着全球经济的低迷，如欧洲等传统的经济强势地区也面临着进出口萎靡、贸易逆差总体增加的局面。由于"一带一路"的实施离不开国际贸易，所以"一带一路"的繁荣在货物贸易运输方面一定会受到不良的国际经济形势的影响。

第二，"一带一路"或成为国际经济复苏的助力。尽管目前大部分的发达国家都深陷低迷的经济困境，但仍有大量的此前没有得到充分开发的资源和市场在"一带一路"的沿线焕发生机。本章包含了对诸多发展中国家及中小国家的经济与贸易形势的调查。可以看到，"一带一路"为这些此前缺乏机遇的国家提供了更多、更稳定的贸易渠道，所以许多发展中国家反而逆势生长。因此，"一带一路"通过深度挖掘未开发的国际市场、资源与生产力，实现了提振经济、刺激贸易的作用。在这一方面，"一带一路"贸易可能会成为缓解甚至扭转国际经济形势的重要契机。

第三，"一带一路"面临法律风险问题。不论是陆运的中欧班列还是海上丝绸之路的航运，都不可避免要面对跨国运输贸易的难题：各国法律的差异。从本章对中欧班列发展规划的分析不难看出,我国作为发起国正在着力改善货物运输的海关效率,在检疫等核心环节优化处理机制,在保证货物运输安全与国家安全的基础上,简化货物检查程序。而这些都只是货物运输所面临的最基本的法律问题。

第四,"一带一路"最基本的风险仍是传统的运输风险。由于"一带一路"货物运输的本质就是国际货物运输,因此国际货物运输风险自然全部存在于"一带一路"的货物运输过程。但"一带一路"相较于传统的国际货物运输又有新的特点,主要是涉及国家多,货物运输路线长,沿线政治危机复杂而深刻。为此本章认为在研究"一带一路"货物运输风险的过程中,需要继承已有的经验的同时,着重考虑跨国保险与预防恐怖主义及战争。对此,本书认为:

其一,因地制宜地利用符合沿线国家国情的方式,如合资、承担再保险或完全控股保险公司等方式实现对沿线各国的保险覆盖。

其二,各国领导人协商签署部分法律豁免协议。在各国可接受的范围对货物运输给予一定的法律豁免,降低货物运输面临的法律风险,提高货物运输效率,鼓励各国积极开展国际贸易,提振沿途国家经济。

其三,改革保险机制。充分利用大数据,实现对相关保险费率厘定的优化。强化前期风险控制的理念,以保险公司提供资金改善和保护被保险人的标的状况来降低风险发生的概率,从而实现保费的降低以及未知风险的防范。

第六章

"一带一路"中国对外直接投资风险评估与管理

"一带一路"倡议为我国企业"走出去"提供了重要的机遇和平台。然而，我国对外开放历程较短。对外直接投资经验不足，企业风险防范意识较为薄弱，对外直接投资在前期投融资、中期项目建设、后期运营等长期链条的各个环节都更加依赖"一带一路"沿线国家的情况，因此"走出去"企业在对外直接投资时面临着巨大的投资风险。本章首先梳理了"一带一路"中国的对外直接投资发展现状；其次对"一带一路"对外直接投资可能面临的各项风险进行识别和评估；最后通过"一带一路"对外直接投资的典型案例分析，就我国如何管理对外直接投资风险提出对策建议。

第一节 "一带一路"中国对外直接投资现状

一、"一带一路"对外投资总体情况

"一带一路"倡议覆盖范围广，涉及 60 多个国家，涵盖中亚、南亚、西亚、东南亚和中东欧等地区，所涵盖的地区约占全球总面积的 41.3%，影响人口约占全球总人口的 66.9%，区域经济总量达到 27.4 万亿美元，约占全球经济总量的 38.2%。对外直接投资是我国与"一带一路"沿线国家经济合作的关键，合作重点包括能源资源、基础建设、工业园区和优势产能合作。

自从"一带一路"倡议实施以来，中国企业对"一带一路"沿线国家的直接投资明显增加。截至 2020 年年底，中国在"一带一路"沿线国家设立境外企业超过 1.1 万家，2020 年当年实现直接投资 225.38 亿美元，同比上升 20.59%。

2013 年至 2020 年中国对"一带一路"沿线国家累计直接投资 1398.48 亿美元（见图 6-1）。

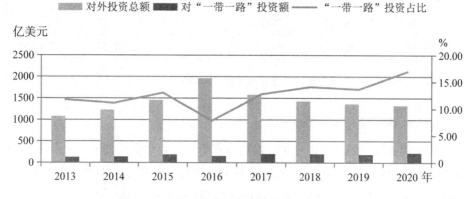

图 6-1　中国对外直接投资情况（2013—2020）

数据来源：《中国"一带一路"贸易投资发展报告 2021》。

据《哈佛商业评论》分析，2016 年中国企业对"一带一路"沿线国家投资小幅回落，主要是在中国结构调整经济转型的时期，中国企业海外投资对象主要以欧美等发达国家为主。而对"一带一路"沿线国家的投资是一个长期的过程，且投资集中在能源、交通运输、基础设施建设、电信等大规模产业领域，投资回报很难在短期内显现。

二、"一带一路"对外直接投资区位分布

"一带一路"沿线国家涉及的范围广，各国的经济文化发展具有多样性，与中国的关系也相对复杂，这些直接影响了中国对外直接投资的区位选择。

（一）投资的区域结构

根据表 6-1 可知，东南亚（东盟）地区吸收了一多半中国对"一带一路"的直接投资，并在所吸收的直接投资上持续保持绝对优势，中东地区紧随其后，2020 年，这两个区域吸收中国对"一带一路"沿线各区域直接投资流量占比为 82.05%。

表6-1　中国对"一带一路"沿线各区域直接投资区位结构（2020）

地区	流量占比	存量占比	地区	流量占比	存量占比
东南亚（东盟）	66.04%	63.62%	独联体	2.66%	6.42%
中东	16.01%	13.86%	南亚	7.69%	6.03%
中亚及蒙古	0.25%	7.99%	中东欧	7.35%	2.08%

数据来源：《2020年度中国对外直接投资统计公报》。

（二）投资的国别结构

在东南亚地区的"一带一路"沿线国家中，由表6-2可知，2020年吸纳中国对外直接投资流量的前五位的国家分别为新加坡、印度尼西亚、马来西亚、老挝和泰国；吸引中国直接投资存量前五位的国家同样是新加坡、印度尼西亚、马来西亚、老挝和泰国。其中，新加坡和印度尼西亚两国占据了中国对东南亚投资流量总额的54.56%，新加坡占据39.79%，印度尼西亚仅占14.77%。从对外直接投资存量上来看，新加坡也是独占鳌头，占比将近一半。

表6-2　中国对"一带一路"东南亚各国直接投资的国别结构（2020）

东南亚（东盟）	流量占比	存量占比	东南亚（东盟）	流量占比	存量占比
新加坡	39.79%	46.86%	越南	6.43%	6.71%
印度尼西亚	14.77%	14.04%	马来西亚	12.60%	7.99%
老挝	10.43%	7.99%	菲律宾	0.88%	0.60%
缅甸	1.68%	2.98%	文莱	0.39%	-0.03%
柬埔寨	3.83%	5.51%	东帝汶	0.11%	0.30%
泰国	9.23%	6.91%	合计	100.00%	100.00%

数据来源：《2020年度中国对外直接投资统计公报》。

由表6-3可知，2020年中国对中东地区的直接投资流量主要集中在阿拉伯联合酋长国、伊拉克、土耳其、沙特阿拉伯和伊朗，占据中国对该地区直接投资总流量的85.48%。同期，中国对约旦的直接投资出现了负增长。按照吸引中国直接投资存量占比由高到低的顺序，排在前三位的国家分别是阿拉伯联合酋长国、以色列和伊朗，其占比分别为33.37%、13.91%、12.68%。

表6-3 中国对"一带一路"中东各国直接投资的国别结构（2020）

中东	流量占比	存量占比	中东	流量占比	存量占比
阿拉伯联合酋长国	43.01%	33.37%	伊拉克	11.49%	6.52%
以色列	7.40%	13.91%	阿富汗	0.07%	1.56%
伊朗	9.32%	12.68%	阿曼	2.41%	0.85%
沙特阿拉伯	10.82%	10.54%	巴林	0.01%	0.25%
土耳其	10.84%	7.73%	约旦	-3.31%	0.73%
卡塔尔	1.01%	1.85%	叙利亚	0.01%	0.05%
科威特	2.62%	2.22%	黎巴嫩	0.00%	0.00%
埃及	0.76%	4.28%	巴勒斯坦	0.00%	0.00%
也门	0.00%	0.00%	合计	100.00%	100.00%
格鲁吉亚	1.15%	2.52%			

数据来源：《2020年度中国对外直接投资统计公报》。

由表6-4可知，2020年中国对中亚和蒙古的直接投资流量集中在吉尔吉斯斯坦和土库曼斯坦，占比分别达到452.92%和378.61%。同期，哈萨克斯坦、塔吉克斯坦和乌兹别克斯坦的投资流量出现负增长，但由于前期投资积累，哈萨克斯坦和乌兹别克斯坦的存量分别占比为36.59%和20.35%，相对可观。

表6-4 中国对"一带一路"中亚各国及蒙古直接投资的国别结构（2020）

中亚及蒙古	流量占比	存量占比	中亚及蒙古	流量占比	存量占比
哈萨克斯坦	-206.84%	36.59%	乌兹别克斯坦	-65.97%	20.35%
蒙古	14.93%	20.17%	土库曼斯坦	378.61%	2.10%
塔吉克斯坦	-473.66%	9.77%	合计	100.00%	100.00%
吉尔吉斯斯坦	452.92%	11.02%			

数据来源：《2020年度中国对外直接投资统计公报》。

由表6-5可知，2020年中国对外直接投资在独联体地区的投资流量主要集中在俄罗斯联邦，占比98.42%，白俄罗斯占比为负值。从投资存量上来看，俄罗斯联邦和白俄罗斯两国吸纳中国对外直接投资达到99%以上。

表6-5　中国对"一带一路"独联体各国直接投资的国别结构（2020）

独联体	流量占比	存量占比	独联体	流量占比	存量占比
俄罗斯联邦	98.42%	95.02%	摩尔多瓦	0.00%	0.00%
白俄罗斯	-1.40%	4.78%	合计	100.00%	100.00%
阿塞拜疆	2.98%	0.20%	—	—	—

数据来源：《2020年度中国对外直接投资统计公报》。

由表6-6可知，巴基斯坦和印度是2020年中国在南亚地区直接投资最重要的东道国，2020年中国对巴基斯坦的直接投资流量占比是印度的两倍多，两国吸收直接投资流量占比分别为54.70%和26.28%，对斯里兰卡、尼泊尔和马尔代夫投资规模较小。在对外直接投资存量方面，巴基斯坦、孟加拉国及印度三国在2020年度吸纳了中国在该地区直接投资的77.29%，并且巴基斯坦的投资存量占比明显高于其他两国。

表6-6　中国对"一带一路"南亚各国直接投资的国别结构（2020）

南亚	流量占比	存量占比	南亚	流量占比	存量占比
巴基斯坦	54.70%	51.33%	尼泊尔	3.02%	3.59%
印度	26.28%	11.84%	马尔代夫	-1.24%	0.36%
斯里兰卡	5.67%	4.32%	合计	100.00%	100.00%
孟加拉国	26.01%	14.12%			

数据来源：《2020年度中国对外直接投资统计公报》。

由表6-7可知，2020年中国在中东欧地区的直接投资主要流向了克罗地亚、波兰、塞尔维亚。中国对这些国家的直接投资流量占比均超过30%。从直接投资存量来看，捷克占比排第一位，为33.06%，排在后面的依次是波兰、匈牙利、罗马尼亚、塞尔维亚等国。

表6-7　中国对"一带一路"中东欧各国直接投资的国别结构（2020）

中东欧	流量占比	存量占比	中东欧	流量占比	存量占比
波兰	32.01%	18.82%	亚美尼亚	0.34%	0.34%
匈牙利	-0.93%	9.43%	斯洛文尼亚	-29.85%	1.29%

续表

中东欧	流量占比	存量占比	中东欧	流量占比	存量占比
罗马尼亚	2.94%	8.64%	立陶宛	0.07%	0.34%
保加利亚	0.13%	4.30%	阿尔巴尼亚	0.02%	0.17%
塞尔维亚	31.28%	8.57%	波黑	1.93%	0.63%
捷克	11.85%	33.06%	爱沙尼亚	0.00%	0.00%
斯洛伐克	0.04%	2.29%	马其顿	0.47%	-0.90%
黑山	15.10%	4.22%	拉脱维亚	1.27%	0.46%
克罗地亚	34.68%	6.97%	合计	100.00%	100.00%

数据来源：《2020年度中国对外直接投资统计公报》。

三、"一带一路"对外直接投资的行业分布

中国企业参与"一带一路"建设首先将能源、通路通航、基础设施建设等行业的国企作为第一梯队，率先进入东道国市场，带动以上下游产品制造为主的第二梯队跟进，在此基础上带动科技、服务、资本逐渐成为第三梯队的新力量。从2013年正式提出"一带一路"倡议以来，中国对"一带一路"沿线国家的对外直接投资主要集中在能源行业，其次是交通运输以及基建行业（见图6-2）。

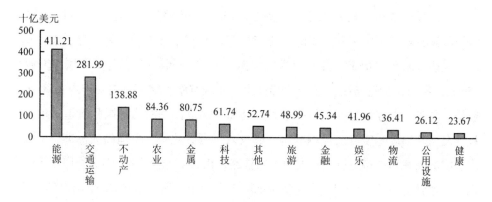

图6-2 "一带一路"中国直接对外投资存量行业分布（2013—2019）

数据来源：美国企业协会和传统基金会。

（一）能源行业投资

能源建设主要指各类与能源相关产业的发展和建设，包括油气进口管道建设、电站和电力设备建设等。"一带一路"倡议有许多发展目标，其中一个较为重要的目标就是拓宽稳定的、可靠的、易于开发和保护的油气资源进口途径。构建中国陆地上的能源通道，对中国国内经济的发展将会产生重要作用，同时也将为国内的产能输送提供新的契机。

"一带一路"沿线国家的能源需求量较大，而中国能源企业的及时投资建设可弥补"一带一路"沿线国家的短板，双方建立合作具有较强的资源互补性。以巴基斯坦为例，2016—2017年，该国日均电力缺口已经超过了400万千瓦时，而在用电高峰的夏季，日均电力缺口甚至高达750万千瓦时。中国电力建设集团有限公司依据巴基斯坦的需求，为其定制了包括卡西姆港燃煤应急电站项目在内的"中巴经济走廊"规划，缓解了巴基斯坦电力短缺的问题，有效促进了中国优质产能企业与当地资源的对接。[1]

（二）交通运输行业投资

通路通航包括交通运输业（港口、公路、铁路、物流），铁路建设与相关设备，航空服务、设备、整机生产等。只有加快交通运输领域的发展，形成八面纵横的交通网络，才能为"一带一路"建设提供先决的交通运输保障。

自提出"一带一路"倡议以来，中国在"一带一路"沿线国家交通互联互通领域的投资取得了较好的成效。例如，2014—2017年，中国与"一带一路"沿线国家签署了《中国—东盟海运协定》等130多个涉及公、铁、海、航、邮政的双边区域运输协定，并开设沿线水路、公路73个口岸，与关联国家开通356条国际道路货运路线，与43个沿线国家实现空中直航，每周安排约4200个航班。同时，中方参与投资的印尼雅万高铁、澜沧江—湄公河国际航道整治工程等交通基础设施项目已经相继启动或投入运营。此外，中国高铁标准、中欧班列物流品牌和铁路建设项目推动中国铁路走出去。截至2021年5月底，中欧班列已累计开行39622列，运送货物354.1万标箱，通达欧洲22个国家的160

---

① 梁玉忠. 中国企业投资"一带一路"沿线国家面临的政治风险与防范策略 [J]. 对外经贸实务, 2018 (05): 77-80.

多个城市。① 因此，中国与"一带一路"沿线国家合作趋势将会进一步加强，进而推动中方企业更好地走出去。

（三）产能基建投资

基础设施产业链包含建筑业（建筑及基础设施工程）、装备制造业（设备及配套类装备制造）、基建材料（钢铁、建材、有色等）。现阶段的全球新经济增长点已经凸显疲软，导致部分"一带一路"沿线国家的需求无法得以有效释放。而中国国内经济运行动力不足，增速放缓，下行压力变大，导致固定资产投资增速不升反降，从而使我国的建筑业和制造业出现了日趋严重的产力不足、产能过剩等问题。在此背景下，"一带一路"的产能、基建等方面的投资为我国企业"走出去"提供了机遇，同时也促进了相关国家的发展，实现共赢。②

从产能合作方式来看，目前 64 个"一带一路"国家，有 51 个基础设施水平慢于中国。中国与"一带一路"沿线国家的合作方向已经覆盖了设备供货、装备制造等领域。在此形势下，中方企业投资沿线国家基础设施的趋势在不断加强。

（四）技术服务投资

一方面，伴随着经济交流的加强和贸易互通的频繁，"一带一路"沿线国家在文化、环境、旅游等非经济领域的交流也会不断加强。各国可整合各自优势的旅游资源，培训专业人才，共同打造具有特色的长短途旅游线路，大力发展现代旅游贸易。

另一方面，随着"一带一路"沿线国家基础设施的逐渐完善，中国的科技企业也开始加快对"一带一路"投资的脚步，逐渐形成梯队式投资模式。例如在核工业技术方面，以高温气冷堆技术为代表的中国第四代核电技术已走在世界前列，核电企业投资"一带一路"沿线国家的条件已经具备；又如，近些年中国自主研发的三代核电技术"华龙一号"首次走出国门，投资了巴基斯坦卡拉奇项目。该项目以自主研发为主、以技术输出为龙头，带动装备制造、工程建造等核电产业链集成"走出去"，提升了中国核电产业的国际竞争力，使巴基

---

① 中国人民政府. 中欧班列累计开行近 4 万列 通达欧洲 22 个国家 160 多个城市 ［EB/OL］. 中国人民政府官网，2021-6-14.

② 康瀚文."一带一路"倡议下走出去企业投资风险剖析与防控研究 ［D］. 成都：西南财经大学，2016.

斯坦享受到了更安全的核电技术。

第二节 "一带一路"中国对外直接投资的风险识别

一、"一带一路"对外直接投资的东道国风险

（一）东道国的政治风险

政治风险主要体现为东道国的政治稳定性、政府行为干预等，成因复杂且难以深入识别、把握，依靠企业自身的力量难以应对。在"一带一路"沿线各国中，有一半以上的国家国内政局动荡，政治环境恶劣。"一带一路"投资的很多项目具有长期性，执政党的频繁更替和政局动荡会破坏招商引资政策的连续性，因此，政治的不稳定对拟建项目或在建项目及外国投资者的合法权益会带来很多不确定性因素的影响。[①]

对于政治风险的考察主要涉及一个国家政府处理和监管国家问题质量和效率，以及在维持政治稳定、法治完善等方面的效果。此处采用世界银行的全球治理指数（WGI）数据库相关指标（见表6-8），包括腐败控制、政府有效性、政治稳定与无暴力程度、监管质量、法治建设和话语权与问责制6个指标，分值介于-2.5至2.5之间，分值越高，治理效果越好。

表6-8 世界银行国家治理评估指标

评估指标	东南亚	南亚	中亚	中东欧	西亚北非	俄罗斯	蒙古
腐败控制	-0.21	-0.58	-1.12	0.07	-0.23	-0.86	-0.50
政府有效性	0.13	-0.32	-0.74	0.33	-0.10	-0.22	-0.11
政治稳定与无暴力程度	0.04	-1.18	-0.41	0.24	-0.90	-0.89	0.82
监管质量	0.00	-0.46	-1.05	0.45	-0.07	-0.42	-0.08
法治建设	-0.16	-0.35	-1.08	0.28	-0.18	-0.80	-0.22

---

① 李原，汪红驹．"一带一路"沿线国家投资风险研究［J］．河北经贸大学学报，2018，39（04）：45-55．

评估指标	东南亚	南亚	中亚	中东欧	西亚北非	俄罗斯	蒙古
话语权与问责制	-0.67	-0.23	-1.49	0.44	-0.98	-1.21	0.45

数据来源：世界银行的全球治理指数（WGI）数据库。

东南亚地区具有海陆兼备的地缘优势，是"一带一路"倡议实施的重要区域。从国家治理指标上来看，东南亚的政治形势总体较稳定。新加坡和文莱是该地区发展水平较高的两个国家，政局稳定；越南和老挝是社会主义国家，坚持一党制；印度尼西亚政坛三大利益集团三足鼎立，彼此制衡，社会发展稳定；缅甸自2011年开始进行民主化转型以来，民主自治问题陆续得以解决；柬埔寨、泰国的党派矛盾持续升级，严重影响两国的政治秩序和社会稳定；菲律宾属于亲美、亲日派，加上南海问题，与中国政治关系较为敏感；马来西亚国内党派斗争激烈。此外，美国、俄罗斯、日本等国也不断加强与东南亚国家的军事、能源合作，欧盟的注意力也在东移。南海主权问题也是中国与东南亚地区国家合作中不容忽视的一个隐忧，这些内外因素均给中国"一带一路"倡议在东南亚地区推进造成了不利的局面。

南亚地区的六项指标均为负值，政治稳定和无暴力程度指标得分最低。南亚四国分别为印度、巴基斯坦、孟加拉国和斯里兰卡，其中，印度政府有效性差，内部腐败严重，对社会暴力管控不足，宗教政治化的趋势严重，对其他南亚国家的影响较大。除印度外，南亚各国军方对国家政治都拥有巨大影响力，使得南亚地区整体安全稳定性在短期内无法改善。另外，南亚各国内外政治生态环境复杂，存在党争严重、军政纠缠、政局持续动荡等问题。对外政策连续性不够、国家政府更迭频繁、政局动荡不安给中国企业在南亚地区的直接投资带来巨大风险。①

中亚地区位于欧亚大陆的中心，有着独特的地缘战略意义，从指标来看，中亚五国的6个指标全都处于较低的水平。该地区政治风险主要源于两个方面。一是中亚各国处于社会政治转型阶段，且各国之间政治利益矛盾尖锐，斗争激烈；二是美、日、俄及欧盟在中亚地区的政治力量相互制衡，博弈不断升级。

---

① 周从."一带一路"背景下旅游业对外直接投资风险评估与防控［D］.北京：北京第二外国语学院，2018.

这些不确定因素都会威胁中国企业在该地区的投资效应。

中东欧是欧亚大市场的枢纽地带，整体情况好于东南亚地区，但分值仍然偏低。中东欧国家现在仍处于政治经济转型时期，多数国家政党结构处于浮动阶段，使这些国家内政、外交更为敏感脆弱，是中国企业对外直接投资不可忽视的风险因素。

西亚北非是欧、亚、非三大洲的交界处，是中国"一带一路"倡议落实的交汇点，是全球地缘政治的战略地。西亚北非的各项治理指标均为负值，政治稳定与无暴力程度、话语权与问责制得分最低，说明该地区是当今国际局势最动荡的地区，中国企业对该地区的投资要严格评估政治风险的影响。

"一带一路"的沿线有俄罗斯和蒙古两个国家。俄罗斯的政治风险指标总体处于下游水平，俄罗斯总统普京上台后强调国家的法治建设和体制改革，导致政策法规多变；受错综复杂的政商关系和寡头政治长期影响的腐败和政治暴力问题；现阶段俄罗斯的民主制度化水平较低，限制了社会自主权。蒙古的各项指标相对较高，主要归因于"一带一路"政策的持续推进和蒙古在"一带一路"区域贸易活动中的重要地位。

（二）东道国的经济风险

"一带一路"沿线多为发展中国家和新兴经济体，各国处于不同的经济发展阶段，加上国内政治和国家治理的差异，导致了经济发展水平和结构上的差异，沿线各国的金融市场发展水平也同样参差不齐。对外直接投资容易受到东道国经济状况的影响，因此需要考虑经济风险。主要可以从整体经济环境和对外直接投资的特点来分析。

1. 东道国的整体经济环境

首先，"一带一路"沿线国家中有很多是发展中国家，由于经济体制和经济发展不均衡，其汇率起伏波动大，市场汇率同官方汇率有着较大差距，使我国对外直接投资的收益充满不确定性；其次，"一带一路"沿线国家本身存在巨大的资金缺口，当地企业和政府部门出资能力十分有限，因此中国企业在对外投资的过程中融资条件受限，融资来源主要集中于亚投行、丝路基金和中国政府；再次，在美国"重返亚太"战略、日本亚太经济战略以及欧盟全球自贸区战略的影响下，中国在"一带一路"沿线国家的对外直接投资经常遭遇激烈的竞争与挑战，很多优质投资项目就此搁浅，还有很多合作项目被美国、日本、欧盟等国家抢夺；最后，"一带一路"对外直接投资属于国际性合作，容易受到国际金融危机的影响,甚至对区域性的经济合作造成重创。

美国传统基金会(Heritage Foundation)和国泰安数据库(China Stock Market & Accounting Research Database, CSMAR)给出了各国的经济自由度指标,从产权自由度、腐败自由度、财政自由度、政府支出自由度、商业自由度、劳动自由度、货币自由度、贸易自由度、投资自由度、金融自由度这10个维度综合评价"一带一路"沿线国家的经济自由度水平,指数越大,经济自由度水平越高,对外直接投资的风险也越低(见图6-3)。

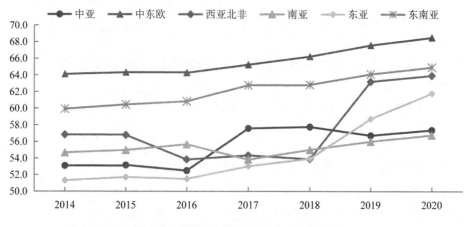

图6-3 "一带一路"沿线区域板块经济自由度指数(2014—2020)

数据来源:美国传统基金会数据库;国泰安数据库。

从指标结果来看,"一带一路"沿线国家的经济自由度指数基本在50分以上,中东欧和东南亚的国家经济自由度水平最高,中亚地区的经济自由度水平也在逐步上升,这与我国对外直接投资在中亚地区高速增长的趋势相一致。而东亚地区由于朝鲜特殊国情影响,经济自由度水平最低,但东亚地区并非我国对外直接投资的重点。

在经济自由度指数排名前十位的"一带一路"沿线国家中(见图6-4),新加坡位居榜首,与吸纳中国对外直接投资流量和存量的地位相一致。

2. 中国对外直接投资的特点

中国对外直接投资的一个特点是投资回报率低,而在"一带一路"倡议下的中国对外直接投资的国家,大多数基础设施都具有周期长、风险大、投资收益率偏低的特点,而服务业、金融业、采矿业、批发零售业、制造业等行业受技术制约，高新技术产业比重较小，同样面临着投资收益率低的风险。

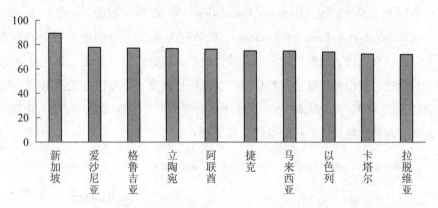

图6-4 "一带一路"沿线国家经济自由度指数排名前十位的国家（2020）

数据来源：美国传统基金会数据库；国泰安数据库。

中国对外直接投资的另一个特点是中国"一带一路"对外直接投资集中度高，主要集中在东南亚地区，并且主要集中于基础设施建设、钢铁、纺织等劳动密集型基础产业，高科技产业比重很小，这样一方面会导致中国对外直接投资面临激烈的竞争，另一方面不利于带动中国参与投资建设企业的转型升级。①

（三）东道国的社会安全风险

在"一带一路"沿线国家中，相当一部分国家仍处于战乱之中，政治局势动荡不安。同时，由于宗教极端势力所组织的恐怖主义活动以及极端民族主义所形成的敌对活动层出不穷，使得这些国家的国内安全环境极为恶劣，一方面对中国务工人员的人身安全造成了严重威胁；另一方面也直接影响到我国对外投资收益以及投资的顺利进行。

从经济学人智库（The Economist Intelligence Unit，EIU）发布的各国社会安全风险指标来看（见表6-9），文莱的安全风险指数最低，中亚五国的安全风险指数均低于50；东南亚地区的菲律宾、柬埔寨风险指数较高，超过50；俄罗斯安全风险指数为63，也相对较高；安全风险指数在50分以上的国家主要位于西亚北非、中东欧和南亚地区，其中叙利亚、也门共和国和伊拉克的得分甚至超过90。

---

① 朱兴龙. 中国对外直接投资的风险及其防范制度研究［D］. 武汉：武汉大学，2016.

表6-9 "一带一路"沿线国家社会安全风险指标①

社会安全风险得分	国家
<10	文莱
10~20	斯洛文尼亚、不丹、阿曼、新加坡、克罗地亚、斯洛伐克、阿拉伯联合酋长国
20~30	捷克、匈牙利、科威特、立陶宛、罗马尼亚、蒙古、保加利亚、卡塔尔
30~40	哈萨克斯坦、老挝、波兰、塞尔维亚、斯里兰卡、越南、阿塞拜疆、爱沙尼亚、以色列、拉脱维亚、马来西亚、沙特阿拉伯、巴林、白俄罗斯、希腊、伊朗、约旦、乌兹别克斯坦、亚美尼亚
40~50	阿尔巴尼亚、孟加拉国、东帝汶、格鲁吉亚、印度、摩尔多瓦、土库曼斯坦、黑山、波黑、印度尼西亚、尼泊尔、缅甸、塔吉克斯坦、泰国
50~90	柬埔寨、土耳其、俄罗斯、乌克兰、黎巴嫩、巴基斯坦、巴勒斯坦、菲律宾、阿富汗
>90	叙利亚、也门共和国、伊拉克

数据来源：经济学人智库。

（四）东道国的社会文化风险

1. 东道国的社会文化风险

"一带一路"沿线国家多为宗教氛围浓厚的国家，宗教是这些国家社会文化的核心，也是对外直接投资中一个很重要的非经济因素。

总体来看，俄罗斯和中亚地区主要的宗教信仰是伊斯兰教和东正教，俄和中亚地区主要存在一些跨境的民族问题；南亚地区是一个多民族、多宗教汇聚的地方，主要有印度教、伊斯兰教和佛教，宗教信仰差异导致人们缺乏共同的文化价值观，地区归属性不强；东南亚是世界上宗教分布种类最多、最复杂的地区，各国在宗教信仰和文化礼仪方面存在很大的差异；中东欧地区无论是本民族还是本地区的语言文化、宗教信仰均存在明显的差异；西亚北非地区主要的宗教有基督教、伊斯兰教和犹太教，各国之间宗教文化差异大，排他性强，

---

① 该项东道国的社会安全风险指标中，得分越低，则社会安全风险越小。

是宗教冲突、民族冲突的聚集地、多发地。

另外，"中国威胁论"妖魔化中国，极大歪曲了中国的国家形象，给中国企业在"一带一路"沿线的直接对外投资带来了很大的挑战。中亚地区的"中国经济附庸""新殖民主义"等言论对中国与中亚地区国家的合作有一定的阻碍；印度认为中国的崛起威胁到其在亚太地区的领导地位，"一带一路"倡议是对印度在南亚次大陆的霸权以及在印度洋影响势力的挑战；东南亚地区的排华问题由来已久，个别国家认为华人威胁到其种族支配地位和民族经济支配地位；受西方舆论的影响，中东欧、西亚北非地区也有部分民众"反华""疑华"，对我国产生负面认知。①

2. 东道国的失业风险

由表 6-10 可知，中东欧地区的失业人口比例均值在"一带一路"沿线地区最高，整体呈波动下降趋势；西亚北非的失业人口比例仅次于中东欧地区，2013—2019 年失业人口比例不到 10%，但在 2020 年上升至 11.01%，并且该地区各国的失业人口比例差异较大；中亚地区失业人口比例在 5% 以上，近几年变化幅度不大；南亚失业人口比例自 2013 年至 2015 年逐年小幅上升，在 2016 年略有回落，东南亚地区"一带一路"沿线失业人口比例最低的地区，一直在3.9% 以下。

表 6-10　"一带一路"沿线地区失业人口比例（2013—2020）②　　（单位：%）

年份 地区	2013	2014	2015	2016	2017	2018	2019	2020
东北亚	6.70	6.55	6.50	6.15	5.79	5.55	5.30	5.47
中亚	8.48	8.34	8.20	8.20	6.55	6.29	6.35	5.31
南亚	4.36	4.64	4.70	4.59	4.22	4.17	4.29	4.94
东南亚	3.08	3.04	2.96	2.93	3.09	3.01	3.05	3.86
中东欧	12.96	12.22	11.33	10.28	9.62	8.54	7.90	7.63
西亚北非	9.56	9.48	9.48	9.49	7.88	7.80	7.88	11.01

数据来源：世界银行模拟劳工组织估计数据。

---

① 周从."一带一路"背景下旅游业对外直接投资风险评估与防控［D］.北京：北京第二外国语学院，2018.

② 失业人口比例=总失业人数/劳动力总数。

3. 东道国居民教育水平

根据世界银行发布的识字率指标的分布情况，由表 6-11 可以看出，一个国家的居民教育水平与该国的经济水平密切相关。"一带一路"沿线有识字率统计的 47 个国家中，有 20 多个国家的识字率低于 95%。中国在对"一带一路"沿线国家直接投资时要充分考虑各国国情以及不同区域的国民教育水平，有效降低劳动力素质不高的风险。

表 6-11　"一带一路"沿线国家识字率分布情况

比率	国家
<50	阿富汗、伊拉克
50~90	巴基斯坦、不丹、老挝、东帝汶、尼泊尔、孟加拉国、印度、埃及、缅甸、伊朗
90~99	科威特、约旦、文莱、菲律宾、新加坡、卡塔尔、阿尔巴尼亚、希腊、波黑、蒙古国
>99	克罗地亚、摩尔多瓦、格鲁尼亚、俄罗斯、亚美尼亚、哈萨克斯坦、阿塞拜疆、立陶宛、爱沙尼亚、拉脱维亚、乌克兰、乌兹别克斯坦

数据来源：世界银行。

（五）东道国的环境风险

"一带一路"沿线国家生态环境相对脆弱，中国在"一带一路"沿线国家投资的行业集中在能源、矿藏、水利、交通等，然而这些行业规模大，开发影响涉及面广，环境敏感度高，极易造成环境污染，加上中国企业对外投资项目运营时环保意识不足，对东道国的自然与生态环境造成了一些破坏，以至于遭到东道国政府和人民的强烈抗议，对中国投资企业形成了巨大的舆论压力，也影响了以后的投资合作机会。

具体来看，环境方面主要风险包括：一是因项目实施可能会对生物多样性、珍稀濒危物种、生态功能区等产生重大影响，形成环境制约性因素，导致项目无法正常实施；二是东道国的环境保护法规、规范标准、管理体系缺失，不明确的环境法律要求可能导致投资方对环境保护工作的忽视，环境保护质量标准和技术体系的缺失使投资方无法可依，环境监督管理体系的缺失使得投资项目在执行过程中产生漏洞，成为日后被攻击的把柄。

二、"一带一路"对外直接投资风险的中国因素

中国因素对"一带一路"直接对外投资风险的衡量也有很大的影响。以下主要基于国泰安数据库（CSMAR）发布的"一带一路"沿线各国与中国的合作度指数来分析（见图6-5）。合作度指数从政策沟通度、设施联通度、贸易畅通度、资金融通度、民心相通度5个维度综合评价"一带一路"沿线国家与中国的互联互通合作水平，指数值越大，合作水平越高，风险程度越低。

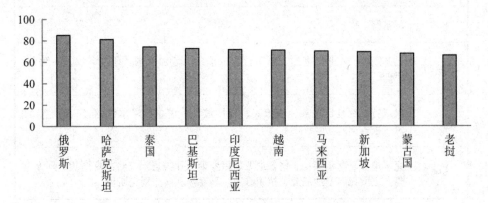

图6-5 "一带一路"沿线国与中国合作度指数排名前十的国家

数据来源：国泰安数据库。

合作度指数排在前十位的国家多数位于亚洲地区，且大部分是中国的邻国。排在前两位的俄罗斯和哈萨克斯坦属于深度合作型国家，其他8个国家属于快速推进型国家。在调查分析的64个"一带一路"沿线国家中，有66.56%的国家与中国合作度指数低于60分，更有一半的国家低于40分（见表6-12），总体合作水平较低，不利于中国直接对外投资的进一步发展。

表6-12 中国与"一带一路"沿线国家的合作类型

合作类型	数量	比例
深度合作型（80~100分，含80分）	2	3.13%
快速推进型（60~80分，含60分）	13	20.31%

合作类型	数量	比例
逐步拓展型（40~60分，含40分）	17	26.56%
有待加强型（40分以下）	32	50.00%

数据来源：国泰安数据库。

三、"一带一路"对外直接投资风险的行业因素

（一）能源行业风险

我国海外能源投资已遍及全球各地，主要投资仍集中在资源丰富、市场广阔、地缘政治有优势的区域。从表6-13可见，广义海外能源投资排名靠前的是西亚中亚（含俄罗斯）、东亚、南美洲、撒哈拉以南非洲、中东北非地区。其中，"一带一路"主要板块西亚中亚（含俄罗斯）有丰富的能源资源且对中国而言有较好的地缘政治优势；中东北非有丰富的资源；东亚有广阔的市场。因此，研究"一带一路"能源行业的对外直接投资风险有着重要的战略意义。

表6-13 广义海外能源投资金额排名前5的区域分布（2005—2020）

区域	投资额（亿美元）	投资额比重	项目数	项目数比重
西亚中亚（含俄罗斯）	1636.0	28.73%	200	25.00%
东亚	1091.9	19.18%	203	25.38%
南美洲	1046.5	18.38%	99	12.38%
撒哈拉以南非洲	1038.5	18.24%	181	22.63%
中东北非地区	881.4	15.48%	117	14.63%

数据来源：美国传统基金会"中国全球投资追踪数据2020"、中华人民共和国商务部。

中国能源企业的对外直接投资除了面临"一带一路"沿线东道国的政治、经济、社会风险外，还面临着国际能源大国的投资竞争风险。以煤炭行业为例，中国是世界最大的煤炭生产国、消费国和煤机制造国，在采煤工艺技术、煤矿设备制造、煤炭综合利用、工程服务等领域具备较强的国际竞争力。但面对国

际上主要产煤国的竞争，中国煤炭行业在"一带一路"沿线国家的直接对外投资仍然面临着很大的风险。

1. 煤炭开采技术与装备竞争风险

中国煤炭开采技术及装备体系具有技术产品线长、适应性强、性价比高、部分产品国际领先的突出优势，但是部分产品在关键元器件技术性能、产品智能化水平、成套设备的配套性、产品性能长期稳定性、工作可靠性和使用寿命等方面仍落后于世界水平。从整体来看，煤炭开发技术与装备还需要进一步提升。

从企业方面看，中国煤炭技术装备制造企业市场集中度低、分工过细、必要的重组与整合缺乏，在综合研发能力和技术装备国际推广力度明显落后于国际领先企业。在国际煤机市场中，中国产品以中低端为主，优势在于性价比高，但多数产品是根据中国的市场环境设计制造出来的，产品技术性能及企业经营模式在国际市场上存在诸多的不适应性，受制于国际上相关技术标准不统一、不互认等因素，中国煤机装备产品在其他国家"水土不服"现象较为突出。

2. 资源开发与转化的市场竞争风险

资源开发与转化涵盖资源勘探、基础建设施工、生产运营、后续转化利用等方面，是煤炭产业资本、技术装备、运营管理、人力资源、产业整合等能力和优势的综合体现，更能反映一个国家煤炭行业的竞争实力。从总体看，中国煤炭企业开发海外煤炭资源在技术设备、专业技术人员、建设和运营管理项目、运营对外贸易、融资投资等方面都具有较为显著的竞争优势。但是，在中国煤炭企业全面实施"走出去"战略、参与国际煤炭资源开发与利用的过程中，由于参与主体数量较多、相对分散、起步晚、经验不足、相应的国际化人才及本土化人才支撑的缺乏、政府及社会咨询服务体系不健全等因素的制约，面临着与以国际化能源巨头为代表的跨国公司和资源所在国煤炭企业的双重竞争压力。

（二）基建行业风险

基础设施建设作为一国之命脉，任何国家对其开放程度都进行严格的限制，对国外企业的进入设置了较高的门槛。通过并购、整合的方式绕过限制无疑是一条捷径，但是中国基建企业在"一带一路"沿线国家进行并购投资时面临的不仅有传统的政治、经济、文化、法律风险，还有因"一带一路"背景对企业跨国活动的特殊意义，而可能面临的责任、道德和舆论风险。

1. 责任风险

当前背景下的中国基建企业直接对外投资担负着剩余产能输出、市场扩张、品牌塑造以及后续"一带一路"倡议下贸易畅通、资金融通和民心相通的基础设施建设责任。因此，在跨国并购时要合理利用目标企业在东道国的影响力，在绕开市场准入壁垒的同时，撕掉"中国制造"的廉价标签，让符合国际标准的产品和服务在全球化进程中向全世界展现"一带一路"的含金量。①

中国基建企业在全球化活动中要严格践行作为跨国企业的社会责任，在推进"一带一路"建设中要树立良好的企业形象，努力刷新过去在跨国经营活动中留下的"不良"形象，同时也要吸取过去海外并购失败的教训，避免片面追求经济利益。

2. 道德和舆论风险

中国基建企业在海外并购活动中搭乘"一带一路"建设便车，提前进行企业国际化发展，故而要严控可能面临的道德舆论风险，塑造良好企业形象。即使与目标企业一拍即合，也要警惕东道国政府、工人工会、媒体和其他非政府、非营利机构等第三方的压力，跨国并购投资活动不可避免会直面这些冲突和质疑。

3. 制度壁垒风险

虽然多数"一带一路"沿线国家与中国签订了双边发展规划和基础设施建设纲领，但多数是以相对灵活的非正式制度建设的载体为约束，如备忘录、联合声明、行政协议等，然而这些并不能很好地保证投入周期长的基础设施建设的资金安全。再加上部分地区贸易和投资保护主义有所抬头，政策差异大、制度壁垒问题依旧突出，给基建企业跨国并购投资带来了阻碍。部分"一带一路"沿线国家的并购制度如表6-14所示。

---

① 计金标，梁昊光. 中国"一带一路"投资安全研究报告（2018）[M]. 北京：社会科学文献出版社，2018：220-222.

表6-14　部分"一带一路"沿线国家的并购制度

国家	准入制度
阿拉伯联合酋长国	对外资控股比例有要求，受当地法律约束，外资公司如果在当地设立有限公司，必须与当地公司合资，且当地公司必须占51%以上的股份；石化、水电、天然气工业由各酋长国拥有并管理，外商参与此领域的投资项目一般由政府控股
以色列	政府投资在5000万美元以上的特别提款权的公共工程项目，只对《政府采购协议》成员开放
印度尼西亚	实行土地私有，外商不得在本国拥有土地，外商直接投资企业可以拥有受限制的建筑权、使用权和开发权，有时长限制；外企只允许参与在1000亿卢布以上建筑价值和200亿卢布以上采购和服务价值的政府基础设施工程的投标
波兰	对中国等亚洲国家实行严格复杂的工作许可审批制度和签证管理制度，且工作许可证常附有限制条件；建筑机械和建筑材料进入波兰市场前须通过欧盟CE认证和波兰PN认证，后者认证程序复杂
俄罗斯	俄罗斯制定了自成体系的国家标准和行业标准，与通用的国际标准有差异，投资方必须将所有技术标准转化为符合要求的标准，成本高，周期长
蒙古国	外国国有资产法人在矿业、金融、通信领域开展经营活动且持股比例达到33%或以上的，须报主管投资事务的中央行政机关进行审批
菲律宾	对外资试行"资质许可管理模式"，水电、通信和运输等基础设施工程的承包商需要获得公共事业许可证，且菲方持股比例不得低于60%。同时，外方不得承揽由菲律宾本地资金投资的建筑工程项目
马来西亚	不允许外国工程公司单独担任总承包商，只能从当地公司中分包工程

数据来源：《2017年国别投资经营便利化状况报告》。

　　据统计，2013—2016年，中国在"一带一路"沿线国家投资失败的大型项目主要分布在西亚、东南亚和南亚地区，其中能源和交通项目占比约为75%。中国石油对伊朗47亿美元和中国水电对伊朗20亿美元两个项目投资失败金额最高。究其原因，主要是中国对敏感的基建项目投资规模过大，引起了东道国政府恐慌以及其他经济体的警惕和防备。

（三）交通运输业风险

交通运输业对"一带一路"沿线国家的直接投资主要体现为交通基础设施项目的投资建设。它具有一些独有的特征。首先，由于公共基础设施一般具有规模报酬递增的经济特性，因此建设规模巨大，沉没成本高；其次，交通基础设施建设周期长，项目包括前期规划与设计、中期建设、后期测试等多个阶段，投入资金不可能在短期内收回；再次，大多数基础设施项目建设要求高、施工难度大，设备的技术标准也严格；最后，交通基础设施具有很强的外部经济性，如建一条铁路，沿线城市土地的经济价值会翻倍增长，但这些外部收益无法计入投资者的总收益，使得该行业收益率往往低于其他生产部门。①

从表6-15展示的特征对比来看，境外交通基础设施建设除了受到经济波动以及两国政策的影响之外，还会受到文化和政治因素的影响，同时需要的投入成本更高、建设周期更长、技术要求更严格，投融资的难度更大。

表6-15 境内外交通基础设施建设以及非基建项目特征对比

特征因素		境内交通基础设施建设	境外交通基础设施建设	境内非基建项目	境外非基建项目
不确定影响因素	经济因素	有	有	有	有
	文化因素	无	有	无	有
	政治因素	无	有	无	有
	政策因素	有	有	有	有
投入成本		高	更高	一般	一般
建设周期		长	更长	一般	一般
技术要求		严格	更严格	一般	一般

数据来源：《中国"一带一路"投资安全报告（2018）》。

交通基础设施建设的特殊性决定了其更具有风险性，除了东道国政治风险、地缘政治风险、政策风险、经济风险、文化差异风险之外，还包括运营风险和

---

① 计金标，梁昊光. 中国"一带一路"投资安全研究报告（2018）［M］. 北京：社会科学文献出版社，2018：234-237.

技术差异风险。[①]"一带一路"建设项目规模庞大，涉及大量的投资和长时间的建设与运营，经营者经常处于严酷和恶劣的环境中，面临较高的经营风险。大多数"一带一路"建设项目，在施工阶段还可能面临很多自然灾害，如滑坡、泥石流、洪水等一些固有的安全风险。技术差异风险是指由于"一带一路"交通基础设施涉及的不同国家技术标准不一致。无法统一标准使部分"一带一路"投资建设项目停滞，给投资者造成较大经济损失，如泛亚铁路的修建。不同国家对铁路轨道的规定有不同标准，中国是标准轨距，东南亚各国普遍是米轨，不同的轨道适用不同的技术标准，从而面临较大挑战。

（四）服务业风险

投资环境的优劣是能否吸引投资者的关键。服务业因其具有社会性、综合性、涉外性、波动性等区别于其他产业的特征，投资者在对外直接投资的过程中尤其要关注投资环境的优劣。中国服务业海外投资起步较晚，竞争力相对较弱，中国服务业对外投资难免会出现风险控制不合理等问题。

对于服务业来说，除了存在基础的政治、经济、社会文化风险之外，还存在独特的基础设施风险。基础设施因素对中国服务业在"一带一路"沿线对外直接投资的规模、速度与效益有直接、重大、深远的影响，是否拥有健全的基础设施建设是衡量服务业区位优势的重要指标。

从表6-16可以看出，"一带一路"沿线国家基础设施风险评级为A级的均为高收入且政局稳定的国家，基础设施健全；B级的多为中东欧、西亚北非的国家；C、D级的一般是中亚、东南亚、南亚国家；风险最高的E级为社会冲突频发、政局不稳的国家。

表6-16 "一带一路"沿线国家基础设施风险评级[②]

评级	国家
A	以色列、卡塔尔、新加坡、阿拉伯联合酋长国

---

① 朱兴龙. 中国对外直接投资的风险及其防范制度研究 [D]. 武汉：武汉大学，2016.
② A=风险最低，E=风险最高。

评级	国家
B	巴林、文莱、保加利亚、克罗地亚、捷克、爱沙尼亚、匈牙利、哈萨克斯坦、拉脱维亚、立陶宛、马来西亚、阿曼、波兰、罗马尼亚、俄罗斯、沙特阿拉伯、斯洛伐克、斯洛文尼亚、土耳其
C	阿尔巴尼亚、阿塞拜疆、白俄罗斯、格鲁尼亚、希腊、印度、印度尼西亚、伊朗、约旦、科威特、黎巴嫩、黑山、菲律宾、塞尔维亚、斯里兰卡、泰国、乌克兰、越南
D	亚美尼亚、孟加拉国、不丹、波黑、柬埔寨、吉尔吉斯斯坦、摩尔多瓦、蒙古国、缅甸、尼泊尔、巴基斯坦、巴勒斯坦、叙利亚、土库曼斯坦、乌兹别克斯坦
E	阿富汗、东帝汶、埃及、伊拉克、老挝、塔吉克斯坦、也门

数据来源：世界银行。

第三节 "一带一路"中国对外直接投资风险管理

"一带一路"背景下对外直接投资的风险基于投资项目的差异性，在此选取几类较为典型的、普遍的且难以应对的风险以便寻求针对性对策措施。

一、政治风险应对策略

通常投资企业希望东道国以主权信用担保的方式来规避政治风险，除此之外，投资企业还可以采取以下措施。

第一，建立健全海外投资保险制度。中资企业往往会选择中国信保相关保险以规避政治风险。中国信保作为一个具有官方背景的专门为海外投资提供相关保险的机构，在很大程度上为中国企业的海外投资起到了保驾护航的作用。海外投资保险制度的制定要结合中国国情，同时要遵守国际条约，在法律层面明确保险纠纷的处理方式。

第二，通过政府间约定协议的方式支持大型合作项目。企业应重视与当地政府的联系与沟通，构建良好的关系来获取东道国权力部门的支持，尽量将大型投资项目上升到国家层面重大战略合作项目，获得东道国颁发的特许经营权利，确保投资权利的合法保障。

第三，重视合同和法律保护，其中包括双边或多边投资保护协定、东道国参加的国际公约、双方签订的项目合同等。通过签署以上合约来保障外国投资者的合法权益。同时在项目开工前，合同、法律文件、特许经营权等要准备得一应俱全，明确投资者的权利和义务。

第四，采取多元化合作方式，包括融资、股权、施工、运营等，吸纳东道国或国际上有实力的企业。项目公司可与当地或国际资本合作，成立合资公司，严格按照相关规定定期召开董事会，对项目的重大问题做出决策。

第五，坚持互利共赢的理念。"走出去"的企业应设置合理的投资回报率，高度关注当地利益，努力惠及民生，分别按照母国和东道国的相应标准，履行社会责任，积极配合地方政府的工作，营造与东道国共同发展的大环境。同时也要注意过高的回报率可能会引起东道国各界的反感。①

二、经济风险应对策略

预先识别经济风险对"一带一路"对外直接投资的可持续性发展非常重要。

首先，践行"一带一路"倡议需要真正做到互利共赢，要走出"一带一路"建设仅仅是为了中国的过剩产能"走出去"的误区，要摒弃"金钱铺路好办事"的观念，中资公司投标墨西哥高铁流标等案例恰恰说明了这一问题②。

其次，要安排全新的风险缓释措施，在现有的亚投行和金砖银行的基础上，加大成员国对"一带一路"沿线欠发达国家的援助。与此同时，完善全球风险分担和补偿机制，建立全球风险保险和再保险平台。

最后，对于具体投资项目，要做商业、财务、法律风险之外的涉及宏观经济金融的国别风险战略性评估，并预设风险防范和应对措施；善用出口信贷和出口信用保险。在寻求项目融资时，中资企业也要加强与其他双边、多边金融机构、国际发展机构的合作，发挥多边金融机构在风险化解上的作用。

---

① 查道炯，龚婷."一带一路"案例实践与风险防范（经济与社会篇）[M]．北京：海洋出版社，2017：27.

② 潘晓明．从墨西哥高铁投资受阻看中国对外基础设施投资的政治风险管控 [J]．国际经济合作，2015（03）：76-79.

三、环境与社会风险应对策略

当前，社会各界及民众对环境污染、公众参与、移民安置、企业社会责任、项目透明度等问题的关注度越来越高，环境及社会风险成了必须高度关注的问题。为规避此类风险，中企在"一带一路"直接对外投资中要注意开展以下工作：一是与东道国主管部门商定项目执行的环境及社会影响评价执行标准，在没有标准的情况下尽量借鉴国际标准；二是高度重视民意，在项目前期调研及社会影响评价阶段广泛征求民众意见，针对他们的合理诉求提出令各方满意的措施；三是一般大型投资项目还要切实做好移民安置工作，由政府主导，企业配合开展；四是努力使投资项目惠及民生，在满足工程建设情况下，充分考虑当地民众的方便，配套设施充分满足民众的生活需要，使民众切实因项目而受益。

四、法律风险应对策略

合同和法律是项目风险控制的基本保障，一定要有法律先行的理念，对东道国的法律体系进行深入研究，特别注意法律不完善甚至空白的情况，把细节考虑完善并通过合同条款的方式加以锁定，以免将来法律漏洞对合同产生新的风险。此外，在项目开工前，一定要获得所有的审批文件，切忌未批先建，否则一旦出现风险则处于被动局面。

第四节 "一带一路"中国对外直接投资案例分析
——柬埔寨甘再水电站 PPP 项目

一、柬埔寨甘再水电站 PPP 项目背景

为分析海外大型水电投资项目的风险，首先对案例背景进行梳理，主要包括投资企业简况、东道国及行业状况、项目概况等，以便分析项目投资风险并研究应对措施。

（一）中国承建企业

柬埔寨甘再水电站 PPP 项目的中企投资方是中国水电国际，现为中国电力

建设集团（简称：中国电建）子公司。中国电建是为全球能源电力、水资源与环境、基础设施及房地产领域提供全产业链集成、整体解决方案服务的综合性特大型建筑集团，在 2021 年《财富》世界 500 强企业中位列第 107 名。中国电建长期深耕"水""电"核心业务领域，具有懂水熟电的核心能力和产业链一体化的突出优势，奠定了国内乃至国际水电行业的领军企业地位，是全球水电、风电、光伏发电建设的领导者。

近年来，中国电建坚持国际业务优先发展，积极响应国家"一带一路"倡议，建立了遍布全球的市场营销网络。截至 2020 年第三季度末，中国电建在合作区域 65 个重点国家中的 47 个国家都设有驻外机构；在其中 48 个国家执行项目合同，在其中 7 个国家投资项目共计 20 个，形成了以水利、电力建设为核心，建立公路和轨道交通、市政、房建、水处理等领域综合发展的"大土木、大建筑"多元化市场格局。①

（二）东道国及行业状况

柬埔寨地处中南半岛南端，与越南、老挝、泰国三国相邻，国土面积 18 万平方千米，人口 1440 万。受多年战乱和政治动荡影响，柬埔寨工业基础薄弱，是全球最不发达的国家之一。1993 年新王国政府成立以后，政局和经济逐步稳定。新政府通过设立专门的管理部门、规范程序等措施，打造了自由开放、鼓励外国投资的政策环境，逐步成长为投资者关注的新兴市场。2004 年至 2016 年，柬埔寨年度外国直接投资由 1.3 亿美元增至 17 亿美元，外国投资已经成为柬埔寨经济发展的重要动力。

虽然外国投资增长迅速，柬埔寨在相关制度建设方面处于刚刚起步阶段，有效的市场和社会管理体系尚未建立，在合规要求低、社会要求高、政策多变的大背景下，中企在柬埔寨投资往往会被迫应对意料不到的挑战。

随着政局稳定、经济发展，柬埔寨的电力需求也在逐年攀升。由于国内电力基础设施建设不足，在 2014 年以前，柬埔寨的电力来源主要依赖邻国进口，2013 年进口电量占全国可供电量的 56%（见图 6-6）。随着新的水电站和火电站建成投产，近年来，柬埔寨自发电量大幅增长，自 2013 年的 17.70 亿千瓦时增至 2020 年的 85.13 亿千瓦时，同期进口电量所占比重随之减少，降至 31.89%。

① 中国电力建设集团有限公司. 中国电建：推动可持续发展　实现互联互通［EB/OL］. 中国上市公司协会，2021-04-14.

2020年柬埔寨自发电量主要来源为煤电，占46.77%，其次是水电，占41.03%，其他三种类型占比12.20%（见图6-7）。

通过大力发展电力行业和从邻国老挝、越南、泰国进口电力，柬埔寨基本上已经摆脱了全局性严重缺电的困境，雨季时局部地区有富余电力。但由于电网铺设地区有限，广大农村地区仍然处于缺少电力供应，普遍依靠燃油和电瓶照明阶段，旱季时，缺电、供电不稳的情况仍然经常发生。在电价方面，柬埔寨平均供电价格为0.17美元/千瓦时，远高于邻国越南的0.08美元/千瓦时。在电力依旧短缺、电价高昂的背景下，电力行业在柬埔寨《国家发展战略规划（2014—2018）》中继续被列为优先发展领域。

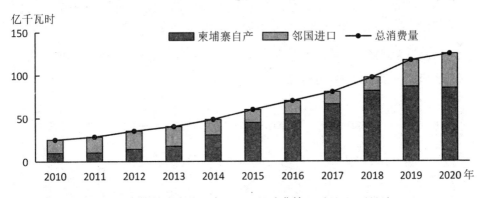

图6-6 柬埔寨电能生产、进口及消费情况（2010—2020）

数据来源：柬埔寨电力局。

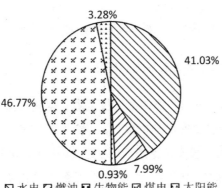

图6-7 柬埔寨自发电量构成类型（2020）

数据来源：柬埔寨电力局。

（三）中国投资合作

受柬埔寨地理位置、经济发展潜力及中柬友好双边关系的影响，自中柬两国1958年建交以来，双边经贸关系持续发展，尤其是1993年新王国成立后，两国经贸合作关系得到了全面恢复和快速发展。1996年7月，两国政府签署了《贸易协定》和《投资保护协定》。2010年1月1日，中国—东盟自贸区的全面建成进一步为中柬经贸投资合作开拓更加宽广和畅通的渠道。

2005年至2019年，中国对柬的直接投资由0.05亿美元增至15.43亿美元，一度占到同期柬埔寨吸引外资总额的43%，是柬埔寨的最大外资来源国。（见图6-8）目前有近1000家中资企业在柬埔寨开展投资活动，国有企业主要投资水电、公路桥梁建设、矿业开发等大型国家项目，私营企业主要进入制衣、电子通信、农业、旅游和餐饮等行业。

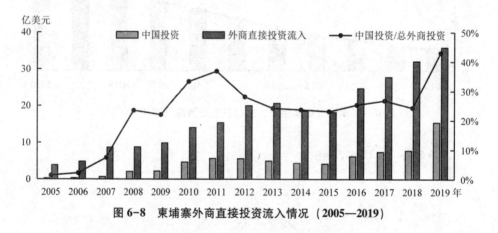

图6-8　柬埔寨外商直接投资流入情况（2005—2019）

数据来源：联合国贸易与发展会议（UNCTAD）。

中资企业是柬埔寨电力行业的最大投资者，据驻柬埔寨经商参处《2015年柬埔寨国家电力电网建设现状分析报告》，截至2014年年底，中资企业投产装机容量为1964.2兆瓦，投资总额近30亿美元，全年发电量20.5亿千瓦时，占同期柬埔寨自发电量的70.2%。水电是中资企业的投资重点，9个BOT（建设—经营—转让）投资项目中有7个为水电项目。2014年，中资电力企业发电量中水电所占比重为90.9%。

（四）柬埔寨甘再水电站 PPP 项目基本信息

柬埔寨甘再水电站位于柬埔寨西南部大象山区的甘再河干流之上，距离柬埔寨首都金边西南方向 150 千米的贡布省省会贡布市外 15 千米处，项目所在地交通状况良好。大坝为碾压混凝土重力坝，水电站总装机容量为 19.32 万千瓦，年平均发电量为 4.98 亿度。甘再水电站的主要功能是发电，同时具备城市供水及灌溉等辅助功能。该项目采用 PPP 模式实施，建设期为 4 年，运营期为 40年，总投资额为 2.805 亿美元。

2004 年 7 月，柬埔寨工业部对甘再水电工程进行 BOT 国际招标，中国水电国际顺利夺得第一标。① 2005 年 7 月，中柬两国政府首脑出席项目备忘录签署仪式；2006 年 4 月 8 日，中国总理和柬埔寨首相共同出席开工仪式，2007 年 9月 18 日正式开工；2011 年 12 月 7 日，甘再水电站 8 台机组全部投产发电；2012年 8 月 1 日起正式启用商业发电计量，为柬埔寨社会经济发展提供了强有力的能源保障。

表 6-17 柬埔寨甘再水电站 PPP 项目基本信息

项目名称	柬埔寨甘再水电站 PPP 项目
项目意义	通过国际招标模式开发的柬埔寨最大的水电站 BOT 项目，于 2007 年正式开工，于 2011 年投产发电。获得柬埔寨政府颁发的最优秀工程奖；2013 年 12 月获得中国建设工程的最高奖——鲁班奖；被柬埔寨洪森首相誉为柬埔寨的"三峡工程"
项目类型	新建项目
所属行业	电力—水电
主要内容	主要工程内容包括大坝、进水口、引水隧道，230 千伏开关站、10 千兆的 230 千伏的双回路输变电线路，以及配套的配电站及导流工程、尾水调节堰、其他临时工程的施工以及机电安装工程
合作期限	建设期为 4 年，运营期为 40 年

---

① BOT 投资，即建设—经营—转让（Build-Operate-Transfer）的一种国际投资新方式。具体来说，是指投资国与东道国签订协议，由东道国政府给投资国跨国公司提供新项目或工程，并授权由投资者在合同规定的时间内经营，合同期满将此项目或工程转让给东道国政府。

续表

项目名称	柬埔寨甘再水电站 PPP 项目
总投资额	2.805 亿美元
运作方式	建造—运营—移交（BOT）
实施主体	柬埔寨工业矿产能源部
社会资本	中国水电国际
项目公司	中国水电甘再水电项目公司，由中国水电国际于 2006 年 4 月 30 日在柬埔寨境内注册成立的针对该 BOT 项目的全资项目公司，注册资金为 100 万美元
融资安排	中国进出口银行，固定资产投资的 72%（2.02 亿美元）是从中国进出口银行以贷款的形式获取的，贷款期限为 15 年（含 4 年宽限期）
参与主体	总承包：中国水电国际 设计：中国水电工程顾问集团公司西北勘测设计院负责 采购：中国水电国际负责 施工建设：中国水电的子公司中国水利水电第八工程局有限公司 运营维护：合同运营方为中国电建海外投资有限公司，实际运营方为中国电建第十工程局
使用者	柬埔寨国家电力公司（EDC）与中国水电国际签订了长达 40 年的照付不议的购电协议，承担购电和支付义务

二、柬埔寨甘再水电站 PPP 项目投资风险分析

大型水电项目投资规模巨大、合作期长、外围环境变化大，且容易被一些组织以环保、安全等为由加以炒作和利用，风险具有长期性和复杂性，往往包括但不限于：政治、经济、社会、法律、环境、技术、舆论、合规等一系列风险，在项目前期、项目建设期、项目运营期及退出期具有不同的风险，且相互之间可能会相互产生关联和影响。

（一）政治风险

政治体制上，柬埔寨实行君主立宪制，由国会和参议院组成的两院制议会为柬埔寨的最高权力机构和立法机关。联合国机构、国际货币基金会、世界银

行、亚洲开发银行等国与国间政府组织通过提供经济发展计划和援助，积极参与柬埔寨的经济社会建设，对柬埔寨的发展模式有着重要的影响。

从世界银行发布的东南亚 10 国的国家治理评估指标得分情况来看，由表 6-18 可知，柬埔寨王国除了"政府稳定性和无暴力程度"指标外，其他 5 个指标得分情况均为负值，在 10 国中处于较低水平，说明柬埔寨的国家治理水平不够理想。

表 6-18　东南亚地区各国国家治理评估指标得分情况

	话语权与问责制	政府稳定和无暴力程度	政府有效性	监管质量	法治建设	腐败控制
柬埔寨	-1.11	0.21	-0.69	-0.47	-1.06	-1.27
印度尼西亚	0.17	-0.37	0.01	-0.12	-0.34	-0.40
缅甸	-0.80	-0.80	-0.98	-0.87	-0.89	-0.62
马来西亚	-0.42	0.14	0.87	0.71	0.50	0.10
菲律宾	0.16	-1.38	-0.02	0.00	-0.35	-0.49
新加坡	-0.15	1.50	2.19	2.18	1.83	2.09
泰国	-1.03	-0.99	0.34	0.17	0.00	-0.39
越南	-1.37	0.23	0.01	-0.45	0.08	-0.45
老挝	-1.76	0.53	-0.37	-0.72	-0.80	-0.95
文莱	-0.90	1.15	1.08	0.59	0.56	0.57

数据来源：世界银行的全球治理指数（WGI）数据库。

具体来看，对柬埔寨直接投资的政治风险体现在以下三方面：

首先，政策变化带来投资风险。柬埔寨的各类法律法规、行政规章仍在制定和完善中，变动的政策增加了项目成本和收益的不确定性。如 2001 年柬政府宣布暂停特许采伐权下的伐木活动，给投资森林特许采伐权的中资企业的经营带来了极大的冲击。

其次，当地政府治理能力不足，现有法律法规得不到有效实施，环境保护和社会保障政策仍需完善。在这种情况下，往往是企业最后承担实际的环境社会风险，蒙受声誉和经济损失。如七星海旅游度假区项目，由于柬相关法律缺乏公众参与项目环境与社会评价的规定，虽然该项目各项投资开发工作均获得了柬政府的批准和认可，但在实际操作过程中由于缺乏透明度，受到公众和非政府组织的质疑与反对，最终遭受损失的仍是作为中企的开发商。

最后，在政治环境方面，柬埔寨政党林立、党争激烈，各政府间国际组织、国际和本土非政府组织纷纷致力于推动柬埔寨的可持续发展和民主改革，大型投资项目一旦引发争议，极易卷入政治角力中，升级为社会问题和政治事件。以茶润水电站项目为例，该项目尚处于可行性研究阶段，环境和社会影响有待评估，但柬埔寨长久以来的腐败问题严重削弱了政府公信力，导致该项目遭到了部分居民和非政府机构的坚决反对，长达半年的堵路抗议活动和媒体报道最终使得该项目不得不被叫停①。

（二）经济风险

多年的战乱和政治动荡严重破坏了柬埔寨经济，新王国政府成立后，通过制定经济发展路线、规划和实施对外开放，全面开展经济重建工作。2003 年，柬埔寨加入世界贸易组织，2005 年至 2020 年，柬埔寨国内生产总值（GDP）由 62.9 亿美元增至 252.9 亿美元，是近年来亚洲发展中国家中经济增长较快的国家之一，2011 年至 2015 年，柬埔寨连续五年经济增长超过 7%（见图 6-9）。柬埔寨通货膨胀率保持较低水平，2020 年通货膨胀率为 2.9%。柬埔寨货币币值稳定，汇率基本稳定在 4045 瑞尔至 4184 瑞尔兑 1 美元。

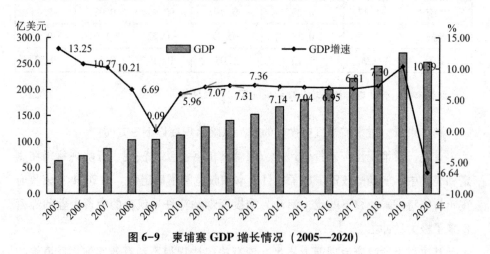

图 6-9　柬埔寨 GDP 增长情况（2005—2020）

数据来源：联合国贸易与发展会议（UNCTAD）。

---

① 全球环境研究所海外投资、贸易与环境项目组. 柬埔寨的外国投资管理体系、环境政策与中国对柬投资案例分析［R］. 北京：全球环境研究所，2016.

柬埔寨经济高度美元化，人民币与瑞尔不可直接兑换，须以美元搭桥进行结算，美元是柬埔寨经济社会的主要交换媒介，流通量占市场货币流通总量的85%以上。柬埔寨经济的发展主要依赖劳动密集型产业和旅游业，经济结构单一，对外部环境依赖大，易受冲击。2005—2020年柬埔寨经济趋势如表6-19所示。

表6-19 柬埔寨经济趋势（2005—2020）

经济指标 ＼ 年份	2005	2010	2015	2020
GDP（亿美元）	62.9	112.4	180.5	252.9
人均GDP（百美元）	4.7	7.9	11.6	15.1
实际GDP增速（%）	13.25	5.96	7.04	−6.64
通货膨胀率（%）	6.35	4	1.22	2.9
汇率（KHR/USD）	4092.5∶1	4184.9∶1	4067.7∶1	4045∶1

数据来源：联合国贸易与发展会议（UNCTAD）。

（三）法律风险

柬埔寨1994年颁布的《柬埔寨王国投资法》以及2005年颁布的《柬埔寨王国投资法修正法》对于外资公司的设立条件、审批要求、形式、投资领域、参股比例、利润汇出等做出了一系列的规定。但截至目前，柬埔寨对于商标注册、使用及技术转让等知识产权问题尚无法律法规。此外，在矿产、劳工、移民、税收等多个方面虽然有相关政策法规，但大多为原则性规定，缺乏细节，导致操作层面弹性很大，破坏了政策的一致性，增加了企业的法律风险。

在司法层面，柬埔寨无经济法庭，投资和经营纠纷通过司法渠道难以解决。同时，柬埔寨存在司法腐败现象，柬政府虽然加大反贪力度，但效果有限。此外，柬社会信用体系不健全，投资陷阱较多，企业一旦遭遇纠纷，维权较为困难。

（四）社会风险

第一，当地偷盗事件频发，治安环境恶劣。电力项目从建设期到商业运营期，偷盗行为一直困扰着电力企业的正常生产。输电线路的铁塔连接杆被盗、高压线路被砍断等盗窃事件严重影响电站安全运行，尤其会造成人身安全的隐患。虽然现场采取了向当地警察局报案等措施，加大巡查维护力度，增加安全保卫力量等措施，但效果不明显。

第二，当地非政府组织（Non-Governmental Organization，NGO）的影响较大。部分非政府组织出于其自身利益的考虑，时常对柬政府支持和批准的电力项目进行阻挠，并组织当地民众抵制项目的正常进行，给电力企业带来了较大的困难和损失，甚至导致一些本可带给柬人民良好经济与社会效益的中柬经贸合作项目迟迟无法启动，致中资企业前期投入大量人力、物力和财力被冻结，也给柬方发展经济增加不必要的成本。①

（五）环境风险

通观国际水电发展的历史，大型水电项目本身容易被利用生态环境、下游影响等话题炒作，进而形成较大的争论，该类投资项目的环境敏感度较高。②1996 年《环保法》为柬埔寨的环境保护和污染防治工作提供了总体的制度框架，并建立了环境影响评价制度。在法律制度不健全的环境管理薄弱国家，环境评价通常是评价大型开发项目潜在环境和社会影响首要的也是最全面的方法，投资者可以据此来管理投资建设项目的环境风险，减少项目给当地带来的环境破坏和社会冲突。

但是柬埔寨环评政策的执行却差强人意。1999 年至 2003 年没有任何项目进行过环评，2004 年至 2011 年，有近 200 个项目应该进行环评，但实际开展的仅有 110 个。影响执行的主要因素有环评启动时间过晚，负面社会和环境影响被低估，政府部门间缺乏协调、职权不清，缺乏公众参与，缺少政治意愿。

（六）技术风险

海外水电投资项目技术风险主要包括东道国技术标准及规范缺失、水文地质等基础资料匮乏、工程施工难度大、设备和材料欠缺等，每一种风险都隐藏很多细节性的问题，稍不慎重将会严重阻碍投资正常进行。柬埔寨大多数水电项目都是由中国支持设计与建设的，柬埔寨内缺乏系统的水电规范和标准，且该流域历史水文、气象资料比较缺乏，大多数水文数据准确度不高，在物资采

---

① 全球环境研究所海外投资、贸易与环境项目组. 柬埔寨的外国投资管理体系、环境政策与中国对柬投资案例分析 [R]. 北京：全球环境研究所，2016.

② 查道炯，龚婷. "一带一路"案例实践与风险防范（经济与社会篇）[M]. 北京：海洋出版社，2017：20.

购方面，大多数重要材料均需要从中国进口。因此，技术标准、物资材料进出关要求、实测数据设施建设均面临巨大挑战。

（七）运营风险

据驻柬埔寨经商参处《2015 年柬埔寨国家电力电网建设现状分析报告》，截至 2014 年年底，中资电力企业投产装机达到 1064.1 兆瓦，但全年发电量仅 20.5 亿度，折算利用不足 2000 小时。除去当年投产的达岱水电站与鄂尔多斯鸿骏公司的西哈努克港火电影响因素，其余水电站全年发电量 17.64 亿度，装机为 682.1 兆瓦，折算利用不足 2600 小时，而大部分水电站设计利用在 3500 小时左右，仅及设计的 74.3%，实际发电量与设计相差甚远。因此，总体来说，由于电网影响出力受限，中资电力企业实际发电量与其签署的电力购售合同（PPA）相差较大，投入与产出严重不匹配，经营面临很大困难。

三、柬埔寨甘再水电站投资风险管理

针对柬埔寨甘再水电 PPP 项目潜在的多方风险源，投资方中国水电国际从各方面展开了具体的应对措施。

（一）政治风险应对策略

在甘再水电站 PPP 项目的前期研究过程中，投资方做了包含政治风险在内的大量的风险评估工作，其中政治风险防控的方式体现在以下几方面。

一是两国政府电力主管部门签订了水电开发合作协议，明确支持该项目；二是中柬两国互为全面战略合作伙伴关系，双方签署了双边投资保护协定，中国与东盟也签署了多边投资保护协定，保护外国投资者的合法权益；三是获得了柬埔寨政府出具的主权信用担保，中国水电国际也投保了海外投资政治风险来规避较高的国别风险；四是项目开工前，各项合同、法律文件、经营权等一应俱全，明确了投资者的权利和义务；五是购电协议条件并不苛刻，在电力产品消费方面首先考虑了柬方的需求。

（二）经济风险应对策略

首先是项目融资风险，该水电项目融资方主要是中国进出口银行，融资渠道可靠，融资成本在项目实施过程中保持稳定；其次是汇率问题，该项目主要采用美元进行结算，柬埔寨本地币瑞尔兑美元的汇率保持稳定，且通货膨胀率较低，保证了经济回报的可靠性；最后是电力市场预期是否合理问题，该项目前期与柬埔寨国家电力公司签署购电协议，柬埔寨国内电力市场需求逐年攀升，主要的问题不是电力无法消纳，而是该项目发电量不足以满足需求。

（三）社会风险应对策略

针对治安环境恶劣的情况，建议中企与柬埔寨相关部门和项目所在地政府密切沟通和联系，一要加大宣传力度，普及电站安全运行在国民经济中的重要性，特别是因偷盗等违法行为造成不良后果的严重性；二要出台相关法律，把偷盗行为对电网、电站危害性（非直接经济价值）作为量刑依据；三要政府执法部门加大此类案件的侦破和惩处力度；四要引入社会化安保力量，加强现场治安管理。

针对非政府组织的影响，建议中国投资与建设企业应采取以下措施：一要和柬政府相关部门做好沟通，规范森林砍伐、环境保护行为，避免水电项目与乱砍滥伐等环境破坏行为联系起来；二要充分发挥中国商会电力企业协会的作用，与非政府组织建立良好关系与沟通机制，主动提供有关项目真实、正面的信息，避免对项目的顺利实施与良性进展造成负面影响；三要加强项目信息的宣传，让柬埔寨当地居民了解投资建设项目延误可能付出的成本；四是建议柬埔寨政府加强对部分接受外部资金、阻挠社会发展的非政府组织监管，建立档案，必要时以相关法律法规追究相关主要人员责任。

（四）环境风险应对策略

柬埔寨比较注重环境保护，任何私人或公共项目均需要进行环境影响评估。大型水电投资项目也要高度重视环保，依法保护当地生态环境。中国企业在投资建设前，要了解柬埔寨《环境保护法》及其他相关政策法规，避免触犯法律。同时就投资情况与该国的生态环境部进行及时沟通，获取政府认同后要进行充分、科学的环境影响评估，在项目规划设计中做好解决方案，按照当地环境保护法律法规的相关规定，防止、减少和控制项目实施过程中可能会对环境造成的危害。

对于其他层面风险，中国水电在项目前期研究、工程建设、运营方面也展开了具体的风险管理措施（见表6-20）。

表 6-20 柬埔寨甘再水电 PPP 项目风险及其规避措施

风险类型	控制和规避风险措施
决策完工风险	由中国水电承担
建设风险	由中国水电全资子公司水电八局承担
设计风险	由中国水电工程顾问集团公司西北勘测设计院承担
金融风险	根据购电协议 PPA 的约定，EDC 支付的电费中货币比例为美元 80%，瑞尔 20%：①中国进出口银行提供的贷款为美元；②电费中的当地币部分主要用于项目的运营费用。柬埔寨政府《外汇法》规定美元和当地币可以自由兑换，且汇率由市场调节
政治风险	①中国水电国际投保海外投资政治风险来规避较高的国别风险；②柬埔寨政府针对政治风险出具主权担保
法律风险	柬埔寨政府通过各种立法，加大对外国投资者权益的保障。对于该项目而言，柬埔寨国内的国家电力法律法规较为健全，此外还有 BOT 法、投资法等保护投资者利益
环境保护风险	向柬埔寨环境部申请取得环保许可证，项目竣工后水库蓄水对于 BOKOR 国家公园 1.42%面积的淹没影响得到了政府的许可
不可抗力风险	通过投保商业保险来规避

本章小结

本章基于"一带一路"的倡议背景，逐一梳理分析了中国企业直接对外投资的风险，并提出可靠的应对管理方案。本章研究具体分为四个部分：

本章第一节主要梳理了中国对"一带一路"沿线国家直接对外投资的分布情况。从纵向年份的流量和存量分布可以看出对外直接投资的长期增长趋势；而区域和国别层面的不同分布比重体现了对外直接投资主要流向了东南亚以及政治关系友好国家，如哈萨克斯坦等；在行业层面上对外直接投资主要集中在能源、交通、基建领域。

本章第二节从东道国、中国以及行业三个层面全方位识别"一带一路"对外直接投资的风险。首先，东道国的风险主要体现为政治环境恶劣，社会动荡不安、经济发展水平和结构差异大、社会文化背景迥异以及较高的环境和法律风险等；其次，中国层面的风险点主要看"一带一路"沿线国家与中国的政治关系以及经济往来，在本章中以"合作度指数"这一指标来体现，其中近一半的国家分值较低，具有潜在投资风险；最后，从行业层面来看，我国能源企业在"走出去"过程中存在产品技术适应性差、市场竞争压力大的双重风险，交通运输业具有规模大、建设期长、技术要求高等弱点，基建行业面临肩负社会责任和制度壁垒等问题，服务业依赖于基础设施建设同样也面临着较高风险。

本章第三节是在前文风险识别的基础上对几项重要的直接对外投资风险提出相应的管理措施。第一是政治风险，其主要通过两国政府担保、法律合同以及出口信用保险等方式来处理，同时在企业对外直接投资过程中要注意多元化的合作方式以及坚持互利共赢的理念；第二是经济风险，应对经济风险同样强调互利共赢，同时要建立全球风险共担机制以及预先做好涉及宏观经济风险的评估；第三是环境风险，企业要处理好环境问题的重点在于提高公众参与度，积极承担社会责任，并努力使得项目惠及民生；第四是法律风险，对外直接投资项目往往涉及多个环节的合同签订，一定要对两国法律做好充分准备，注意合同细节，以免在后续项目实施过程中出现很多手续上的麻烦。

本章第四节是案例分析，将以上风险识别及管理的过程应用到中国企业投资的柬埔寨甘再水电站PPP项目。这一部分从投资方情况、项目环境背景、项目概况等方面，剖析该项目存在的风险点以及该项目在前期准备、施工建设、后续运营阶段的风险管理手段。

综上所述，本章通过研究发现，"一带一路"倡议下中国企业对外直接投资呈现出明显的区域、国别、行业不平衡，对外直接投资主要集中在东南亚地区，主要流入了与中国关系友好的新加坡、哈萨克斯坦、俄罗斯联邦等，行业上以能源、交通和基建为主。对外直接投资的风险除了传统的政治、经济、社会、环境风险外，中国因素和行业特征也对风险有一定的影响。

中国企业海外直接投资时间短、速度快，"一带一路"沿线国家环境更为复杂，中国企业在不断学习积累的过程中，要认识到风险与机遇的共存性，进一步提高风险防控意识。首先，企业在对外直接投资过程中，要加强投资前的战略决策、完善投资中的风险动态跟踪和评价机制；其次，在投资过程中，政府、企业各方应共同倡导法律意识和契约精神，重视并利用法律与合同手段保护自身的合法权益；最后，投资方需站在互利共赢的角度进行合作，切实履行企业责任，热心社会公益，争取投资效益和社会效益的双增长。

第七章

总　结

　　影响"一带一路"经济风险的变量繁多，本章主要在核心变量梳理基础上构建"一带一路"沿线主要国家综合风险评价模型。本章首先对可能影响"一带一路"沿线主要国家风险的各类因素进行了综合分析；其次，通过因子分析方法对"一带一路"沿线各国综合风险进行测算和评估；再次，在国家和企业宏微观相结合的视角下，构建国家和企业联动的经济风险预警机制；最后，就我国保险保障体系如何服务"一带一路"经济建设提出产品与服务创新及优化的对策建议。

第一节　"一带一路"沿线主要国家综合风险测算

一、指标选取

　　本章基于既往相关文献①，从不同风险的影响因素着手，将"一带一路"沿线国家综合风险影响因素，分解为：政治因素、经济因素、主权信用因素、社会文化因素、法律制度因素五个方面的 15 个指标构建"一带一路"沿线国家综合经济风险评估体系（见表 7-1）。其中，法律制度中的开办企业便捷度包含：高级管理层处理政府法规要求的时间、访问或要求会见税务官员的公司百分比、平均访问次数或要求与税务官员会面的次数、获得营业执照的天数、获得施工相关许可证的天数、获得进口许可证的天数、将税率视为主要限制因素

---

① 周伟，陈昭，吴先明. 中国在"一带一路"OFDI 的国家风险研究：基于 39 个沿线东道国的量化评价 [J]. 世界经济研究，2017（08）：15-25+135.

的公司百分比、将税务管理视为主要制约因素的公司百分比、将营业执照和许可证视为主要限制的公司百分比9个三级指标，本章将采用熵值法得到开办企业便捷度数值。

表 7-1 "一带一路"沿线国家综合风险指标体系

变量类型	指标	数据来源
政治因素	政治民主度	世界银行
	政治稳定性	世界银行
	监管质量	世界银行
	腐败控制	世界银行
经济因素	人均 GDP	世界银行
	通货膨胀率	世界银行
	营商便利程度	世界银行《2020 年营商环境报告》
	近三年 GDP 增长率均值	根据世界银行公开数据测算
主权信用因素	外债占 GNI 百分比	世界银行、CEIC 数据库
	财政收支差额占 GDP 百分比	世界银行、CEIC 数据库
	经常性账户余额占 GDP 百分比	世界银行、CEIC 数据库
社会文化因素	失业率	世界银行
	人均国民收入	世界银行
法律制度因素	开办企业便捷度	联合国开发计划署 UNDP
	纳税便捷程度	联合国开发计划署 UNDP

二、模型构建

根据 2020 年"一带一路"沿线国家的政治因素、经济因素、主权信用因素、社会文化因素、法律制度因素五个方面数据的可得性，选取"一带一路"沿线的 40 个国家作为研究对象。[①] 通过因子分析对评价指标进行归类，每一类

---

① 40 个国家具体包括：阿尔巴尼亚、阿塞拜疆、埃及、爱沙尼亚、巴基斯坦、白俄罗斯、保加利亚、波黑、波兰、东帝汶、俄罗斯、菲律宾、哈萨克斯坦、柬埔寨、捷克、克罗地亚、拉脱维亚、老挝、黎巴嫩、罗马尼亚、马来西亚、马其顿、蒙古国、孟加拉国、缅甸、摩尔多瓦、尼泊尔、塞尔维亚、斯里兰卡、斯洛文尼亚、塔吉克斯坦、泰国、土耳其、乌克兰、匈牙利、亚美尼亚、以色列、印度、约旦、越南。

用一个因子代替，使原来大部分信息归纳在几个主要因子中，本部分利用 stata
对"一带一路"沿线主要国家综合经济风险进行测算和评估。在因子分析之前，
首先对数据进行缩尾处理，然后对负向指标进行正向化处理，并对所有指标进
行标准化处理。变量描述性统计结果如表 7-2 所示。

表 7-2　综合风险模型各变量的描述性统计分析

变量	最小值	最大值	均值	标准差
政治民主度	0	1	0.5100	0.2802
政治稳定性	0.2089	0.8711	0.5901	0.1770
监管质量	0.1008	0.8130	0.3941	0.1844
腐败控制	0.0428	0.8514	0.3230	0.1730
人均 GDP	0.0058	0.0764	0.1331	0.1463
通货膨胀率	0	1	0.9231	0.1550
营商便利程度	0	0.8996	0.6286	0.2292
近三年 GDP 增长率均值	0	1	0.6049	0.1469
外债占 GNI 百分比	0	1	0.8038	0.1978
财政收支差额占 GDP 百分比	−0.0022	1	0.3619	0.2274
经常性账户余额占 GDP 百分比	0	0.6980	0.4414	0.1463
失业率	−5.6172	1	0.5021	1.0233
人均国民收入	0.0103	0.7736	0.1441	0.1555
开办企业便捷度	0	1	0.1264	0.9905
纳税便捷程度	0.1599	0.8649	0.4455	0.1829

注：N=40。

（一）因子分析

由表 7-3 可以看出 KMO 统计量为 0.745，大于最低标准，且巴特利特球形
检验 P<0.05，适合做因子分析。

表 7-3 综合风险模型 KMO 和巴特利特检验

KMO 取样适切性量数		0.745
巴特利特球形度检验	近似卡方	687.428
	自由度	105
	显著性	0.000

由表 7-4 总方差解释可知，有五个特征值大于 1 的因子，累积方差贡献率为 84.87%，表明这五个因子可以说明原来变量 84.87% 的变差。

表 7-4 综合风险模型总方差解释

因子	特征根	提取载荷			旋转载荷		
		方差	方差贡献率	方差累计贡献率	方差	方差贡献率	方差累计贡献率
1	6.3791	3.6685	0.4253	0.4253	5.6884	0.3792	0.3792
2	2.7106	1.1481	0.1807	0.6060	2.7816	0.1854	0.5647
3	1.5625	0.5077	0.1042	0.7101	1.5764	0.1051	0.6698
4	1.0548	0.0319	0.0703	0.7805	1.3627	0.0908	0.7606
5	1.0229	0.2587	0.0682	0.8487	1.3208	0.0881	0.8487
6	0.7642	0.3293	0.0509	0.8996			
7	0.4349	0.0998	0.0290	0.9286			
8	0.3351	0.0650	0.0223	0.9509			
9	0.2701	0.0751	0.0180	0.9689			
10	0.1950	0.0852	0.0130	0.9820			
11	0.1099	0.0344	0.0073	0.9893			
12	0.0754	0.0249	0.0050	0.9943			
13	0.0505	0.0160	0.0034	0.9977			
14	0.0345	0.0341	0.0023	1.0000			
15	0.0004	—	0.0000	1.0000			

进一步分析生成的图 7-1 碎石图，从第五个因子之后，两因子之间的连线逐渐趋于平缓，因此可提取前 5 个因子做主因子，与表 7-3 结论相符。

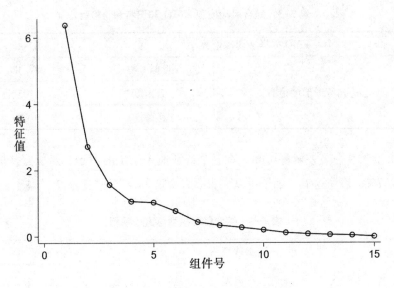

图 7-1　综合风险模型的碎石图

（二）评价指标确定

表 7-5　综合风险模型旋转后的成分矩阵

变量	因子				
	1	2	3	4	5
监管质量	0.9165				
腐败控制	0.9163				
纳税便捷程度	0.9044				
政治民主度	0.8550				
人均国民收入	0.8343				
人均 GDP	0.8299				
政治稳定性	0.6819				
失业率		0.9691			
通货膨胀率		0.9474			
近三年 GDP 增长率均值		0.7041			
经常性账户余额占 GDP 比重			0.7587		
外债占 GNI 比重			0.5313		

变量	因子				
	1	2	3	4	5
财政收支差额占 GDP 比重				0.8214	
开办企业便捷度				0.7276	
营商便利程度					0.7586

　　根据每个因子中各变量的特点，五个因子定义分别如下：因子一 f_1 视为政治经济社会法律综合因子，包括监管质量、腐败控制、政治民主度、政治稳定性、人均 GDP、人均国民收入、纳税便捷程度；因子二 f_2 视为社会经济综合因子，包括失业率、通货膨胀率、近三年 GDP 增长率均值；因子三 f_3 视为主权信用因子，包括经常性账户余额占 GDP 比重、外债占 GNI 比重；因子四 f_4 为信用法律综合因子，包括财政收支差额占 GDP 比重、开办企业便捷度；因子五 f_5 视为经济实力因子，包括营商便利程度。"一带一路"沿线国家综合风险状况可以通过以上五个因子进行刻画，其中政治、经济、社会法律综合因子的影响最大，方差贡献率达到 37.92%。其次为社会经济综合因子，方差贡献率达到 18.54%。其后依次为主权信用因子、信用法律综合因子和经济实力因子，方差贡献率分别为 10.51%、9.08%、8.81%（见表7-4）。因此，在"一带一路"建设过程中应当尤其防范政治经济、社会、法律方面的综合风险。

（三）评价指标体系建立

　　根据因子分析来获得各个指标的权重，变量与主因子之间的关系可以用主因子贡献率来表达，体现为因子的贡献率越大与权重成正比。五个被提取的主因子的方差贡献率依次是 37.92%、18.54%、10.51%、9.08%、8.81%，按照方差贡献率占累积方差贡献率 84.87% 的比例计算后得到一级指标的权重依次是 0.45、0.22、0.12、0.11、0.10，同理，根据旋转后成分矩阵可得二级指标权重（见表7-6）。

表7-6　综合风险模型各级指标权重

一级指标	权重	二级指标	权重
政治经济社会法律综合因子	0.45	监管质量	0.15
		腐败控制	0.19
		纳税便捷程度	0.15
		政治民主度	0.22
		人均国民收入	0.13
		人均GDP	0.13
		政治稳定性	0.20
社会经济综合因子	0.22	失业率	0.37
		通货膨胀率	0.37
		近三年GDP增长率均值	0.24
主权信用因子	0.12	经常性账户余额占GDP比重	0.52
		外债占GNI比重	0.32
信用法律综合因子	0.11	财政收支差额占GDP比重	0.64
		开办企业便捷度	0.54
经济实力因子	0.10	营商便利程度	0.60

三、实证结果分析

根据表7-6各级指标权重，建立风险指数计算公式：$F=0.45 \times f_1+0.22 \times f_2+0.12 \times f_3+0.11 \times f_4+0.10 \times f_5$ 测算国家综合风险，将其从高到低的顺序分成两列进行排序，如表7-7所示，排名越前，国家综合风险越小，排名越靠后，国家综合风险越大。

表7-7　"一带一路"沿线主要国家综合风险排名

排名	国家	国家风险指数	排名	国家	国家风险指数
1	爱沙尼亚	0.7776	21	摩尔多瓦	0.5003
2	斯洛文尼亚	0.7339	22	亚美尼亚	0.4950
3	捷克	0.7333	23	斯里兰卡	0.4912
4	以色列	0.7076	24	白俄罗斯	0.4876

排名	国家	国家风险指数	排名	国家	国家风险指数
5	拉脱维亚	0.6985	25	尼泊尔	0.4819
6	波兰	0.6752	26	蒙古国	0.4816
7	匈牙利	0.6480	27	阿塞拜疆	0.4732
8	马来西亚	0.6443	28	阿尔巴尼亚	0.4694
9	克罗地亚	0.6271	29	孟加拉国	0.4502
10	泰国	0.6022	30	东帝汶	0.4491
11	保加利亚	0.5987	31	土耳其	0.444
12	印度	0.5873	32	约旦	0.4362
13	罗马尼亚	0.5762	33	波黑	0.4356
14	越南	0.5677	34	缅甸	0.4255
15	哈萨克斯坦	0.5293	35	老挝	0.4126
16	塞尔维亚	0.5249	36	埃及	0.4086
17	俄罗斯	0.5070	37	柬埔寨	0.4051
18	乌克兰	0.5050	38	塔吉克斯坦	0.3733
19	菲律宾	0.5036	39	巴基斯坦	0.3589
20	马其顿	0.5011	40	黎巴嫩	-0.2409

由表7-7可知，爱沙尼亚、斯洛文尼亚、捷克、以色列、拉脱维亚、波兰、匈牙利、马来西亚、克罗地亚等国的综合风险水平较低，可见中东欧国家风险普遍较小；而国家综合风险较大的十个国家普遍分布于东南亚、南亚和中亚地区，因此，中国企业远赴这些国家和地区投资时，需要更为密切地关注该国的各类风险，进行有效的风险识别，做好风险预警和防范措施。

第二节 "一带一路"经济风险管理体系优化

一、国家层面的经济风险管理优化

（一）注重信息收集和分析工作，构建国家企业联动预警机制

"一带一路"沿线各国的历史发展进程不同、宗教文化、差距较大的政治体

制和经济发展水平，使我国企业海外投资贸易面临更加复杂的环境。而目前我国相关信息收集及分析工作发展不够成熟，为了方便企业获取及时、准确、有效的信息，可参考日本等发达国家，建立国家检测平台和信息披露系统，如图 7-2 所示，对沿线国家政治、经济、社会文化及法律方面风险充分把握，将各项风险对应指标列入监控范围进行追踪，建立风险评估系统，并对外来投资趋势出具预测报告。一旦东道国政治、经济、社会文化、主权信用、法律环境发生异常波动可能影响合作项目时，及时进行信息发布，向海外投资企业发布预警信号，企业启动应急预案，最小化损失。信息披露系统及时公布相关国家政治政策、投资环境，也帮助我国企业理性选择投资和贸易方向，避免盲目投资造成损失。

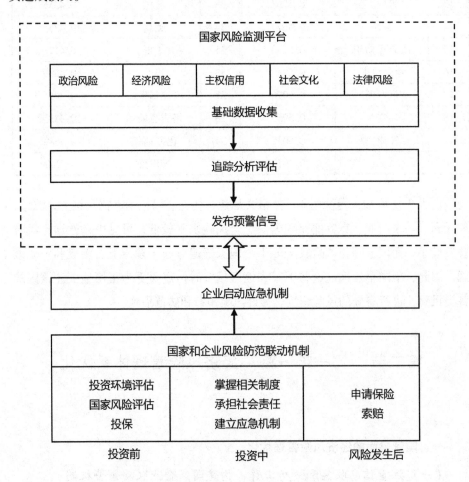

图 7-2　国家企业联动风险预警机制

（二）加强国家间交流合作，建立完善双边多边协定

防范对外投资贸易过程中的系统性风险，需要妥善处理好与东道国政府的关系，发挥其保障和支持作用。通过良好的对话沟通，与沿线国家建立合作对话机制，实现国内相关部门与对方政府对接，有助于更好地宣传和解释"一带一路"合作共赢理念，减少东道国的猜疑和误解，推动项目顺利进行。一旦遇到问题，通过对话、沟通的方式解决，也能将双方损失最小化。截至 2018 年年底，我国已累计同 122 个国家，29 个国际组织签署了 170 份政府间合作文件，坚持合作共赢理念，以他国实际情况为基础，加快签订保护协定，进一步完善其内容，推动"一带一路"建设发展。①

（三）构建安全保障体系，优化企业投资环境

"一带一路"沿线不乏局势动荡的国家和地区，企业远赴这些地区，可能面临动乱、恐怖袭击、武装冲突等一系列安全风险，仅仅依靠地区和国家的执法力量难以保证我国企业和员工的安全，这就需要我国积极参与联合国维和行动，推动中国安保供给参与海外安保活动，加强国际军事合作，探索构建"一带一路"安全保障体系。

（四）健全保险保障制度，提供多样化服务

海外投资保险不仅可以转移企业面临的风险，还可以在一定程度上规范企业海外投资行为。"一带一路"沿线不少国家综合经济风险水平较高，国内仅靠几家保险机构为企业海外投资和贸易提供保险保障是远不足够的。一些发达国家如美国、日本都已经建立了较为完善的海外投资保险服务，而我国在这方面稍显欠缺。目前，中国信保的海外投资保险所承保的风险仅包括征收、汇兑限制、战争及政治暴乱、违约四种风险。但近年来发生的因"一带一路"沿线国家领土纠纷、东道国排华思想、宗教极端势力而导致对我国投资产业的破坏行为尚未被列入承保范围，随着投资方式的多元化，现有的传统海外投资保险种类已经不能够满足中国企业"走出去"的需求。我国应当以发达国家的对外投资保险制度作为参考，结合实际情况，发展符合我国国情的海外投资保险保障制度。

---

① 中国"一带一路". 数说"一带一路"成绩单［EB/OL］. 中国"一带一路"网，2019-02-18.

二、企业层面的经济风险解决方案

（一）充分调查、分析、评估相关风险

在投资前，企业应当充分了解东道国的投资环境，研究其相关投资法律政策，进行实地考察调研，与相关研究机构展开合作，理性选择投资区域，规避东道国可能发生的政治风险等。加强与当地律师事务所、会计师事务所合作，充分了解东道国相关法律法规及限制投资政策，并针对不同国家的特点，采取与之相适应的投资模式。例如，菲律宾等一些国家属于"熟人社会"，通过选择当地可靠的合作伙伴可以扫除未来经营中可能出现的障碍；东南亚一些国家政府工作效率低下，投资企业需要提前做好规划及政府公关；文莱存在劳动力短缺问题，投资企业需要对当地员工进行必要的劳动技能培训；而印尼存在大量劳动力，需要投资企业相应调整投资策略。另外，一些国家宗教氛围极为浓厚，需要企业提前了解、尊重当地宗教文化习俗。

（二）积极利用保险及非保险等手段转移风险

海外投资企业应建立健全风险管理方案，积极利用保险公司、银行等金融机构或专业风险管理机构转移风险，投资前制订保险计划防范投资过程中的政治风险、违约风险等。如表 7-8 所示，目前中国信保为投资、贸易、承包等不同"走出去"形式提供多种保险产品转移企业所面临的风险。对于海外投资企业，针对直接投资企业和向"走出去"企业提供贷款的间接投资企业分别提供海外投资（股权）保险和海外投资（债权）保险，转移企业面临征收、汇兑限制、战争及政治暴乱等违约风险；对于出口贸易企业，中国信保提供中长期出口信用保险、短期信用保险、出口特险、出口预付款保险等多种保险产品，转移企业面临应收账款偿还风险、债权偿还风险以及政治风险。对于赴海外承包工程项目企业，可通过购买建筑/安装工程一切险转移在工程承包及施工期间可能造成的损失及人员伤亡的风险。

企业还可以通过担保业务转移风险，目前中国信保为出口及工程承包企业提供的担保业务有投标保函、履约保函、预付款保函、质量维修保函、海关保函、付款保函、完工保函以及融资担保等，解决工程承包企业在各个环节可能面临的问题。

表 7-8　我国出口信用保险模式

类型	产品名称	服务对象	风险覆盖
中长期出口信用保险	出口买方信贷保险	为买方提供信贷融资，需转移债权偿还风险的金融机构	政治风险、商业风险
	出口卖方信贷保险	需转移应收账款偿还风险的出口方企业	政治风险、商业风险
	再融资保险	为企业提供再融资，需转移应收账款偿还风险的金融机构	政治风险、商业风险
	海外融资租赁保险	需要转移租赁项目所在国政治风险及承租人信用风险的出租人	政治风险、违约风险
海外投资保险	海外投资（股权）保险	对外投资企业	政治风险、违约风险
	海外投资（债权）保险	为海外投资项目提供贷款需转移债权偿还风险的企业、金融机构	政治风险、违约风险
短期信用保险	短期出口信用保险	需转移应收账款偿还风险的出口方企业	政治风险、商业风险
	买方违约保险	需转移商务合同项下的成本投入损失的出口商	政治风险、商业风险
	特定合同保险	需转移应收账款损失的出口商（出口标的物通常为资本性或准资本性货物、大宗贸易商品及承包工程，以及与之相关的服务）	政治风险、商业风险
	进口预付保险	需转移在进口贸易中预付款无法收回的具有进口经营权的企业	政治风险、商业风险

另外，政策性出口信用保险机构在国别风险研究和评估领域具有一定的专业优势，拥有一定的非公开信息。通过与其合作，企业可以更加全面地了解投资国、合作对象未来可能面临的风险，不仅使企业获得资金融通的机会，还帮助企业降低政策性风险。

（三）关注东道国政治经济形势变化，承担社会责任

企业在投资中需要处理好与政府的关系，对政治形势变化保持一定敏感度，

密切关注政府高层更替，宏观把握经济走向，及时调整企业决策。企业在东道国开展项目需全面了解相关法律法规，做到知法守法，并承担一定社会责任，企业海外投资不可避免地会遇到文化冲突，企业应当在适应东道国本土经营的基础上，结合自身情况，适当雇佣当地员工，密切与当地居民的联系，化解企业内部文化冲突，尊重当地人宗教信仰和习惯，积极保护生态环境。中资企业在海外投资贸易过程中代表的是国家形象，应当树立高度社会责任感，积极参与环境保护，提高产品质量，促进地区就业，从而减小企业面临误解的风险。

本章小结

本章第一节对可能影响"一带一路"经济风险的各类因素进行了综合分析。参考既往文献选取了 15 个二级指标对 40 个国家的综合风险进行因子分析，通过确定政治经济社会法律综合因子、社会经济综合因子、主权信用因子、信用法律综合因子、经济实力因子五个因子对"一带一路"沿线国家综合经济风险进行解析。研究发现，目前中东欧国家经济风险普遍较小，而东南亚、南亚和中亚地区国家经济风险较高。

本章第二节从国家层面和企业层面提出对"一带一路"经济风险的解决方案。国家层面上，首先需要建立涉及经济风险相关变量的信息收集、分析和披露系统，构建国家企业联动风险预警机制，及时发布相关信息，给中国"走出去"企业进行海外投资和贸易往来提供指导性意见；其次是加强与"一带一路"沿线国家交流合作，加快签订和完善双边及多边协定，发挥政府的保障和支持作用；再次是积极参与维和行动，构建和平安全的投资环境和安全保障体系；最后是建立健全保险保障制度。保险是企业海外投资和贸易过程中转移风险的重要手段，而我国出口信用保险、海外投资保险起步较晚，承保范围不能满足企业的需求，我国应当以发达国家作为参考，发展我国保险保障制度。企业层面上，应当在"一带一路"投资前和投资中做好风险管理工作。具体来说，投资前应充分了解投资环境、投资法律政策、进行实地调查，与相关研究机构和律师事务所展开合作，针对不同国家特点采取与之相适应的投资模式。投资后，应积极运用保险及非保险手段转移风险，做好风险后的融资安排。

附　录

附录1　"一带一路"沿线63个国家的基础数据（2020）

国家	2020年底1美元兑当地货币汇率	2020年直接投资流量（万美元）	2020年年底直接投资存量（万美元）	2020年对中国贸易额（千万美元）	2020年GDP（千万美元）	2020年世界银行外债（千万美元）	2020年IMF外债（百万美元）	首都之间距离（km）
埃及	15.6842	2743	119172	1452.91	36525.27	1199.306	6439.8576	7539.91
哈萨克斯坦	420.91	-11529	586937	2144.661	17108.24	361.5097	0	3651.13
吉尔吉斯斯坦	82.6498	25246	176733	290.0898	773.5977	67.7428	218.03715	3464.76
塔吉克斯坦	11.3	-26402	156801	106.309	819.415	35.5992	169.97323	4053.64
土库曼斯坦	—	21104	33647	651.588	—	0	0	4931.06
乌兹别克斯坦	10476.92	-3677	326464	662.8697	5992.995	373.353	375.837	3931.64
蒙古国	2849.89	832	323610	662.6638	1331.298	75.9735	99.74718	1166.22
阿尔巴尼亚	100.84	10	600	65.09345	1488.763	141.782	151.1553	7674.85
白俄罗斯	2.5789	-815	60728	300.3235	6025.824	95.5133	0	6464.24
波黑	1.592566	858	2286	19.27841	1994.65	167.0181	361.6161	7608.72
保加利亚	1.5939	57	15584	291.6783	6988.935	70.143	0	7349.78
克罗地亚	6.139039	15446	25264	170.5554	5720.378	0	0	7635.39
捷克	21.387	5279	119843	1887.111	24533.93	0	0	7452.6
爱沙尼亚	—	—	532	114.5473	3065.029	0	0	6362.76
匈牙利	297.36	-415	34187	1168.65	15580.84	0	0	7334.32

续表

国家	2020 年底 1 美元兑当地货币汇率	2020 年直接投资流量（万美元）	2020 年年底直接投资存量（万美元）	2020 年对中国贸易额（千万美元）	2020 年GDP（千万美元）	2020 年世界银行外债（千万美元）	2020 年IMF 外债（百万美元）	首都之间距离（km）
拉脱维亚	–	564	1681	125. 2688	3370. 732	0	0	6513. 65
立陶宛	—	33	1223	229. 5417	5654. 696	0	0	6557. 29
马其顿	50. 2353	-400	1710	38. 40881	1226. 371	85. 5676	191. 3075	7522. 06
摩尔多瓦	17. 2146	—	387	20. 62653	1191. 555	79. 1671	180. 9994	6730. 21
黑山	0. 81493	6725	15308	17. 05227	476. 9861	25. 1809	83. 46756	8608
波兰	3. 7584	14256	68231	3105. 564	59662. 44	0	0	6937. 43
罗马尼亚	3. 966	1310	31316	776. 4565	24871. 55	538. 1895	0	7057. 81
俄罗斯	73. 8757	57032	1207089	10776. 51	148349. 8	23. 5786	0	5784. 75
塞尔维亚	95. 6637	13931	31057	212. 2187	5333. 501	289. 1031	0	7406. 5
斯洛伐克	—	20	8287	946. 4503	10517. 26	0	0	7415. 48
斯洛文尼亚	—	-13294	4680	396. 1035	5358. 961	0	0	7711. 18
乌克兰	28. 2746	2106	19034	1466. 873	15549. 9	574. 1218	972. 7767	6448. 8
阿富汗	77. 105	254	43284	55. 53708	2011. 614	34. 4334	330. 6317	4173. 75
孟加拉国	84. 8	45060	171058	1585. 963	32305. 7	1757. 189	607. 6432	3025. 66
印度	73. 0536	20519	318331	8758. 459	266024. 5	3957. 685	—	3779. 98
马尔代夫	15. 41	-2142	4398	28. 06272	374. 277	10. 5646	28. 76771	5849. 99
尼泊尔	117. 83	5226	43470	118. 3593	3365. 718	346. 9471	205. 0357	3153. 47
巴基斯坦	159. 5918	94766	621894	1748. 974	26261	1717. 593	416. 2494	3883. 93
斯里兰卡	186. 4082	9817	52342	416. 0586	8067. 668	349. 2317	-14. 363	5164. 05
文莱	1. 3352	1658	38812	190. 2202	1200. 583	0	0	3899. 43
柬埔寨	4076. 5	95642	703852	955. 5022	2580. 856	68. 4555	0	3351. 08
印度尼西亚	14105. 01	219835	1793883	7837. 334	105842. 4	1966. 894	0	5219. 15
老挝	9274	145430	1020142	355. 8139	1913. 264	71. 6804	0	2778. 2
马来西亚	4. 013	137441	1021184	13116. 07	33700. 61	0	0	4346. 93
缅甸	1329. 1	25080	380904	1889. 264	7985. 205	180. 3872	—	3227. 84
新加坡	1. 3221	592335	5985785	8909. 054	33999. 85	0	0	4479. 02

续表

国家	2020年底1美元兑当地货币汇率	2020年直接投资流量（万美元）	2020年年底直接投资存量（万美元）	2020年对中国贸易额（千万美元）	2020年GDP（千万美元）	2020年世界银行外债（千万美元）	2020年IMF外债（百万美元）	首都之间距离（km）
泰国	30.0371	188288	882555	9862.34	50164.37	83.6752	—	3297.28
菲律宾	48.036	13043	76713	6114.605	36148.93	810.0178	—	2851.14
东帝汶	1	3631	12918	19.16243	190.2157	4.7602	0	5473.56
越南	23131	187575	857456	19247.46	27115.84	1637.846	0	2326.84
亚美尼亚	522.59	153	1225	99.48817	1264.121	182.9698	241.045	5936.3
阿塞拜疆	1.7	1728	2506	130.0592	4260.718	209.8003	0	5509.09
巴林	0.376	19	7094	126.6485	3472.923	0	0	6176.93
格鲁吉亚	3.2766	4136	70167	137.3102	1584.649	205.3749	314.0323	5844.71
伊朗	42000	33639	352724	1491.205	20347.13	13.2453	0	5588.82
伊拉克	1450	41458	173789	3017.671	16675.7	0	-1197.57	6291.09
以色列	3.215	26710	386913	1754.229	40710.07	0	0	7128.97
约旦	0.71	-11951	20372	360.734	4369.766	332.9072	490.8388	7050.96
科威特	0.3036	12221	84923	1428.547	10596.02	0	0	6215.13
黎巴嫩	—	—	222	97.75323	3173.522	61.4655	0	6971.56
阿曼	0.38	8710	23698	1864.296	7397.139	0	0	5652.25
巴勒斯坦	—	—	—	10.05782	—	0	0	7128.97
卡塔尔	3.64	9467	61851	1090.38	14441.14	0	0	6152.68
沙特阿拉伯	3.75	39026	293091	6713.159	70011.79	0	0	6594.74
叙利亚	—	49	1406	83.49364	—	1.4052	0	6930.84
阿拉伯联合酋长国	3.6725	155195	928324	4917.572	35886.88	0	0	5960.9
土耳其	7.3471	39126	215187	2407.28	71995.48	1192.534	0	6830.13
也门	669	-292	54127	355.9108	0	148.7632	0	7411.58

数据来源：联合国贸易商品统计数据库、《2020年中国对外投资统计报告》、世界银行数据库、国际货币基金组织网站。

附录2　"一带一路"重大投资建设工程项目一览表（2018）

项目类型	项目名称	建设时间	建设地区	项目简介
高铁项目	安伊高铁二期项目	2006.7—2014.1	土耳其	中国中标的二期路段，全长158千米，设计时速250千米，合同金额12.7亿美元，连通土耳其安卡拉至伊斯坦布尔
	麦加—麦地那高铁	2009—2018.9	沙特阿拉伯	麦加—麦地那高铁造价160亿美元，全长450.25千米，最高设计时速达360千米，连接麦加、麦地那及沿途城市，是世界上首个横穿沙漠地带的高铁项目
	中欧班列	2011年至今	中国、欧洲及中欧沿线国家、东亚、东南亚及其他地区	截至2018年8月26日，累计开行数量突破10000列。中欧班列通过中、东、西三条通道出境，国内开行城市48个，到达欧洲14个国家42个城市
	雅万高铁	2016.3至今	印度尼西亚	雅万高铁项目造价55亿美元，全程142千米，设计时速350千米。建成后将是东南亚第一条高铁，连通印尼雅万达至万隆段
	中泰高铁	2017.7至今	泰国	中泰高铁项目一期工程价格约358亿元人民币，全长253千米，设计时速250千米，将连接曼谷至呵叻
	莫喀高铁	预计2019年开工	俄罗斯	莫喀高铁工程造价超过1000万亿卢布，全长700千米，最高设计时速400千米，将连接莫斯科至喀山，项目仍在有序推进中

续表

项目类型	项目名称	建设时间	建设地区	项目简介
铁路项目	中缅铁路	2010 年至今	中国、缅甸	中缅铁路预计投资 100 亿元人民币，起点为云南昆明，终点为缅甸仰光，全长 1920 千米，设计时速达到 160 千米
	亚吉铁路	2014.5—2015.6	埃塞俄比亚、吉布提	亚吉铁路总投资约 40 亿美元，全长约 750 千米，列车设计时速 120 千米，该线路贯通了埃塞俄比亚首都至吉布提首都。亚吉铁路是我国首条在海外采用全套中国标准的电气化铁路，是非洲首条电气化铁路
	匈塞铁路	2015.12 至今	匈牙利、塞尔维亚	匈塞铁路是连接匈牙利首都布达佩斯和塞尔维亚首都贝尔格莱德的电气化铁路，全长 350 千米，设计列车最高时速为 200 千米。通车后，将极大地缩短两地通行时间
	中老铁路	2016.4 至今	中国、老挝	中老铁路由三段线路组成，其中国内的昆明至玉溪段线路已经竣工并投入使用，玉溪至磨憨段仍在建；老挝境内磨丁至万象段也处于在建过程中。中老铁路中国段长 508.53 千米，老挝段全长 418 千米，设计时速 160 千米，均为中方负责建设
	马来西亚东海岸铁路项目	2017.8 至今	马来西亚	马来西亚东海岸铁路项目总造价约 859 亿元人民币，是东南亚的超级工程，项目全长 688 千米，客运列车设计时速为 160 千米，货运列车设计时速为 80 千米。该项目的铁路线路将串联马来西亚在马来半岛上的主要城镇，惠及超过 400 万沿线居民

续表

项目类型	项目名称	建设时间	建设地区	项目简介
城市轨道项目	拉合尔橙线轨道项目	2015.4—2018.6	巴基斯坦	拉合尔橙线轨道项目合同造价为16亿美元，项目预计2025年可以提升运载能力至50万人每天。该项目建成后将原来耗时2.5小时的公路交通缩短为45分钟，极大地方便了当地居民出行
	吉隆坡地铁2号线项目	2016.8—2019.9	马来西亚	中国企业经过与法国、日本等国家跨国公司的激烈竞标后，成功中标吉隆坡地铁2号线项目，中标金额为2.5亿美元。该线路在贯通后将大范围缓解吉隆坡的城市交通压力，给市民提供更加便捷舒适的出行
	埃及斋月十日城市郊铁路项目	2018.8签约	埃及	埃及斋月十日城市郊铁路项目是中国与埃及签订的轻轨建设项目，合同金额达到12.4亿美元。该项目的建设长度为66千米，设计时速为120千米。项目建成后将有效化解埃及首都开罗的交通压力
核电项目	欣克利角C核电项目	2019年年中开工	英国	该项目首期投资180亿英镑，将由中方和法国电力集团共同投资建造。2025年首台发电机组投入使用后将满足英国600万用户的用电需求，且每年将减少900万吨的碳排放
火电项目	古胡邦达重油发电站项目	2013.4—2017.4	尼日尔	古胡邦达重油发电站项目由中国承建，造价超过1.3亿美元，建成后总装机容量可达100兆瓦，可以有效缓解尼日尔国内的用电紧张问。

项目类型	项目名称	建设时间	建设地区	项目简介
火电项目	华电捷宁斯卡娅燃气蒸汽联合循环供热电站	2013.9—2017.6	俄罗斯	中俄合作共建的华电捷宁斯卡娅燃气蒸汽联合循环供热电站项目造价5.7亿美元，总装机电量为483兆瓦，每年可为俄罗斯提供30.2亿度电和82.4万大卡的热量。 该项目是我国在俄罗斯最大的电力设施类投资项目，该电站将极大地节约能源并减少碳排放
	比什凯克热电厂改造项目	2013.9—2017.8	吉布提	比什凯克热电厂项目改造由中国特变电工参与建设。电厂改造后将从原来的每年发电2.62亿度，提升至17.4亿度，电力输出增长为原来的6.6倍
	卡西姆港燃煤电站	2015.6—2018.6	巴基斯坦	卡西姆港燃煤电站总投资额约为20.85亿美元，发电机装机容量132万千瓦，年均发电量可达90亿度，可提供400万户家庭的电力需求
	永新燃煤电厂一期项目	2015.6—2019.6	越南	永新燃煤电厂一期项目造价预计为17.55亿美元。计划建设两台装机容量为600兆瓦的发电机组，建成后，每年可发电80亿度。 该项目是我国在越南最大的投资项目，也是我国首次采用BOT的项目承包方式。该电站建成后将能有效缓解越南的"电荒"问题
	帕亚拉燃煤电站	2016.3—2019.10	孟加拉国	帕亚拉燃煤电站总造价预计为15.6亿美元，是中国在孟加拉国当前最大的投资项目，发电站建成后总装机容量为660兆瓦。 由中国在孟加拉国承建电站的发电机总装机容量占孟加拉国所有建成电站总装机容量的60%，孟加拉国的农村电力普及仍十分落后，该电站的建设将助力孟加拉国更加深入地普及电力资源

续表

项目类型	项目名称	建设时间	建设地区	项目简介
火电项目	Hamrawein 超临界燃煤电站承建项目	2018.6 中标	埃及	上海电气和东方电气中标了 Hamrawein 超临界燃煤电站承建项目，项目的合同金额达到了 44 亿美元，包括 6 台 1000 兆瓦的超临界燃煤机组以及与之对应的煤码头的建造等项目
风电项目	吉姆普尔风电项目	2016.2— 2017.6	巴基斯坦	吉姆普尔风电项目是中巴经济走廊中最大的风电项目，该项目总装机容量 99 兆瓦，预计年发电量可达 2.7 亿度。风电项目清洁环保，且建设成效快，吉姆普尔风电项目的建成将满足巴基斯坦 50 万户家庭的用电需求
	塞尼风电项目	2018.12 至今	克罗地亚	塞尼风电项目是中克两国友好发展的见证，该项目总造价预计为 1.79 亿欧元，建成后输出电力 156 兆瓦，可年发电 5.3 亿度
水电项目	尼鲁姆—杰卢姆水电站	2008.1— 2018.4	巴基斯坦	尼鲁姆—杰卢姆水电站（简称 N-J 水电站）是巴基斯坦历史上合同金额最大的水电站，高达 203.53 亿元人民币。N-J 水电站设计电力输出能力为 969 兆瓦，可年输出电力 51.5 亿度。建成后将满足巴基斯坦 15% 的居民的用电需求
	曼维莱水电站	2012.12— 2018.2	喀麦隆	曼维莱水电站的造价为 6.7 亿美元，机组的总装机容量为 211 兆瓦。曼维莱水电站的完工将为喀麦隆缓解用电量激增带来的压力
	上马相迪 A 水电站	2013.1— 2017.1	尼泊尔	上马相迪 A 水电站是尼泊尔第一个由中国企业承建、运营的水电站，水电站的年发电量为 3.17 亿度，有效地解决了尼泊尔的缺电常态

续表

项目类型	项目名称	建设时间	建设地区	项目简介
水电项目	桑河二级水电站	2013. 10—2017. 9	柬埔寨	桑河二级水电站水坝全长达到6500米，有着"亚洲第一长坝"的美称。该项目是柬埔寨最大的水利水电工程项目，由中国、越南、柬埔寨三方共建，建成后年输出电量19.7亿度，有效缓解了越南用电紧张的问题
	阿根廷"基塞"水电项目	2014. 7至今	阿根廷	阿根廷"基塞"水电项目是阿根廷迄今为止最大的水利水电项目，由中国葛洲坝集团承建。该项目建成后的总装机容量可达1740兆瓦，年输出电量49.5亿度，阿根廷的全国电力总装机容量直接提升6.5%
	达苏水电站	2017. 3签约	巴基斯坦	达苏水电站是巴基斯坦投资最大、装机容量最大的水电项目，达苏水电站建成后将具备5400兆瓦的电力输出能力，年发电量预计为120亿度
水电项目	巴勒水电站	2017. 8签约	马来西亚	由中国的葛洲坝集团与马来西亚方签订总承包协议。该水电站建成后总装机容量可达1285兆瓦，水坝坝高188米，正常蓄水位达到220米
	卡古路·卡巴萨水电站	2017. 8至今	安哥拉	卡古路·卡巴萨水电站（简称卡卡水电站）是我国在非洲所承建的最大的水利工程项目，总造价预计45亿美元，这一工程预计输出能力将达到2171兆瓦，占安哥拉全国电力总装机容量的50%以上，这一项目的合作开展，将为安哥拉社会与经济的发展带来深远的影响

续表

项目类型	项目名称	建设时间	建设地区	项目简介
能源运输项目	中哈原油管道	2004.7—2009.7	中国、哈萨克斯坦	中哈原油管道是我国第一条能源进口管道，总长 2798 千米，设计运输能力为 2000 万吨每年。中哈原油管道是我国重要的能源进口通道，截至 2017 年 3 月 29 日，已为我国累计输油 1 亿吨
	中缅油气管道	2010.6—2013.9	中国、缅甸	中缅油气管道全长 2300 多千米，设计运输能力为原油 2200 万吨/年，天然气 120 亿立方米/年。该项目是我国主要的油气进口通道之一，将使得我国进口的海上原油资源和从缅甸进口的天然气资源绕过马六甲海峡
	沙特延布炼厂	2012 年初—2016.1	沙特阿拉伯	沙特延布炼厂的加工原料是沙特重油，设计出产量为 40 万桶每日，每日可出产 26.3 万桶超低硫柴油燃料和 10 万桶清洁汽油
港口项目	瓜达尔港	2002.3—2016.11	巴基斯坦	瓜达尔港的建设总成本约为 20 亿美元，总建设面积共 13500 亩。2016 年 4 月至 12 月，未全面启用的瓜达尔港的吞吐量已经达到了 50 万吨。瓜达尔港具有得天独厚的地理位置，对我国的能源进口具有重要的战略意义，是我国突破"马六甲困局"的关键所在
	汉班托塔港	2007.10—2012.6	斯里兰卡	汉班托塔港总建设费用 15 亿美元，港口水深达到了 17 米，10 万吨级别的码头就有 8 个，日均有超过 300 艘船只停靠。汉班托塔港的地理位置优越，是印度洋至太平洋地区重要的物资补给站。中国已于 2017 年 12 月取得了该港的全部资产和经营管理权

续表

项目类型	项目名称	建设时间	建设地区	项目简介
港口项目	比雷埃夫斯港	2009.10至今	希腊	比雷埃夫斯港（简称比港）是希腊十分重要的港口之一。在中远集团入驻比港之后，比港一改以往的颓势，顺利解决了运营效率低下、货物中转设备老旧等问题，吞吐量逐年递增。从中远集团开始接管至2017年这八年中，比港的年集装箱吞吐量全球排名从93位提升至36位，比港也成了我国在欧洲战略布局的重要门户
	多哈雷多功能港（一期）	2014.8—2017.5	吉布提	多哈雷多功能港（一期）的年吞吐量达到了708万吨，可年吞吐集装箱20万标准箱。吉布提具有优越的地理位置，多哈雷多功能港的建设不仅可以增加吉布提的货运能力，更可以联动亚、非、欧三大洲，带动吉布提的快速发展
航运设施项目	科伦坡班达拉奈克国际机场跑道项目	2016.9—2017.1	斯里兰卡	科伦坡班达拉奈克国际机场的跑道项目由中国承建。因斯里兰卡要求，项目施工时间仅有3个月，且每天施工时间不能超过8小时，我国在该项目的建设中表现出了超强的项目融资能力以及项目实施能力，为我国与斯里兰卡的后续合作奠定了基础
	维拉纳国际机场改扩建项目	2018.3—2018.8	马尔代夫	维拉纳国际机场改扩建项目由北京城建集团负责，包括新跑道以及新航站楼的建设。该项目完工后将极大地提高马尔代夫机场的运营效率，积极推动马尔代夫旅游业的发展

参考文献

一、中文文献

[1] 陈伟珂，黄艳敏. 工程风险与工程保险 [M]. 天津：天津大学出版社，2005.

[2] 国家开发银行，联合国开发计划署，北京大学. "一带一路" 经济发展报告 [M]. 北京：中国社会科学出版社，2017.

[3] 计金标，梁昊光. 中国 "一带一路" 投资安全研究报告（2018）[M]. 北京：社会科学文献出版社，2018.

[4] 敬云川，解辰阳. "一带一路" 案例实践与风险（防范法律篇）[M]. 北京：海洋出版社，2017.

[5] 雷胜强. 国际工程风险管理与实务 [M]. 北京：中国建筑工业出版社，2012.

[6] 栗丽. 国际货物运输与保险 [M]. 北京：中国人民大学出版社，2017.

[7] 王和. 工程保险：工程风险评估理论与实务 [M]. 北京：中国财政经济出版社，2011.

[8] 查道炯，龚婷. "一带一路" 案例实践与风险防范（经济与社会篇）[M]. 北京：海洋出版社，2017.

[9] 张明. 中国海外投资国家风险评级（2018）[M]. 北京：中国社会科学出版社，2018.

[10] 张宇燕，冯光华. 中国对外直接投资与国家风险报告（2017）[M]. 北京：社会科学文献出版社，2017.

[11] 蔡玲，王昕. 中国跨国投资、生态环境优势和经济发展——基于 "一带一路" 国家空间相关性 [J]. 经济问题探索，2020（02）.

[12] 陈波."一带一路"背景下我国对外直接投资的风险与防范 [J]. 行政管理改革, 2018 (07).

[13] 陈德敏, 郑泽宇. 中国企业投资"一带一路"沿线国家环境风险的法律规范 [J]. 新疆社会科学, 2020 (02).

[14] 陈继勇, 李知睿."中巴经济走廊"周边国家贸易潜力及其影响因素 [J]. 经济与管理研究, 2019, 40 (01).

[15] 陈伟光, 缪丽霞."一带一路"建设的金融支持: 供需分析、风险识别与应对策略 [J]. 金融教育研究, 2017, 30 (03).

[16] 陈智华, 梁海剑."一带一路"倡议与主权债务违约风险研究 [J]. 亚太经济, 2020 (04).

[17] 程云洁, 武杰. 中国对转型经济体投资的经济风险评估及防范——基于"一带一路"背景下 [J]. 决策与信息, 2018 (09).

[18] 程中海, 南楠."一带一路"框架下东道国制度环境与中国对外直接投资潜力 [J]. 软科学, 2018, 32 (01).

[19] 崔娜, 柳春, 胡春田. 中国对外直接投资效率、投资风险与东道国制度——来自"一带一路"沿线投资的经验证据 [J]. 山西财经大学学报, 2017, 39 (04).

[20] 崔鑫生, 刘建昌. 回顾改革开放 40 周年, 构建新时期全面开放新格局——对外经济贸易大学纪念改革开放 40 周年研讨会会议综述 [J]. 国际贸易问题, 2018 (09).

[21] 邓玲, 王芳."一带一路"建设的文化风险及其应对策略 [J]. 广西社会科学, 2018 (01).

[22] 董艳景, 刘强. 基于 ISM-AHP 的"一带一路"国际工程项目风险分析 [J]. 中国管理信息化, 2018, 21 (11).

[23] 方慧, 赵胜立. 跨国并购还是绿地投资——对"一带一路"国家 OFDI 模式的考察 [J]. 山东社会科学, 2017 (11).

[24] 付韶军. 东道国政府治理水平对中国 OFDI 区位选择的影响——基于"一带一路"沿线 59 国数据的实证分析 [J]. 经济问题探索, 2018 (01).

[25] 顾学明, 祁欣. 吉布提的战略区位很重要 [J]. 经济, 2014 (08).

[26] 郭建宏. 中国的对外直接投资风险及对策建议 [J]. 国际商务研究, 2017, 38 (01).

[27] 郭烨，许陈生.双边高层会晤与中国在"一带一路"沿线国家的直接投资 [J].国际贸易问题，2016 (02).

[28] 韩梦瑶，刘卫东，刘慧.中国跨境内电项目的建设模式、梯度转移及减排潜力研究——以中巴经济走廊优先项目为例 [J].世界地理研究，2021，30 (03).

[29] 何小钢.日本在"一带一路"沿线国家投资经验教训对中国的启示 [J].国际贸易，2017 (11).

[30] 胡俊超，王丹丹."一带一路"沿线国家国别风险研究 [J].经济问题，2016 (05).

[31] 胡赛.出口信用保险与出口贸易增长：基于浙江省数据的实证研究 [J].商业经济与管理，2017 (02).

[32] 黄河，Nikita S.中国企业海外投资的政治风险及其管控——以"一带一路"沿线国家为例 [J].深圳大学学报 (人文社会科学版)，2016，33 (01).

[33] 黄晓燕，王少康."一带一路" EPC 项目投标阶段的税务风险管理——以 X 公司投资越南光伏电站为例 [J].国际税收，2021 (05).

[34] 贾广余，亓琪.基于出口信用保险机制的我国小微企业发展问题研究 [J].财经理论与实践，2018，39 (01).

[35] 蒋姮."一带一路"地缘政治风险的评估与管理 [J].国际贸易，2015 (08).

[36] 康建军.浅谈国际贸易中信用证结算风险及防范对策 [J].现代经济信息，2018 (07).

[37] 兰江，叶嘉伟.巴基斯坦地方政治势力对中巴能源合作项目的影响与对策——基于旁遮普省和俾路支斯坦省部分项目对比的研究 [J].南亚研究季刊，2018 (02).

[38] 李翠萍."一带一路"背景下中国与欧亚经济联盟贸易效率及贸易潜力研究 [J].价格月刊，2021 (01).

[39] 李锋."一带一路"沿线国家的投资风险与应对策略 [J].中国流通经济，2016，30 (02).

[40] 李骁宇，李宏兵.中国对外直接投资如何影响出口竞争力提升——基于"一带一路"倡议下技术密集型产品的实证研究 [J].经济经纬，2018，35 (05).

[41] 李猛."一带一路"中我国企业海外投资风险的法律防范及争端解决 [J].中国流通经济,2018,32(08).

[42] 李梦雨.普惠金融对"一带一路"沿线国家经济增长的影响——基于空间计量模型的实证研究 [J].当代经济管理,2019,41(05).

[43] 李茜."一带一路"倡议实施中的约旦宗教风险研究 [J].世界宗教文化,2020(05).

[44] 李香菊,王雄飞."一带一路"倡议下企业境外投资税收风险评估——基于 Fuzzy-AHP 模型 [J].税务研究,2017(02).

[45] 李晓,杨弋."一带一路"沿线东道国政府质量对中国对外直接投资的影响——基于因子分析的实证研究 [J].吉林大学社会科学学报,2018,58(04).

[46] 李玉璧,王兰."一带一路"建设中的法律风险识别及应对策略 [J].国家行政学院学报,2017(02).

[47] 李原,汪红驹."一带一路"沿线国家投资风险研究 [J].河北经贸大学学报,2018,39(04).

[48] 梁玉忠.中国企业投资"一带一路"沿线国家面临的政治风险与防范策略 [J].对外经贸实务,2018(05).

[49] 刘晨,葛顺奇.中国贷款与非洲债务可持续性:现实与前景 [J].国际经济评论,2022(03).

[50] 刘莉君,张景琦,刘友金.中国民营企业参与"一带一路"建设的风险评价 [J].统计与决策,2020,36(24).

[51] 刘立新."一带一路"背景下中国与欧亚经济联盟深化经贸合作的障碍与策略 [J].对外经贸实务,2020(03).

[52] 刘硕,曲进,魏经明.海外工程的保险问题 [J].电站系统工程,2017,33(02).

[53] 刘稚,沙莎."一带一路"倡议实施中的缅甸宗教风险研究 [J].世界宗教文化,2020(05).

[54] 刘中民.在中东推进"一带一路"建设的政治和安全风险及应对 [J].国际观察,2018(02).

[55] 刘竹青,张俊美,张宏斌.双边货币互换协议与中国出口贸易增长——基于汇率波动风险的视角 [J].亚太经济,2021(02).

[56] 马述忠，刘梦恒. 中国在"一带一路"沿线国家 OFDI 的第三国效应研究基于空间计量方法 [J]. 国际贸易问题，2016（07）.

[57] 马昀."一带一路"建设中的风险管控问题 [J]. 政治经济学评论，2015，6（04）.

[58] 梅冠群. 推进"一带一路"建设的有关建议研究 [J]. 当代经济管理，2017，39（11）：38-43.

[59] 倪沙. 改革开放 40 年来中国对外贸易发展研究 [J]. 现代财经（天津财经大学学报），2018，38（12）.

[60] 聂娜. 中国参与共建"一带一路"的对外投资风险来源及防范机制 [J]. 当代经济管理，2016，38（09）.

[61] 宁薛平. 丝绸之路经济带企业跨境融资的逆向选择和道德风险 [J]. 区域经济评论，2016（04）：98-103.

[62] 潘春阳，卢德. 中国的对外直接投资是否改善了东道国的制度质量——基于"一带一路"沿线国家的实证研究 [J]. 上海对外经贸大学学报，2017，24（04）.

[63] 潘春阳，袁从帅. 税收协定与中国对外直接投资——来自"一带一路"沿线国家的经验证据 [J]. 国际税收，2018（10）.

[64] 潘晓明. 从墨西哥高铁投资受阻看中国对外基础设施投资的政治风险管控 [J]. 国际经济合作，2015（03）.

[65] 潘玥. 中国海外高铁"政治化"问题研究——以印尼雅万高铁为例 [J]. 当代亚太，2017（05）.

[66] 裴长洪."十四五"时期推动共建"一带一路"高质量发展的思路、策略与重要举措 [J]. 经济纵横，2021（06）.

[67] 彭冬冬，林红. 不同投资动因下东道国制度质量与中国对外直接投资——基于"一带一路"沿线国家数据的实证研究 [J]. 亚太经济，2018（02）.

[68] 任红军. 中国与印尼在基础设施建设方面合作的现状与前景 [J]. 东南亚研究，2005（05）.

[69] 邵明朝."一带一路"重大项目的腐败预防及治理对策 [J]. 宏观经济管理，2017（12）.

[70] 盛斌，黎峰."一带一路"倡议的国际政治经济分析 [J]. 南开学报（哲学社会科学版），2016（01）.

[71] 石腾超. 中国企业投资中亚地区的政治风险研究 [J]. 俄罗斯东欧中亚研究, 2018 (05).

[72] 施张兵, 蔡梅华. 中印尼雅万高铁面临的困境及其解决路径 [J]. 学术探索, 2016 (06).

[73] 宋川. 出口信用保险服务在参与"一带一路"建设中的机遇、问题及策略建议 [J]. 对外经贸实务, 2020 (08).

[74] 宋勇超. "一带一路"倡议下中国企业对外直接投资模式研究——基于多元 Logit 模型的实证分析 [J]. 软科学, 2017, 31 (05).

[75] 宋伟, 贾惠涵. 高质量共建"一带一路"的成就、挑战与对策建议 [J]. 河南社会科学, 2022, 30 (01).

[76] 苏跃辉. 中国对外投资的风险评估与策略应对——基于"一带一路"背景 [J]. 河南社会科学, 2017, 25 (12).

[77] 隋广军, 黄亮雄, 黄兴. 中国对外直接投资、基础设施建设与"一带一路"沿线国家经济增长 [J]. 广东财经大学学报, 2017, 32 (01).

[78] 孙焱林, 覃飞. "一带一路"倡议降低了企业对外直接投资风险吗 [J]. 国际贸易问题, 2018 (08).

[79] 汤凤林, 陈涵. "一带一路"背景下我国双边税收协定的现状、问题与完善建议 [J]. 国际税收, 2020 (05).

[80] 滕堂伟, 史佳宁, 胡森林. 中国对"一带一路"沿线国家直接投资的出口贸易效应 [J]. 兰州大学学报（社会科学版）, 2020, 48 (06).

[81] 田晖, 谢虎, 肖琛, 等. 我国对外直接投资与东道国产业结构升级——基于"一带一路"倡议的调节效应 [J]. 中南大学学报（社会科学版）, 2021, 27 (06).

[82] 田润良, 汪欣, 孟朔, 等. 瓜达尔港到国内的原油运输：成本效益、安全风险及战略意义比较分析 [J]. 国防交通工程与技术, 2014, 12 (02).

[83] 童伟, 张居营. 中亚国家经济风险对"一带一路"建设的影响 [J]. 东北亚论坛, 2020, 29 (05).

[84] 王宝奎. 中国对"一带一路"沿线国家直接投资与贸易结构优化的关系研究 [J]. 中国物价, 2018 (06).

[85] 王仓, 孟楠. "一带一路"倡议实施中的吉尔吉斯斯坦宗教风险研究 [J]. 世界宗教文化, 2020 (05).

[86] 王和."一带一路"保险服务与管理 [J]. 中国金融, 2017 (09).

[87] 王稳. 出口信保助推保险业国际化 [J]. 中国金融, 2020 (03).

[88] 王勇健, 周惊慧, 李俊星. 瓜达尔港发展的 SWOT 分析与对策 [J]. 中国港湾建设, 2015, 35 (04).

[89] 王昱睿, 祖媛. 东道国政治风险与中国大型能源项目投资——基于"一带一路"沿线国家的考察 [J]. 财经问题研究, 2021 (07).

[90] 王正文, 但钰宛, 王梓涵. 国家风险、出口贸易与对外直接投资互动关系研究——以中国"一带一路"国家为例 [J]. 保险研究, 2018 (11).

[91] 魏巧琴. 中国出口信用保险政策效应及其地区差异性研究 [J]. 保险研究, 2017 (03).

[92] 吴崇伯. 印尼新总统面临的挑战与政策趋向分析 [J]. 厦门大学学报 (哲学社会科学版), 2015 (01).

[93] 吴迪."一带一路"建设中国际贸易融资的发展趋势及建议 [J]. 甘肃金融, 2016 (11).

[94] 巫强, 徐子明, 顾以诺. 制度环境与交易历史视角下外贸公司出口结算方式的选择机制研究 [J]. 国际贸易问题, 2017 (04).

[95] 吴祥佑, 黄志勇. 出口信用保险贸易促进作用的地区差异和门槛效应——基于中国省际面板数据的分析 [J]. 保险研究, 2017 (08).

[96] 夏芸, 玉琦彤."一带一路"沿线省份国际贸易效率研究 [J]. 经济与管理, 2019, 33 (01).

[97] 肖平平, 侯佳敏. 人民币汇率变动对中国对外直接投资的影响——基于中国与"一带一路"沿线国家空间面板模型的实证研究 [J]. 浙江金融, 2018 (09).

[98] 谢玮. 中国核电挺进老牌核电大国　揭秘中英法三方签署欣克利角核电项目协议全过程 [J]. 中国经济周刊, 2016 (42).

[99] 谢向伟, 龚秀国."一带一路"背景下中国与印度产能合作探析 [J]. 南亚研究, 2018 (04).

[100] 许利平. 新时期中国与印尼的人文交流及前景 [J]. 东南亚研究, 2015 (06).

[101] 杨程玲. 印尼海洋经济的发展及其与中国的合作 [J]. 亚太经济, 2015 (02).

[102] 杨航. 试析瓜达尔港开发对"一带一路"倡议的影响 [J]. 发展研究, 2015 (09).

[103] 杨连星, 刘晓光, 张杰. 双边政治关系如何影响对外直接投资——基于二元边际和投资成败视角 [J]. 中国工业经济, 2016 (11).

[104] 杨荣珍, 魏倩. 中国对"一带一路"沿线国家直接投资研究 [J]. 价格理论与实践, 2018 (04).

[105] 杨淑霞, 李键. "一带一路"背景下企业海外投资风险评估模型研究 [J]. 宁夏社会科学, 2017 (04).

[106] 杨挺, 李志中, 陈子若. 中国对外直接投资的新特征及趋势 [J]. 国际经济合作, 2017 (01).

[107] 姚新超, 冷柏军. FOB贸易条件下卖方的"托运人"地位研究 [J]. 国际贸易问题, 2014 (1).

[108] 姚新超, 冷柏军. CIF/CFR贸易合同的"滞期费"纠纷及其因应策略 [J]. 国际商务（对外经济贸易大学学报）, 2016 (03).

[109] 姚战琪. "一带一路"沿线国家OFDI的逆向技术溢出对我国产业结构优化的影响 [J]. 经济纵横, 2017 (05).

[110] 叶玉杰, 桂丽. "一带一路"倡议下我国企业"走出去"的税收风险研究 [J]. 时代金融, 2018 (20).

[111] 印红旗. 出口信用保险承保额与我国出口贸易实证检验 [J]. 求索, 2013 (3).

[112] 尹礼汇, 赵伟, 吴传清. "一带一路"、OFDI与企业创新——基于沪深上市公司的实证分析 [J]. 重庆大学学报（社会科学版）, 2022 (03).

[113] 于开明. "西进"战略与中国在巴基斯坦俾路支省的利益诉求 [J]. 国际关系研究, 2013 (03).

[114] 袁临江. 保险业服务"一带一路"的战略思考 [J]. 中国金融, 2018 (16).

[115] 张海伟, 郑林雨, 陈胜发. 东道国制度质量与中国对外直接投资——基于"一带一路"视角 [J]. 华东经济管理, 2022, 36 (01).

[116] 张冀, 郭雪剑. "一带一路"倡议背景下的出口信用保险服务保障 [J]. 国际贸易, 2016 (08).

[117] 张家栋, 柯孜凝. "一带一路"建设在南亚：现状、挑战与机遇

[J]. 印度洋经济体研究，2021（05）.

[118] 张静，孙乾坤，武拉平. 贸易成本能够抑制对外直接投资吗——以"一带一路"沿线国家数据为例 [J]. 国际经贸探索，2018，34（06）.

[119] 张敏，朱雪燕. "一带一路"背景下我国企业对外投资法律风险的防范 [J]. 西安财经学院学报，2017，30（01）.

[120] 张宁. "一带一路"倡议下的中欧班列：问题与前景 [J]. 俄罗斯学刊，2018，8（02）.

[121] 章添香. 出口信用保险在"一带一路"建设中的作用与发展 [J]. 国际经济合作，2020（01）.

[122] 张卫国. 中远比雷埃夫斯集装箱码头海外发展纪实 [J]. 世界海运，2014，37（08）.

[123] 张晓涛，王淳，刘亿. 中国企业对外直接投资政治风险研究——基于大型问题项目的证据 [J]. 中央财经大学学报，2020（01）.

[124] 张晓通，许子豪. "一带一路"海外重大项目的地缘政治风险与应对——概念与理论构建 [J]. 国际展望，2020，12（03）.

[125] 张燕生，王海峰，杨坤峰. "一带一路"建设面临的挑战与对策 [J]. 宏观经济研究，2017（11）.

[126] 赵春珍. 中国与印尼能源关系：现状、挑战和发展策略 [J]. 南洋问题研究，2012（03）.

[127] 赵佳燕. "一带一路"倡议下中国对外贸易和对外投融资 [J]. 改革与战略，2017，33（06）.

[128] 中国出口信用保险公司福建分公司课题组. 出口信保服务福建企业出口"一带一路"市场研究 [J]. 福建金融，2018（03）.

[129] 周国光，王一佼，桂嘉伟，等. "一带一路"沿线省市交通基础设施投资效应研究——基于私人投资和公共投资的比较分析 [J]. 华东经济管理，2019，33（12）.

[130] 周伟，陈昭，吴先明. 中国在"一带一路"OFDI 的国家风险研究：基于 39 个沿线东道国的量化评价 [J]. 世界经济研究，2017（08）.

[131] 朱正远. "一带一路"倡议下中国企业对外投资的环境风险与防范 [J]. 河海大学学报（哲学社会科学版），2021，23（06）.

[132] 梁晓英. 促"一带一路"航空合作　共享"空中丝路"共赢发展

［N］. 中国航空报，2018-09-15（02）.

［133］孙宏涛. "走出去" 企业的环境污染责任风险及其转移［N］. 中国保险报，2018-01-18（07）.

［134］孙依敏. "一带一路" 油气合作大趋势［N］. 中国石化报，2017-02-24（5）.

［135］康瀚文. "一带一路" 倡议下走出去企业投资风险剖析与防控研究［D］. 成都：西南财经大学，2016.

［136］王斌. 海外工程项目风险管理研究［D］. 北京：北京建筑大学，2018.

［137］韦巧芳. 瓜达尔港在 "一带一路" 倡议中的地位与作用［D］. 太原：山西财经大学，2017.

［138］ZHAKISHEVA L. 中亚与中国能源合作研究［D］. 上海：上海外国语大学，2017.

［139］周从. "一带一路" 背景下旅游业对外直接投资风险评估与防控［D］. 北京：北京第二外国语学院，2018.

［140］朱兴龙. 中国对外直接投资的风险及其防范制度研究［D］. 武汉：武汉大学，2016.

［141］许勤华. 2018 "一带一路" 能源投资政治风险评估报告［R］. 北京：国发院能源与资源战略研究中心，2018.

［142］刘美凤. 2017 "一带一路" 航线运力发展报告［R］. 合肥：飞常准大数据研究院，2017.

［143］周柳军，顾大伟，邢厚媛. 2017 中国对外投资合作发展报告［R］. 北京：中华人民共和国商务部，2018.

二、英文文献

［1］AUBOIN M，ENGEMANN M. Testing the trade credit and trade link：Evidence from data on export redit insurance［J］. *Rview of World Economics*，2014（11）.

［2］BELLALAH M，BRADFORD M，ZHANG D. A general theory of corporate international investment under incomplete information，short sales and taxes［J］. *Economic Modelling*，2016（58）.

［3］BOGLIACCINI J，EGAN P J. Foreign direct investment and inequality in developing countries: Does sector matter? [J]. *Economics & Politics*, 2017, 29 (3).

[4] BRADA J C, DRABEK Z, MENDEZ J A, ET AL. National levels of corruption and foreign direct investment [J]. *Journal of Comparative Economics*, 2019, 47 (1).

[5] CAO J, MUKHERJEE A. Foreign direct investment, unionised labour markets and welfare [J]. *International Review of Economics & Finance*, 2018, 58 (C).

[6] CHEN D, YU X, ZHANG Z. Foreign direct investment comovement and home country institutions [J]. *Journal of Business Research*, 2019 (95).

[7] CHEN Y, YAN F. International visibility as determinants of foreign direct investment: An empirical study of Chinese Provinces [J]. *Social Science Research*, 2018 (76).

[8] DEFOND M, GAO X, LI O, ET AL. IFRS adoption in China and foreign institutional investments [J]. *China Journal of Accounting Research*, 2019, 12 (1).

[9] DESBORDES R, WEI S J. The effects of financial development on foreign direct investment [J]. *Journal of Development Economics*, 2017 (127).

[10] DU J L, ZHANG Y F. Does one belt one road initiative promoteChinese overseas direct investment? [J]. *China Economic Review*, 2018 (47).

[11] DURNEV A, ENIKOLOPOV R, PETROVA M, ET AL. Politics, instability, and composition of international investment flows [J]. *Journal of Corporate Finance*, 2015 (30).

[12] ELHEDDAD M. Foreign direct investment and domestic investment: Do oil sectors matter? Evidence from oil-exporting Gulf Cooperation Council economies [J]. *Journal of Economics and Business*, 2019 (103).

[13] ERIKSSON K, FJELDSTAD O, JONSSON S. Transaction services and SME internationalization: The effect of home and host country bank relationships on international investment and growth [J]. *International Business Review*, 2016 (26).

[14] FAN Z. China's belt and road initiative: A preliminary quantitative assessment [J]. *Journal of Asian Economics*. 2018 (55).

[15] FARLA K, CROMBRUGGHE D, VERSPAGEN B. Institutions, foreign direct investment, and domestic investment: crowding out or crowding in? [J]. *World*

Development, 2016（88）.

[16] FASSLABEND W. The Silk Road: A political marketing concept for world dominance [J]. *European Review*, 2015（14）.

[17] GITHAIGA N M, BURIMASO A, BING W, ET AL. The belt and road initiative opportunities and risks for africa's connectivity [J]. *China Quarterly of International Strategic Studies*, 2019（5）.

[18] HAO H, WEI Y. Spatial inequality of foreign direct investment in China: Institutional change, agglomeration economies, and market access [J]. *Applied Geography*, 2016（69）.

[19] HUANG Y Y. Environmental risks and opportunities for countries along the Belt and Road: Location choice of China's investment [J]. *Journal of Cleaner Production*, 2019（211）.

[20] JINJI N, MIZOGUCHI Y. Rules of origin and technology spillovers from foreign direct investment under international duopoly [J]. *Japan and the World Economy*, 2016（40）.

[21] JOHNS L, WELLHAUSEN R. Under one roof: supply chains and the protection of foreign investment [J]. *American Political Science Association*, 2016, 110（1）.

[22] KETTENI E, KOTTARIDI C, MAMUNEAS T. Information and communicationtechnology and foreign direct investment: interactions and contributions to economic growth [J]. *Empirical Economics*, 2015, 48（4）.

[23] KOTCHARIN S, MANEENOP S. Geopolitical risk and shipping firms' capital structure decisions in Belt and Road Initiative countries [J]. *International Journal of Logistics—Research and Applications*, 2020（6）.

[24] LEE H, RIES J. Aid for trade and greenfield investment [J]. *World Development*, 2016（84）.

[25] LI H, HUANG Y, TIAN S. Risk probability predictions for coal enterprise infrastructure projects in countries along the Belt and Road Initiative [J]. *International Journal of Industrial Ergonomics*, 2019（69）.

[26] LI J, DONG X, JIANG Q, ET AL. Analytical approach to quantitative country risk assessment for the belt and road initiative [J]. *Sustainability*, 2021（1）.

[27] LI L. The legal challenges and legal safeguards for the belt and road initiative [J]. *Global Trade and Customs Journal*, 2019 (5).

[28] LIANG P, YU M, JIANG L. Energy investment risk assessment for nations along china's belt & road initiative: A deep learning method [J]. *Applied Sciences*, 2021 (5).

[29] LIU W D. A discursive construction of the Belt and Road Initiative: from neo-liberal to inclusive globalization [J]. *Journal of Geographical Sciences*, 2018, 28 (9).

[30] LUU H, TRINH V, VU N. Does foreign direct investment accelerate the vietnamese economic growth? A simultaneous equations approach [J]. *Journal of Developing Areas*, 2017, 51 (4).

[31] MAGNIER W, RÉMY, LEMAIRE J. Inbound foreign direct investment in Japan: A typology [J]. *International Business Review*, 2017 (27).

[32] MEKHDIEV E, PASHKOVSKAYA I, TAKMAKOVA E, ET AL. Conjugation of the belt and road initiative and Eurasian Economic Union: problems and development prospects [J]. *Economies*, 2019 (4).

[33] MIELKE J, STEUDLE G. Green investment and coordination failure: an investor' perspective [J]. *Ecological Economics*, 2018 (150).

[34] MOSER C, NESTMANN T, WEDOW M. Political risk and export promotion: Evidence from Germany [J]. *The World Economy*, 2008 (31).

[35] NAANWAAB C, DIARRASSOUBA M. Economic freedom, human capital, and foreign direct investment [J]. *Journal of Developing Areas*, 2016, 50 (1).

[36] NEUMAYER E, NUNNENKAMP P, ROY M. Are stricter investment rules contagious? Host country competition for foreign direct investment through international agreements [J]. *Review of World Economics*, 2016, 152 (1).

[37] PAN C, WEI W X, MURALIDHARAN E, ET AL. Does China's outward direct investment improve the institutional quality of the belt and road countries? [J]. *Sustainability*, 2020 (1).

[38] ROMÁN V M, BENGOA M, SÁNCHEZROBLES B. Foreign direct investment, trade integration and the home bias: evidence from the European Union [J]. *Empirical Economics*, 2016, 50 (1).

[39] ROQUE V. The determinants of international equity investment: do they differ between institutional and noninstitutional investors? [J]. *Journal of Banking & Finance*, 2014, 49 (C).

[40] SEYOUM M, WU R, LIN J. Foreign direct investment and economic growth: the case of developingAfrican economies [J]. *Social Indicators Research*, 2015: 122 (1).

[41] SU Y, LIU Z. The impact of foreign direct investment and human capital on economic growth: Evidence from Chinese cities [J]. *China Economic Review*, 2016 (37).

[42] SUN X, GAO J, LIU B, ET AL. Big data-based assessment of political risk along the belt and road [J]. *Sustainability*, 2021 (7).

[43] SUTHERLAND D, ANDERSON J, BAILEY N, ET AL. Policy, institutional fragility, and Chinese outward foreign direct investment: An empirical examination of the Belt and Road Initiative [J]. *Journal of International Business Policy*, 2020 (3).

[44] VERBEKE A. The JIBS 2017 Decade Award: The determinants of Chinese outward foreign direct investment [J]. *Journal of International Business Studies*, 2018, 49 (1).

[45] XU T. Economic freedom and bilateral direct investment [J]. *Economic Modelling*, 2019, 78 (C).

[46] ZHANG S, WANG L, LIU Z, ET AL. Evolution of international trade and investment networks [J]. *Physica A: Statistical Mechanics and its Applications*, 2016 (462).

[47] ZHANG X, DALY K. The determinants of China's outward foreign direct investment [J]. *Emerging Markets Review*, 2016, 12 (4).

[48] ZouX, Zhao G. "The Belt and Road", Agricultural products trade and export credit insurance service [J]. *Journal of Contemporary Financial Research*, 2019 (03).

[49] SCHMIDT E T. Towards a theory of trade finance [R]. Working Papers 1023, 2010, Oxford University Centre for Business Taxation.

[50] GOLDBACH S, NAGENGAST A, ELIAS S, ET AL. The effect of investing

abroad on investment at home: On the role of technology, tax savings, and internal capital markets [J]. *Journal of International Economics*, 2019 (116).

[51] TA L. Investment risk analysis of southeast Asian countries along the "Belt and Road" and countermeasure by Analytic Hierarchy Process [C/OL]. WHICEB 2020 Proceedings. 2020, 25. https: //aisel. aisnet. org/whiceb2020/25.

[52] LEVERETT F, LEVERETT M H, WU B. China looks West: What is at state in Beijing's "New Silk Road" project [EB/OL]. The World Financial Review, January 25, 2015. https: //worldfinancialreview. com/china-looks-west-what-is-at-stake-in-beijings-new-silk-road-project/.